检察官博士文丛

JIANCHAGUAN BOSHI WENCONG

未成年人犯罪适用认罪认罚从宽制度研究

Weichengnianren Fanzui Shiyong Renzui Renfa Congkuan Zhidu Yanjiu

邢进生——著

中国检察出版社

图书在版编目（CIP）数据

未成年人犯罪适用认罪认罚从宽制度研究 / 邢进生著. -- 北京 : 中国检察出版社, 2024.8

ISBN 978-7-5102-3014-1

Ⅰ. ①未… Ⅱ. ①邢… Ⅲ. ①未成年人保护法－预防犯罪－研究－中国 Ⅳ. ① D922.74

中国国家版本馆 CIP 数据核字（2024）第 099205 号

未成年人犯罪适用认罪认罚从宽制度研究

邢进生　著

策划编辑： 黄学昌　葛晓湄

责任编辑： 葛晓湄

技术编辑： 王英英

美术编辑： 徐嘉武

出版发行： 中国检察出版社

社　　址： 北京市石景山区香山南路 109 号（100144）

网　　址： 中国检察出版社（www. zgjccbs. com）

编辑电话：（010）86423784

发行电话：（010）86423726　86423727　86423728
（010）86423730　86423732

经　　销： 新华书店

印　　刷： 河北宝昌佳彩印刷有限公司

开　　本： 710 mm × 1000 mm　16 开

印　　张： 15.25

字　　数： 229 千字

版　　次： 2024 年 8 月第一版　　2024 年 8 月第一次印刷

书　　号： ISBN 978 - 7 - 5102 - 3014 - 1

定　　价： 49.00 元

“检察官博士文丛”出版说明

新时代新征程，检察工作欣逢最好发展时期，同时也面临更高履职要求。高质效办好每一个案件，离不开高素质的检察队伍。检察官博士作为检察队伍中的高层次人才，其深厚的法学理论基础和丰富的实践经验，对高素质队伍建设具有重要的带动作用。特别是近几年来，一些青年检察官带着实践问题攻读博士学位，理论与实践互融互促，产出一批优秀成果。

我们甄选具有较高理论和实践价值的检察官博士研究成果，策划推出“检察官博士文丛”系列图书，助力既有“底色”又有“亮色”的新时代检察人才建设，促进检察理论研究繁荣发展。入选文丛的基本要求：

一是以习近平新时代中国特色社会主义思想为指导，全面贯彻习近平法治思想，运用马克思主义立场、观点、方法，深入研究检察实践中面临的基础性、前瞻性、全局性、战略性问题，反映“四大检察”重大实践创新成果，对解决重大理论和现实问题、推进检察理论和实践发展具有积极意义。

二是坚持以人民为中心的研究方向，着眼于人民群众关心的实践问题，回应人民群众的普遍关切和检察人员的困惑痛点，切实抓住监督办案重点中的真问题，从理论上深入阐释、精准指引，促进理论研究解决真问题，真解决问题。

三是资料翔实、推理严密、论证充分、文字畅达，具有较强的原创性、理论性和实用性，深植法律政策规定，正确理解、正确解读、正确适用，充分反映最新立法、司法动态，体现法治进步，符合学术出版规范。

“检察官博士文丛”的出版得到了全国检察机关的广泛关注和大力支持，广大检察人员积极参与。对他们的关心和厚爱，我们表示衷心感谢！人才建设不是一朝一夕、一蹴而就的，希望“检察官博士文丛”能够成为具有坚定理想信念、强烈家国情怀、扎实法学根底的检察人员的一片“沃土”，并在此开出繁花，结出硕果，为检察工作现代化贡献智慧和力量！

中国检察出版社

2024 年 2 月

前　言

未成年犯罪嫌疑人、被告人属于特殊群体，其犯罪不仅是因为自身阅历不足、心智不成熟，同时也与其所处环境，例如家庭环境、学校环境、互联网环境等有着莫大关系。经过多年的探索，我国已经在立法上建立了相对完善的未成年人犯罪特别程序及制度。未成年人犯罪适用认罪认罚从宽制度是符合我国国情的制度，具有正当性、必要性。一方面，未成年人犯罪与成年人犯罪不同，其辨识力和控制力远低于成年人，在制度适用上更应该体现对其的特殊关怀；另一方面，未成年人可塑性强，通过教育后的再犯可能性降低，有助于其更好地融入社会。从政策方面看，根据未成年人刑事诉讼特别程序规定可以看出，我国一直在关注和关怀未成年人的健康成长，且将重心放在了教育、感化和挽救上，引导其顺利健康地回归社会。从刑事诉讼方面看，认罪认罚从宽已经成为我国刑事诉讼法上的一项重要制度，未成年犯罪嫌疑人、被告人认罪认罚，理应对其从宽。本书对未成年人犯罪适用认罪认罚从宽制度的研究：一是详细论证了未成年人犯罪与成年人犯罪的不同之处，阐释了其特殊性，为我国未成年人犯罪适用认罪认罚从宽制度提供理论依据；二是探索英美法系和大陆法系的相关制度和司法实践，用所掌握的知识分析评论中外典型案例判决结果的优劣、影响，将两者进行比较研究，取其精华、去其瑕疵，促进我国未成年人犯罪适用认罪认罚从宽制度的进一步完善；三是对未成年人犯罪适用认罪认罚从宽制度过程中存在的问题刨根问底，对判断界线模糊之处、对多方需协商之地、对容易出错之角采用古法“望闻问切”、现代“透视扫描”诊断对症下药，权衡各方面看法，提出切实有效的建议，并说明其依据；四是利用反证法分析若不实行未成年人犯罪适用认罪认罚从宽制度，我国未成年司法将不能更好地教育、感化、挽救失足少年，将不能更好地利用紧缺的司法资源等。这些都将为该制度的完善及司法实践提供启发参考。

自认罪认罚从宽制度推行以来，未成年人犯罪适用该制度取得了良好的效果，使得简单案件从简、从快办理，疑难案件精细、精心办理，最大化地节约司法资源，促进司法资源的高效利用，促进未成年人司法的公平、公正，也保障对未成年犯罪嫌疑人、被告人的教育、感化、挽救。但也要辩证地看待未成年人犯罪适用认罪认罚从宽制度的设计，意识到司法实践层面的问题和潜在的风险。认罪认罚从宽制度适用于所有的刑事案件，当然也适用于未成年人犯罪案件。但是在认罪认罚从宽制度设计的过程中，“未成年人”这一特殊利益群体似乎没有被特殊考虑，现有法律只规定了“未成年人不得适用速裁程序”。实际上，由于未成年人有其自身的特殊性，在适用认罪认罚从宽相关制度的时候存在着一些与成年人不同的地方，如何将认罪认罚从宽制度更好地适用于未成年犯罪嫌疑人、被告人，兼顾对未成年犯罪嫌疑人、被告人的教育，实现案件办理的公正价值、发展价值、秩序价值、效率价值的平衡是一个值得深思探索的问题。选择未成年人犯罪适用认罪认罚从宽制度这一研究课题：一是可以从未成年人犯罪的视角审视认罪认罚从宽制度的效用，了解未成年犯罪嫌疑人、被告人认罪认罚后的从宽待遇，考察其效果是否能够达到理想状态；二是可以找寻认罪认罚从宽制度在对未成年犯罪嫌疑人、被告人适用过程中存在的各类问题，并分析问题产生的原因；三是根据问题产生原因思考对策，为未成年犯罪嫌疑人、被告人适用认罪认罚从宽制度的进一步改革提供意见建议，认真执行教育、感化、挽救的方针，贯彻宽严相济刑事政策，更好地保护未成年犯罪嫌疑人、被告人。

网络科技时代的发展，手机、平板等上网设备的普及和快速更新换代，使得未成年人原本纯净的世界触碰到更多的危害因素，人与人之间的相识变得更加容易，未成年犯罪人数越来越多，也呈现出新的特点，逐渐成为社会的一大难题。而未成年人的心智发育尚不成熟，不能正确辨别和控制自身行为，如果受到他人的诱惑、恐吓、威胁，很容易做出违法犯罪的行为。未成年人犯罪案件罪名主要集中在盗窃、抢劫、故意伤害、寻衅滋事、聚众斗殴等领域，由于这些犯罪行为较为简单，犯罪动机也较为单一，社会危害性相对不大，因此结合未成年人身心发育阶段可塑性较强的特点，如果能够通过温和友爱的处理方式进行合适且有针对性的引导，容易使其改过自新，避免再犯。

未成年犯罪嫌疑人、被告人在适用认罪认罚从宽制度中具有天然的优势，因未成年人自身的特殊性，在认罪认罚的基础上能够使其尽快摆脱司法纠纷，结束诉讼程序，减轻心理压力。我国刑事法对未成年人犯罪坚持“教育为主、惩罚为辅”的原则，对于未成年人重案也是同样对待，积极促成其认罪悔罪、赔偿损失，修复社会关系。在实践中，未成年犯罪嫌疑人、被告人涉及重案并不多见，以轻罪居多，尤其是针对初犯、偶犯、从犯、胁从犯等主观恶意较小的未成年犯罪嫌疑人、被告人，可以积极适用认罪认罚从宽制度。未成年犯罪嫌疑人、被告人不仅要在形式上认罪，更需要在主观上认识到自己的错误，确保有悔改之心。未成年犯罪嫌疑人、被告人在不确定自己的行为性质是否构成犯罪的情况下如实供述，仍可视为“认罪”。“认罚”也需要形式上和实质上的认可，经法定代理人确认认罪认罚具结书无误后交由未成年犯罪嫌疑人、被告人签字，与检察机关充分协商后认可检察机关的起诉罪名、量刑建议以及法院的判决。在接受法律惩罚时，实质上也需要向被害人积极赔礼道歉和承担相应的民事赔偿，从而从形式和实质上做到“认罚”。

自认罪认罚从宽制度实行以来，该制度在全国各地推行顺利。尽管基于现有的法律规定，该制度的适用不受案件范围限制，即未成年人犯罪案件同样可以适用，但是未成年人自身的特殊性决定了对未成年犯罪嫌疑人、被告人适用该制度时需要特别对待。同时，在目前的实践中存在着较多问题。比如，在对未成年犯罪嫌疑人、被告人从宽量刑时缺乏详细可操作的量刑规则，在量刑建议中缺乏对未成年人共同犯罪量刑的指导意见，而未成年人中共同犯罪情况较为常见。在进行量刑时，无法全面评价共同犯罪中的从犯行为，只能依据年龄进行酌情处理。同时，在不同年龄阶段的未成年犯罪嫌疑人、被告人的认罪认罚量刑情节也应有所不同，其在不同诉讼阶段的认罪认罚反映出的认罪态度也不同，在量刑时也缺乏明确具体可操作的量刑从宽幅度指导，在实践层面可能会“一刀切”，给具体操作带来困难。办案检察官在精准量刑方面也存在经验缺乏情况，在未充分考虑个案案情不同的情况下，作出的量刑建议随意性较大。在未成年犯罪嫌疑人、被告人认罪认罚的案件量刑中，往往需要综合考虑保障被害人权益、惩罚犯罪嫌疑人及维护社会公共利益等价值，办案人员有时缺乏综合考虑，提出的量刑建议具有很大的弹性幅度，参考意义不大，甚至作出不平衡的量刑建议导致上诉。另外，在案件办理过程中，违规侦查行为会对未成年人认罪认罚的自愿性产生阻碍，侦查人员行为上的强迫和言语上隐形的威胁使未成年犯罪嫌疑人、被告人产生胆怯心理，在这种情况下容易出现虚假认罪认罚的情况。在侦查、起诉、审判等诉讼阶段，办案机关均有对未成年人告知认罪认罚从宽制度的义务，未成年犯罪嫌疑人、被告人大多集中在15—17周岁，对于认罪认罚从宽制度中专业的法律术语并不一定能够深刻地理解，而在实际办案过程中办案机关的告知义务也仅限于“告”，未成年人不一定“知”，从而影响了未成年犯罪嫌疑人、被告人对认罪认罚从宽制度的认知及选择。此外，未成年犯罪嫌疑人、被告人的辩护质量会直接影响其权益保障，未成年人身心发展尚不成熟，辩护人在接触未成年人时，要关注未成年人的人格尊严、心理特点等情况，而大多数辩护律师缺乏相应的心理学、教育学等专门知识，缺乏与未成年人的沟通技巧，心理安抚、心理矫正工作也难以开展。在司法实践中，值班律师缺乏对未成年人犯罪案件的足够关注，认为其与法律援助的指派辩护无明显区别，从思想上认为认罪认罚使得案件处理更简单、快速，在没有仔细阅读卷宗了解案件信息的情况下仅从形式上见证未成年犯罪嫌疑人、被告人签署认罪认罚具结书，不能发挥辩护人真实的辩护作用，从而使得辩护权流于形式。在未成年人律师辩护方面，法律并无明文规定辩护律师可以随时会见未成年人，多数辩护律师不能充分了解案件信息，在侦查阶段无权阅览案件卷宗，在起诉阶段往往由于时间不充分致使准备不足，不能在最有利的时机及时介入帮助未成年人在侦查、起诉阶段认罪认罚。

诚然，任何制度都要在实践中不断地打磨优化，才能适应社会的需要。未成年人犯罪适用认罪认罚从宽制度在实行过程中有诸多问题，需要公、检、法相关部门认真面对、分析和解决，更需要整个社会关注未成年犯罪嫌疑人、被告人这个特殊群体，并对其进行教育、感化、挽救，使其回归正常的社会生活。司法者要深知侦查、审查、判决的不是一个个冰冷无情的案件，而是鲜活的未成年犯罪嫌疑人、被告人、被害人一段关键的、艰难的、痛苦的人生。为此需要深入研究该制度，挖出其存在的问题，提出解决问题方案，小心实践求证，该篇著作正是基于此而创作，力争使该制度逐步完善。

代秋影

2024 年 6 月 24 日

目 录

第一章 未成年人犯罪适用认罪认罚从宽制度概述 1

第一节 未成年人犯罪与认罪认罚从宽制度相关概念 1

一、未成年人概念界定 1

二、未成年人犯罪概念厘清 7

三、认罪认罚从宽制度法释义学分析 9

第二节 未成年人犯罪适用认罪认罚从宽制度的理论基础 14

一、理论渊源 14

二、政策导向 21

三、正当根据 22

四、价值取向 26

第三节 未成年人犯罪适用认罪认罚从宽的制度现状 31

一、未成年人犯罪适用认罪认罚从宽制度的条件及范围 33

二、未成年人犯罪适用认罪认罚从宽制度的办理程序 34

三、未成年人犯罪适用认罪认罚从宽制度的量刑标准 36

第四节 我国港澳台地区相关制度规定 38

一、香港特区对认罪未成年人的处理措施 38

二、澳门特区对认罚未成年人的处理措施 42

三、台湾地区对认罪未成年人协商程序的规定 43

第五节 未成年人犯罪适用认罪认罚从宽制度的诉讼模式 45

一、传统模式评析 45

二、“家庭模式”的契合 47

三、“家庭模式”的分类 49

第六节 未成年人犯罪适用认罪认罚从宽制度的运行逻辑 52

一、国家－个人层面的选择 53

二、国家－个人层面的合作共赢……57

第二章　未成年人犯罪“协商性司法”域外考察……61

第一节　英美法系……61
一、未成年人司法体系中的“辩诉交易”……62
二、刑事司法体系中的未成年人“辩诉交易”……66
第二节　大陆法系……68
一、“协商性”司法的不同表现……69
二、未成年人犯罪的适用……74
第三节　域外未成年人犯罪“协商性司法”之评价……81
一、利大于弊下的隐忧……81
二、弊大于利下的解封……83
三、对我国的借鉴意义……85

第三章　未成年人犯罪适用认罪认罚从宽制度实证分析……87

第一节　研究设计与方法……87
一、研究对象及地区……87
二、研究时间及数据来源……88
三、研究的代表性和局限性……89
第二节　未成年人犯罪适用认罪认罚从宽制度总体状况……90
一、全国范围总体状况……90
二、调查地区总体状况……93
第三节　未成年人犯罪适用认罪认罚从宽制度的具体实施状况……95
一、正向评价……97
二、影响因素……99
三、调研中发现的问题……105

第四章 未成年人犯罪适用认罪认罚从宽制度个性问题分析........119
第一节 制度选择适用决定权的归属不明晰........120
一、未成年犯罪嫌疑人、被告人的同意限制........120
二、法定代理人、辩护人异议的模糊规定........123
第二节 与附条件不起诉制度关系不明确........125
一、附条件不起诉缺失认罪认罚要素........126
二、附条件不起诉的标准不明确........128
第三节 与未成年人司法的价值追求有冲突........130
一、关于“双重从快”是否符合未成年人的身心特点........131
二、关于“双重从快”是否有利于教育功能的发挥........132
第四节 认罪认罚后的支持帮助机制不足........134
一、管理不统一........134
二、具体适用标准还需完善........135
三、保障力度不够........135

第五章 未成年人犯罪适用认罪认罚从宽制度共性问题分析........138
第一节 制度能否适用的其他影响因素........138
一、够罪标准难以把握........138
二、反悔后救济渠道缺乏........139
三、办案机关认识偏差........142
第二节 与其他程序的不契合问题........143
一、与和解程序衔接不顺畅........143
二、与量刑建议程序不匹配........146
三、与上诉程序有矛盾........147
第三节 强制措施及刑罚适用问题........148
一、审前拘留、逮捕问题........148
二、缓刑适用问题........150
三、监禁刑的适用问题........152

第六章 未成年人犯罪适用认罪认罚从宽制度的完善路径 …… 155
第一节 保证自愿性的路径选择 …… 155
一、基于刑事责任年龄建立分层选用机制 …… 157
二、反悔权探索 …… 166
三、提高办案机关适用制度的积极性 …… 170
第二节 程序衔接的完善 …… 171
一、优先适用不起诉制度 …… 171
二、限制快速办理程序 …… 174
三、优化刑事和解程序 …… 176
四、健全量刑建议程序 …… 178
五、完善上诉程序 …… 182
第三节 合适强制措施及刑罚的确立 …… 183
一、非监禁措施及刑罚适用的合理化 …… 184
二、监禁措施及刑罚适用的合理化 …… 189
第四节 认罪认罚后的支持帮助机制完善 …… 192
一、充分发挥政法委的领导职能 …… 192
二、持续完善具体适用标准 …… 194
三、加大支持帮教保障力度 …… 195

结 语 …… 197

参考文献 …… 200

附 录 …… 223

后 记 …… 225

第一章

未成年人犯罪适用认罪认罚从宽制度概述

要研究未成年人犯罪适用认罪认罚从宽制度的基本内涵，需要在对未成年人犯罪、认罪、认罚、从宽等相关概念厘清的基础上，研究制度本身的理论基础，分析其诉讼模式，把握其运行逻辑，并就具体规定进行剖析，搞清楚未成年人犯罪适用认罪认罚从宽制度“是什么”的问题。

第一节　未成年人犯罪与认罪认罚从宽制度相关概念

概念分析是问题研究的基础性工作，未成年人犯罪适用认罪认罚从宽制度中的主要概念包括未成年人及其相关概念、未成年人犯罪概念及认罪认罚从宽制度概念。对未成年人及其相关概念的界定可以明确研究的具体对象，对未成年人犯罪概念的厘清可以明确研究的抽象主体，对认罪认罚从宽制度概念进行法释义学分析可以知悉制度本身的现状及适用基本条件。

一、未成年人概念界定

未成年人（minor）是专门针对成年人（adult）而言的，我国20世纪80年代以前的法律文件中很少出现“未成年人”这一词语，一般采用的是“儿童”“青年”“少年”“青少年”等词语，就目前的学术和立法情况而言，上述词语使用的频率都很高，这种不统一引发了研究的模糊与混乱，这样就存在未成年人和与其相关的一些概念之间的辨析和界分。

（一）相关概念

在法律体系及法学学术研究中，与“未成年人”相关的一些词汇包括

“儿童”“青年”“少年”“青少年”等，在某些程度上还存在替代“未成年人”这一概念的现象，因此有必要从这些相关概念入手，逐步厘清未成年人的概念。

1. 儿童

法律上的儿童（child）与观念中的儿童并不相同。《儿童权利公约》将儿童界定为18周岁以下的任何人。1991年我国批准了该公约，1992年4月1日该公约在我国正式生效。我国古代对儿童的称谓随着年龄的变化而变化，分别为赤子、襁褓、孩提、龆龀、垂髫、黄口、幼学、总角等。现在的儿童包括婴儿期（1周岁之前）、幼儿期（1—3周岁）、学龄前期（3—6周岁）、学龄期（6—12周岁）和青春期（12—18周岁）五个阶段，和医学上的定义有一定区别。医学上的儿童是14周岁以下的人（同样适用于刑法中的“儿童”）。就儿童和未成年人而言，两者在概念上很多时候可以互换，儿童的概念相较于未成年人更强调权益的保护。

2. 青年

根据联合国大会的定义，“青年（youth）”系指15—24周岁的人。但是世界各国的定义中，因为社会环境和政治因素等，不同的国家对其定义都有所不同。我国古语中有同青年相近的词汇“后生”“少年”等。基督教在18世纪创办了青年联合会，随着基督教的传播，“青年”一词开始在我国出现，1919年的“五四运动”后，“青年”一词正式在我国被广泛使用。尤其是1922年共青团的成立，使得广大青年在加入共青团后成为共产党的助手和后备军，其章程规定可申请加入的年龄在14周岁以上、28周岁以下。可以看出，我国默认青年系指年龄在14—28周岁的人。由此可见，联合国大会的规定是青年的狭义概念，我国共青团章程的规定则是其广义概念。

3. 少年

少年（juvenile）在我国是一个古老的词汇，如《韩非子·内储说上》中就有：“郑少年相率为盗，处于藿泽。”从古至今，其含义变化不大，现指10—18周岁左右的人。[①] 在刑事领域，少年与未成年人犯罪主体的范

---

① 参见许嘉璐等:《现代汉语规范词典》，外语教学与研究出版社2014年版，第1158页。

围较为契合，故在刑事法领域，少年的使用频率和广度甚至超过了“未成年人”这一正式法律术语。少年的概念有狭义和广义之分，[①] 在我国刑事责任年龄降至12周岁之后，狭义的少年概念仅指12—18周岁的人，广义上的少年还包括10—12周岁的人。我国台湾地区的少年司法制度较为成熟，“少年事件处理法”第2条规定：“本法称少年者，谓12周岁以上18周岁未满之人”，采用的正是狭义上的少年概念。

4. 青少年

青少年（teenager）顾名思义是青年加少年，其概念出现在青年之后，也就有两种解释：一种是青年和少年的交集，另一种是两者的并集。在交集的情况下，如果分别采取青年和少年的广义概念，则青少年指的是14—18周岁的人；如果分别采取青年和少年的狭义概念，则青少年指的是15—18周岁的人。在并集的情况下，如果分别采取青年和少年的广义概念，则青少年指的是10—28周岁的人；如果分别采取青年和少年的狭义概念，则青少年指的是12—24周岁的人。但联合国世界卫生组织则定义青少年的年龄范围为14—25周岁，分为两个阶段：14—17周岁为中学阶段，18—25周岁为大学阶段。可以看出，在青少年年龄下限上采取的是青年和少年广义概念交集的下限，在青少年年龄上限上参考的是青年和少年狭义概念并集的上限（大了1周岁）。

5. 学生

学生（student）这一概念则更为宽泛，指正在受教育的人，任何人在接受教育时都可以称为学生。先秦时期称为“弟子”，如“孔子有弟子三千”。现在传统意义的学生指的是接受国民教育的人，根据国民教育的不同阶段，可以把学生分为：幼儿园学生（约2—6周岁）、小学生（约6—12周岁）、中学生（约12—18周岁）、大中专高等院校学生（约16—25周岁）、硕士研究生（约20—35周岁）、博士研究生（约23—40周岁）等。在我国现阶段，大部分未成年人都是学生，特别是九年义务教育阶段的绝大部分未成年人都是学生。在大中专高等院校学生中，还有

① 参见姚建龙:《刑事法视野中的少年：概念之辨》，载《青少年犯罪问题》2005年第3期。

一部分学生未成年，或者刚成年，这些人与未成年人刑事规定有着千丝万缕的联系，在一定情况下也需要予以区别对待。

（二）基本概念及标准

对儿童、青年、少年、青少年等相关概念进行研究后可以发现，这些概念与未成年人的概念有着千丝万缕的联系，带有某种主观色彩，总是侧重于某一方面，而未成年人则是一种客观描述，这一概念的发展经历了时间与空间的变幻，当前规定具有一定的时代意义。

1. 我国古代的规定

在我国古代并没有专门的未成年人术语，但是有相应的一些称谓代表了成年与否，且对男子与女子的称谓不同。《礼记·内则》有“女子……十有五年而笄”的说法，女子成年称谓“及笄之年”。《礼记·曲礼上》有“二十曰弱，冠”的说法，《说文》有“冠，弁冕之总名也，谓之成人”的说法。这里的“及笄之年”和“弱冠之年”都指已到了结婚的年龄，可见我国古代女子是以 15 岁作为是否成年的标准，男子是以 20 岁作为是否成年的标准，[①] 成年与否与婚姻年龄密切相关，这一点与现在不同。我国现在以男子 22 周岁、女子 20 周岁为法定婚龄，在男女成年与否方面则采取 18 周岁的共同标准。同时，在古代，因为没有完善的出生医学证明制度，在实践中往往以身高来确定是否成年。根据云梦出土的《法律答曰》记载：“甲小未盈六尺，有马一匹自牧之，今马为人败，食人稼一石，问当论不当？不当论及赏（偿）稼”及“甲某遣乙盗杀人，受分十钱，问乙高未盈六尺，甲何论？当磔”，与《周礼·地官·乡大夫》的记载一致：“七尺谓年二十，六尺谓年十五”。周代、秦代的一尺约为现在的 23.1 厘米，6 尺也就是约为现在的 1.39 米。有观点认为在古代唯有秦朝是以身高作为成年与否的标准，[②] 但是纵观整个古代史，实际上身高标准贯穿了始终，因为年龄

① 当然这种标准并不是一成不变的，各个朝代对婚姻年龄的规定不一。如《大清律例》规定，清朝男女结婚的适宜年龄为男 16 岁、女 14 岁，也可以认为清朝男性成年年龄为 16 岁，女性为 14 岁。

② 参见谢冬慧：《秦朝以身高确认刑事责任的原因探析》，载《政治与法律》2006 年第 3 期。

能够作假，实践中以身高作为判断成年与否也是科技落后的无奈之举。

2. 域外规定

在国际上，一系列公约对未成年人进行了界定，具有代表性的是《儿童权利公约》[①]。该公约第1条规定："儿童系指18周岁以下任何人，除非对其适用的法律规定成年年龄低于18周岁。"其中有两层意思：一是儿童即未成年人；二是未成年人年龄的确定以国家法律规定为准，这是出于尊重各国的政治、经济、文化、传统的考虑，允许各国未成年人年龄的差异。[②] 当前世界绝大多数国家的法律都规定18周岁以下的人为未成年人，如《美国青少年犯教养法》第40章规定："少年是指不满18周岁的人。"但是也有一些国家对未成年人的年龄划分有所不同，如《英国儿童及少年法》规定："8周岁以上未满17周岁之人为少年"；《日本少年法》第2条规定："少年是指未满20周岁的人"。[③]

3. 我国当前的规定

"未成年人"这一词语在我国最早来自1906年沈家本的《调查日本裁判监狱报告书》中的"未成年监"，[④] 我国法律对其概念界定最早的是1991年通过的《未成年人保护法》，规定了18周岁以上的自然人为成年人，不满18周岁的自然人为未成年人。可以看出我国未成年人的概念界定较为简单，仅以年龄为限，以18周岁作为成年人和未成年人的划分标准。但是我国未成年人的判断标准并不是一成不变的，主要有生理标准、心理标准和法律标准三类。生理标准和心理标准都是内在的，每个人都不尽相同，年龄与身高都是生理标准的外在表现。大量神经科学和行为学研究证实：参与高级认知活动、具有阻止轻率冲动行为作用的前额叶神经回

---

① 其他的如《联合国保护被剥夺自由少年规则》第11条规定："少年系指未满18周岁者。"

② 参见杨迎泽：《刑事检察实务培训讲义》，法律出版社2020年版，第695页。

③ 参见黄烨：《国内外未成年人犯罪概念的比较研究》，载《韶关学院学报》2008年第2期。

④ 参见张善根等：《论我国青少年犯罪的治理观及其转型——基于概念史的分析》，载《青少年犯罪问题》2021年第2期。

路至少到20周岁还能进行重构。[①] 在20周岁以下的人始终能够达到可塑性强的适用标准。实际上心理标准关注于个人，是最为准确的。法律标准是以生理标准和心理标准为基础，并要求有普世价值，心理学上的发展理论表明，成长过程正常的普通人在18周岁左右的平均年龄，已经懂得用法律和社会秩序来校准自己的道德观念、[②] 经受了身份危机并基本完成自我身份认同，[③] 并且拥有了抽象和逻辑思维能力。[④] 即大多数人在18周岁时，已经懂得用法律和社会秩序来校准自己的思想和行为；知道自己是谁，也具备了找到适合自己的另一半，开始维系一段感情的能力；已经拥有了抽象和逻辑思维能力，能提出假设、寻求验证，并不断探索世界。正是基于以上原因，世界上的绝大部分国家和地区都规定18周岁是法定的成人年龄，未成年人为18周岁以下的人。

表1 "未成年人"等词语区分表

不同之处	未成年人	儿童	青年	少年	青少年	学生
年龄标准	0—18周岁	0—18周岁（特殊情况下0—14周岁）	狭义15—24周岁 广义14—28周岁	狭义12—18周岁 广义10—18周岁	14—25周岁	无限制
出现时间	清末	先秦时期	1919年"五四运动"前后	先秦时期	民国	先秦时期

---

① 参见宋英辉:《理性看待刑事责任年龄制度》，载《检察日报》2016年10月24日，第3版。

② Wikipedia. Heinz Dilemma. 由美国发展心理学家劳伦斯·科尔伯格（Lawrence Kohlberg）撰写。他将困境状态的选择从低到高分为六档，其中第四档"法律与秩序"是科尔伯格理论（Kohberg's Stage Theory of Moral Development）下的"18周岁成年道德标准"。

③ 心理社会发展理论（psychosocial development theory），出自美国著名心理学家埃里克·埃里克森（Erik Erikson）。Rosenthal, D. A., Gurney, R. M., & Moore, S. M.(1981). *From trust on intimacy: A new inventory for examining Erikson's stages of psychosocial development*. Journal of Youth and Adolescence, 10（6）, 525-537.

④ 认知发展理论（cognitive development theory），出自瑞士著名心理学家 Jean Piaget（让·皮亚杰）。Piaget, J.（1970）. Piaget's theory.

续表

不同之处	未成年人	儿童	青年	少年	青少年	学生
适用场合	多作民事、刑事、行政法律用语（20 世纪 80 年代之后）	多用于福利性法律文件，强调权益	多带有政治意味	多作刑事、行政法律用语（20 世纪 80 年代之前）	多用于指代中学生和大中专高等院校学生群体	无限制

二、未成年人犯罪概念厘清

未成年人犯罪的英文往往翻译为“juvenile delinquency”（少年犯罪），指未成年人实施的犯罪行为。“delinquency”更多翻译为“不法行为”，不法行为不仅包括犯罪行为，还包括违法行为（犯错行为），合称为“罪错行为”。因此，未成年人犯罪有其自身的羁束概念，也有扩展的自由概念。

（一）羁束概念

未成年人犯罪的羁束概念（狭义概念）仅局限于犯罪本身，不包括违法行为。[①] 在当前我国刑事法律体系下，未成年人犯罪的羁束概念是12—18 周岁的人实施违反刑事法律，应负刑事责任的行为。《刑法修正案（十一）》生效后，我国刑事责任年龄也相应地降低到了 12 周岁。关于刑事责任年龄是否应当降低，近年来学术界展开了激烈的探讨，主要有不应当降低、应当适度降低、取消刑事责任年龄三种观点，每一种观点都有相应的理由，也有相应的代表性国家作为参考和支撑，但是似乎哪种观点也不能完全说服另外一种观点。未成年人违反刑事法律是应负刑事责任的必要不充分条件，即未成年人违反刑事法律不一定要负刑事责任，但未成年人要负刑事责任则一定违反了刑事法律。这样，即使 12 周岁以下未成年人的行为违反了刑事法律，但是依然不负刑事责任，不是未成年人犯罪的

① 参见管晓静:《“未成年人犯罪”概念之我见》，载《山西高等学校社会科学学报》2006 年第 1 期。

研究对象。12—14周岁未成年人故意杀人、故意伤害，致人死亡或者以特别残忍手段致人重伤造成严重残疾，情节恶劣，并经最高人民检察院核准追诉的行为，才负刑事责任；14—16周岁的未成年人实施的故意杀人、故意伤害致人重伤或者死亡、强奸、抢劫、贩卖毒品、放火、爆炸、投放危险物质行为应负刑事责任。上述年龄段其他违反刑事法律行为则不是未成年人犯罪的研究对象。16—18周岁的未成年人实施的所有违反刑事法律的行为，都应负刑事责任，是未成年人犯罪的研究对象。但我国香港特区则规定了相对刑事责任年龄（7—14周岁），此年龄阶段的未成年人若犯严重罪行（如谋杀等）将以普通法律进行规范，与成年人同等对待；我国澳门特区规定未成年人犯罪是指16—18周岁的人实施的犯罪行为，16周岁以下人的行为，不可归责；我国台湾地区则规定12—18周岁的人实施的犯罪行为，为“少年犯罪”。[①] 域外采用羁束概念是以大陆法系国家为代表，如德国和俄罗斯排除了未成年人的身份，严格按照刑事法律的规定进行处理，认为未成年人犯罪指14—18周岁的人实施应受刑事处罚的行为。[②]

（二）自由概念

未成年人犯罪的自由概念（广义概念）不仅局限于犯罪本身，还包括违法行为。有学者认为还包括违反道德规范的行为，[③] 但成年人违反道德的行为并不会受到法律惩罚，如果将仅违反道德、没有违反行政法律的行为定义为犯罪，显然过大地扩大了犯罪的外延。因此，未成年人犯罪的自由概念应是不满18周岁的人实施违反行政或刑事法律行为。此概念的范围较广，主要以英美法系国家为代表，认为未成年人犯罪单纯指实施违反行政或刑事法律行为，无论是否应负责任。包括违反刑事法律的行为，也

---

① 参见田宏杰：《中国内地与港、澳、台地区未成年人犯罪概念之比较研究》，载《中央政法管理干部学院学报》2001年第3期。

② 原联邦德国《青少年刑法》第4条规定“少年的违法行为看作是犯罪还是过错以及时效问题，皆依照一般刑法规定处理”。《俄罗斯刑法典》第87条第2款也规定“对实施犯罪的未成年人，可以判处刑罚，或者对他们适用教育感化性强制措施”。

③ 参见康树华：《青少年犯罪与治理》，中国人民公安大学出版社2000年版，第10页。

包括违反行政法律，并与其身份相关的违法行为（也即“身份罪”，如逃学、离家出走等）。[①] 如美国《世界大百科全书》对未成年人犯罪解释为“一般地说，所谓未成年人犯罪，是指如盗窃财物类的行为，但上述行为若是成年人做出的，则被法定为犯罪，包括如违反宵禁规定的非法行为及其他一切违反社会规范的行为”。英美法系经常用“delinquency”来定义未成年人犯罪，最主要的是英美法系将对未成年人的犯罪预防放到第一位，将惩罚放到第二位，重在教育而非惩罚。

综上所述，本书所研究的未成年人犯罪是指12—18周岁的人实施违反刑事法律，应负刑事责任的行为。因为我国的认罪认罚从宽制度并不适用于未成年人的一般违法行为，所以采用未成年人犯罪的狭义概念更符合本书的研究目的。

三、认罪认罚从宽制度法释义学分析

“完善刑事诉讼中认罪认罚从宽制度”的改革任务是在党的十八届四中全会《中共中央关于全面推进依法治国若干重大问题的决定》（以下简称《决定》）中提出的，其中之所以用“完善”而不是“建立”，[②] 是因为我国刑事司法中坚持的宽严相济原则体现了认罪认罚从宽制度的精神，在我国刑法中的自首、坦白、缓刑等以及刑事诉讼法中的附条件不诉、相对不诉、刑事和解、简易程序等制度都与认罪认罚从宽制度一脉相承。[③] 为贯彻落实党的十八届四中全会作出的这一重大改革部署，2016年，“两高三部”发布了《关于在部分地区开展刑事案件认罪认罚从宽制度试点工作的办法》（以下简称《办法》），[④] 在全国部分地区开展试点工作。2018年，我国对刑事诉讼法进行了修改 ，将认罪认罚从宽的具体规定上升至法律。

---

① 参见李亚学:《美国的〈少年司法与犯罪预防法〉及身份罪少年的非监禁化》，载《青少年犯罪问题》2005年第3期。

② 参见顾永忠:《关于“完善认罪认罚从宽制度”的几个理论问题》，载《当代法学》2016年第6期。

③ 参见王亚红:《认罪认罚从宽制度的价值逻辑及其优化进路》，载《湖南科技学院学报》2019年第1期。

④ 参见葛治华、许腾飞:《认罪认罚从宽制度的内涵及自愿性保障研究》，载《浙江工业大学学报（社会科学版）》2019年第2期。

2019年10月11日，在认罪认罚从宽制度被纳入《刑事诉讼法》近一年之际，“两高三部”又联合出台了《关于适用认罪认罚从宽制度的指导意见》(以下简称《适用制度指导意见》)指导该制度在实践工作中得到更好的具体适用。[①] 至此，认罪认罚从宽制度的发展完善又向前迈进了坚实的一步。要想弄清楚认罪认罚从宽制度真正的含义，首先需要结合我国当前的立法状况，比较分析相关的立法规定，在此基础上，归纳相同点，总结不同点，突出把握认罪认罚从宽制度的独特之处。

(一)认罪

关于认罪的概念争论颇多，总结来看基本可分为三种观点：对指控的基本事实承认与否，对构成的犯罪认可与否，对指控的罪名认可与否。有学者认为，认罪就是认事实。[②] 部分学者认为，认罪同时要求对事实、性质的认可，不含对罪名的认可。[③] 还有部分学者认为，认罪要对事实、性质和罪名全部认可，特别是要对指控罪名认可。[④]

《适用制度指导意见》第6条的规定，认罪需要“被告人对被指控的基本犯罪事实无异议”，这样就要求被告人在认罪时主观上“自愿”，客观上要履行认罪认罚从宽制度适用中的一系列程序性规定。[⑤] 根据“自愿如实供述自己的罪行”的规定，其中的“罪行”指的是“犯罪行为”，被告人在承认“犯罪行为”的同时，还要承认行为“够罪”，才是认罪的要求。这种认罪实际上是一种“概括认罪”，即未成年犯罪嫌疑人、被告人的认罪应当是未成年犯罪嫌疑人、被告人自愿承认被指控的行为

---

① 参见顾永忠:《关于“完善认罪认罚从宽制度”的几个理论问题》，载《当代法学》2016年第6期。

② 参见胡云腾:《认罪认罚从宽制度的理解与适用》，人民法院出版社2018年版，第78页。

③ 参见魏晓娜:《完善认罪认罚从宽制度：中国语境下的关键词展开》，载《中国检察官》2016年第23期。

④ 参见周新:《认罪认罚从宽制度立法化的重点问题研究》，载《中国法学》2018年第6期。

⑤ 参见王亚红:《认罪认罚从宽制度的价值逻辑及其优化进路》，载《湖南科技学院学报》2019年第1期。

构成犯罪。[①]

关于罪名的承认，有观点指出可以根据认罪认罚后适用的程序类型不同而有所区别，即在适用速裁程序和简易程序中不仅要求犯罪嫌疑人、被告人承认实施了犯罪行为，认可司法工作人员对行为的违法定性，还要求犯罪嫌疑人、被告人接受检察机关指控的罪名。[②] 这种观点对认罪的要求过高，理由有二：第一，罪名的认定或判定是一项需要专业法律知识的活动。由具体的犯罪行为到对应抽象法条规定的具体罪名，这项活动不仅需要综合犯罪嫌疑人、被告人的自身情况及其供述，侦查机关收集的各项证据，最重要的一个环节是法官将具体行为抽象为法律行为的解释过程。"法律不强人所难"，要求非专业的犯罪嫌疑人、被告人在法官审判之前就承认自己的罪名，是一种强人所难或者说要求过高。第二，从刑事诉讼法、《适用制度指导意见》的规定中可以看出，虽然认罪认罚从宽案件的适用强调发挥值班律师的帮助作用，要对认罪认罚的性质和法律后果等提供法律咨询，但《适用制度指导意见》第 40 条指出存在"指控的罪名与审理认定的罪名不一致"的情况，检察院起诉的罪名都可能存在不准确，这种情况下要求犯罪嫌疑人、被告人承认不准确的罪名并无实际意义。并且《刑事诉讼法》第 214 条规定适用简易程序的一项要求是"被告人承认自己所犯罪行，对指控的犯罪事实没有异议的"，其中也没有要求被告人要承认罪名。

综上所述，认罪应是"认行为 + 认够罪"，两者缺一不可，缺少任何一个都不是真正意义上的认罪。

（二）认罚

按照语义解释，认罚即接受处罚。关于认罪认罚一个重要问题是"认罚"在"从宽"之前，而非之后，是否违背了刑事诉讼法规定的"未经法

① 参见陈光中、马康：《认罪认罚从宽制度若干重要问题探讨》，载《法学》2016 年第 8 期。

② 参见赵恒：《认罪认罚从宽内涵再辨析》，载《法学评论》2019 年第 4 期。

院审判，不得给任何人定罪处罚”的基本原则尚待进一步探讨，[①] 需要从实体法和程序法不同的角度对认罚的内涵进行解释。

1. 从实体法角度解释认罚的内涵

传统刑罚理念中的认罚应是对法院最终作出的判决结果的接受，表现为被告人愿意承担法院判决结果的内容，或是作出经济赔偿，或是接受一定时间人身自由的剥夺，甚至是生命权的剥夺。所以从实体法的角度来看，认罚是犯罪嫌疑人、被告人接受司法机关对自己处理的结果。有学者将其称为犯罪嫌疑人、被告人对于可能刑罚的概括意思表示。[②] 犯罪嫌疑人、被告人一旦认罚，则表明了其悔罪态度较好，人身危险性降低，且利于合作，减少证据收集的困难，节约司法资源。

2. 从程序法角度解释认罚的内涵

实际上，认罚不仅表现在对审判结果的接受，还表现为对刑事诉讼程序中的每一个步骤的接受，因此从整体上考虑，“认罚”应在“从宽”之前。在侦查阶段，认罚主要是要对司法机关侦查工作予以配合，并对可能采取的强制措施予以接受；在审查起诉阶段，认罚主要是要接受检察机关作出的不起诉或者提起公诉决定，在提起公诉的情况下还要认可检察机关提出的具体量刑建议；在审判阶段，认罚主要是要接受法庭确定的程序，并可能要放弃一些权利，如选择适用简易程序或者速裁程序，进而简化或者省略一些法庭程序。[③]

综上，在认罪认罚从宽制度中，“认罚”不仅要接受最终的判决结果，还要接受程序的适用。其在程序法上表现为一种动态的过程，这既是认罪认罚从宽制度的特色体现，也强力地论证了其与“未经法院审判，不得给任何人定罪处罚”二者是辩证统一的整体。

---

① 参见王亚红:《认罪认罚从宽制度的价值逻辑及其优化进路》，载《湖南科技学院学报》2019 年第 1 期。

② 参见顾永忠:《关于“完善认罪认罚从宽制度”的几个理论问题》，载《当代法学》2016 年第 6 期。

③ 参见王亚红:《认罪认罚从宽制度的价值逻辑及其优化进路》，载《湖南科技学院学报》2019 年第 1 期。

（三）从宽

通常来说，犯罪嫌疑人、被告人“认罚”的意思表示包含了“认罪”，一旦认罚，会或多或少从宽，但是在实践中也并不是完全如此，例如，对一些罪大恶极的应当被判处死刑立即执行的则没有从宽的空间。其实“从宽”也不是认罪认罚必然的结果，在《适用制度指导意见》中明确规定对犯罪性质、危害后果、犯罪手段、社会影响等特别严重的，可以不予从宽处罚。

而且值得注意的是，在认罪认罚从宽案件中的理想状态是先认罪，然后认罚接受量刑建议签署具结书，最后法官对其在实体处罚上从宽。但刑事案件的复杂性、个人水平的差异性必然决定了在实际案件中存在大量非完美状态。如犯罪嫌疑人、被告人只认罪不认罚，如何处理？能否从宽？如果可以从宽，是实体处罚从宽还是制度适用从简？这就有必要进一步探讨程序从宽和实体从宽的关系问题。

按照文义解释，从宽就是从宽处罚，多指法院的最终判决，主要体现在实际量刑上，但是如上所述，认罪认罚从宽制度中的从宽还涵盖了程序上的从宽。传统实际量刑上的从宽，就是法院依照法条，考虑各方面因素，充分发挥自由裁量权作出从宽判决。认罪认罚从宽制度的广泛适用，意在加强其在刑事诉讼程序上的作用，程序意义上的从宽主要表现为终止刑事诉讼程序或者采取非羁押诉讼手段，如不起诉、不逮捕等。程序从宽也表现为审判时间的大大缩短，如通常情况下法院受理公诉案件后的审判期限为 2 个月至多不超过 3 个月，但由于被告人认罪认罚同意适用速裁程序进行审理的案件，法院需要在案件受理后 10 日之内或者 15 日之内（可能判处有期徒刑 1 年以上的）办结。但在未成年人犯罪领域，是否属于从宽依然值得商榷。另外，能够让认罪认罚的未成年犯罪嫌疑人、被告人按时参加中招、高考等考试也是一种特别的从宽。①

综上分析，应根据犯罪嫌疑人、被告人认罪认罚的态度、认罪认罚的时间、认罪认罚的稳定性、认罪认罚后的补救措施，或者只认罪不认罚等

---

① 参见陆青、石佳：《高考路上不能有一个孩子掉队》，载《检察日报》2022 年 1 月 3 日，第 4 版。

不同情况，具体案件具体分析，坚持宽严相济的原则，在程序从宽和实体从宽的适用上灵活取舍、精准量刑。

第二节 未成年人犯罪适用认罪认罚从宽制度的理论基础

未成年人犯罪适用认罪认罚从宽制度的理论基础可以分为理论渊源、政策导向、正当根据和价值取向四个部分。其中，“恤幼”是我国古代的渊源，生命历程则是国外渊源，最有利理念（儿童最大利益）和国家亲权是国际法渊源；宽严相济、恢复性司法则是其政策导向。制度的适用契合了少年司法理念，体现了“特别处遇”的观念，符合协商性刑事司法理念的要求。从根源上讲，制度的适用是公正价值、发展价值、秩序价值、效率价值平衡的结果。

一、理论渊源

（一）“恤幼”

我国未成年犯罪嫌疑人、被告人认罪认罚从宽的理论渊源可追溯至古代的“恤幼”，正是要体恤年幼者，对其犯罪要从轻处理，教育是第一位，惩罚是第二位。如果未成年人认识到自己的错误，主动接受惩罚，那么罪与罚应当再减一等。

1.“恤幼”的体现

“恤幼”是古人充分考虑未成年人心理、生理上的不成熟，对其犯罪从轻处理、从轻对待的刑事政策。我国古代，普遍认为未成年人“少智力”“幼弱”，如果对其进行处罚或者处罚过于严厉，有违恻隐之心，与“仁政”相悖。[①] 在“恤幼”理论下，国家、社会和个人都有义务保护未成年人健康成长，对未成年人更加照顾。在未成年人犯罪方面，古代始终坚持“恤幼”理念，对未成年人的处罚比成年人要轻，很多行为还直接规定

---

① 参见张利兆:《未成年人犯罪刑事政策研究》，中国检察出版社2006年版，第88页。

不构成犯罪。但"恤幼"思想始终没有摆脱对成年人的依附关系，在处罚上是比照成年人从轻处理。总的来说，古代"恤幼"思想主要体现在刑事责任年龄和刑事处遇上。

（1）刑事责任年龄

西周《礼记·曲礼》中明确记载"八十、九十曰耄，七年曰悼，悼与耄虽有罪，不加刑焉"，指7岁以下和80岁以上的人即使犯罪也不受刑事惩罚，这种规定直接体现了"矜老恤幼"的朴素思想，但是7岁以上较为年幼的未成年人犯罪是否应受刑事处罚，刑事处罚的程度如何却没有详细规定。随着时代的发展，古代刑事责任年龄越发成熟，具体表现在李悝的《法经·律减》，其中详细规定"罪人年十五，罪高三减，罪卑一减"。具体指的是15岁以下的犯人，罪情严重者减三级，轻微者减一级。[①] 到了秦朝，如前所述，是以身高确定刑事责任。汉之后，一直以年龄作为承担刑事责任的标准。郑玄以汉律对《周礼》作注时，认为不满8岁的孩童无论犯何种罪都不受刑事处罚，[②] 但在实践中却有不同情况。唐朝《唐律》则按照年龄具体分为15岁以下、11—15岁、7—11岁、7岁以下四档，根据犯罪情况不同，减免的幅度也不同：15岁以下未成年人犯流罪以下的，则予以"收赎"（以银赎罪），但是加役流、反逆缘坐流、会赦犹流刑罚不能"收赎"，可以在发配地"免居作"（免于服劳役），另外11—15岁的人如果犯了故意杀人罪等死罪，要依律执行死刑。[③] 此外，《唐律》还规定，未成年人犯罪若成年后案发处罚要"依幼小论"，与现在的"从旧兼从轻"原则有异曲同工之妙。唐朝对未成年人刑事责任年龄的规定较为完善，后续历代基本全部予以继承，如《宋刑统·断狱律》《大明律》《大清律例》等。

---

① 参见夏天：《我国古代"恤幼"思想对未成年人犯罪刑事政策的启示》，载《理论导刊》2010年第8期。

② 参见牛犇：《古代如何处置未成年人犯罪》，载《人民法院报》2021年2月26日，第7版。

③ 《旧唐书》载，13岁的张瑝与11岁的张琇兄弟杀人为父报仇，百姓同情，但裴耀卿和李林甫认为杀人应当偿命，后唐玄宗下令将兄弟二人处死。

（2）刑事处遇

刑事责任年龄立法比较简单具体，但是未成年人刑事处遇则比较复杂，具体表现在对未成年人的逮捕、审讯、刑罚执行等方面。西汉时期规定，7岁以下的未成年人，非犯不道罪不受逮捕。到东汉时期，将7岁改为10岁，即10岁以下的未成年人非犯不道罪不受逮捕。在审讯方面，我国古代也对未成年人予以特别照顾，区别于成年人规定不允许刑讯逼供。如《唐律疏议》规定对15岁以下的未成年人不得刑讯逼供，还只能“据众证定罪”。[①] 在执行刑罚方面对未成年人也更为人道，汉代规定对8岁以下未成年人关押不能带刑具，唐朝改为10岁以下。明朝更为进步，将未成年犯罪嫌疑人、被告人与成年犯罪嫌疑人、被告人分开关押。清朝对未成年犯罪嫌疑人、被告人应受杖刑的一律“收赎”，带枷号的一律放免。[②]

2.“恤幼”的例外

古代“恤幼”并不是贯穿所有刑事领域，也存在例外，主要体现在“恤幼”与古代的家族伦理、统治阶级利益相悖时的选择。古代家族强调父权，有贵贱、尊卑之别，未成年人依附于家族成年人，地位卑微。未成年人如果“不孝”，将是违反“重罪十条”的行为，属于“十恶不赦”的罪行，将会受到严厉惩罚。另外，古代历史上，未成年人往往会因为其亲属犯罪而受到牵连，因其亲属的行为威胁到统治阶级利益而被“斩草除根”。如《唐律·名例律》中规定了90岁以上、7岁以下的人犯死罪不予执行，但是受到连坐的不受此条限制。《唐律疏议》中也规定，7岁以下的人因祖父谋反、谋逆而连坐，不能免除处罚。[③]

（二）生命历程

生命历程理论是社会学上的著名理论，强调从出生到死亡的时间、社会背景和参与组织等取代了以儿童为基础的、以成长为导向的“遗传性”

---

① “据众证定罪”指只有三人以上的明确证明才能定罪。

② 参见唐丹:《简论中国古代“恤幼”思想及其对我国未成年人犯罪刑事政策的影响》，载《西安石油大学学报（社会科学版）》2009年第2期。

③ 参见唐丹:《简论中国古代“恤幼”思想及其对我国未成年人犯罪刑事政策的影响》，载《西安石油大学学报（社会科学版）》2009年第2期。

描述。[①] 生命历程理论自20世纪80年代在犯罪学领域逐步被广泛使用，学者将其引入犯罪学领域，重点研究人一生中发生的重大事件及其发生顺序对个体的影响，进而造成生理、心理、行为等方面的变化与犯罪的关联程度。[②] 生命历程理论阐明了年龄与犯罪密切关系，揭示了犯罪持续的重要原因——取决于犯罪年龄。在这方面，格特弗雷得逊（Michael Gottfredson）与赫希（Travis Hirschi）是代表，他们认为年龄在解释犯罪方面超越了任何其他社会因素，两者是负相关关系，同时个人犯罪的潜在原因大部分产生于未成年人时期。[③] 通过实证研究，发现大部分反社会行为发生在较大未成年人身上，随着年龄增加，反社会风险在生命历程中呈直线下降或者降低态势，同时反社会与年龄的关系恒定，不因个体、同伴、历史、文化等方面的变化而变化。[④]

生命历程理论中的另外一个观点认为，犯罪的持续在于多方面因素在生命历程中的共同作用，在这方面桑普森和劳博是代表。如，未成年人时期的被监禁、辍学、父母离婚、失业及与不良朋友交往等因素致使犯罪从未成年时期发展到成年时期。同时桑普森和劳博认为，罪犯并不是一成不变的，一些未成年犯罪嫌疑人、被告人在成年过程中经历参军、恋爱、结婚、工作等某些事件，会成为生命中的重要节点，促使其不再犯罪。[⑤]

未成年属于人生命历程中的初始阶段，成年人的很多行为源于此。同

---

① Glen H. Elder Jr, Michael J. Shanahan: *The Life Course and Human Development*, American Cancer Society, 2007, also see Wiley Online Library, https://onlinelibrary.wiley.com/doi/10.1002/9780470147658.chpsy0112.

② Glen H. Elder Jr. Perspectives on the life course, In *Life Course Dymamics; Trajecttories and Transtions*, New York: Cornell University Press, 1985, p.3-4.

③ Michael Gottfredson, Travis Hirschi, Control Theory and the Life-Course Perspective, *Crime and Crime Prevention*, 1995, Vol. 4, pp. 131-142. 转引自曾赟:《逐级年龄生平境遇犯罪理论的提出与证立——以重新犯罪风险测量为视角》，载《中国法学》2011年第3期。

④ Robert J. Sampson and John H. Laub, Understanding Variability in Lives through Time: Contributions of Life-Course Criminology, *Crime and Crime Prevention*, 1995, Vol. 4, No. 2, p. 143-158.

⑤ 参见张婧、周勇:《关于重新犯罪影响因素的理论观点》，载《犯罪与改造研究》2018年第11期。

时，未成年人受自身认知的局限，较为容易犯罪，但可塑性强，在充分认识到自己的错误后，可以有效地避免再犯，故在认罪认罚的状态下，应给予其比成年人犯罪更为宽大的改正机会。

（三）最有利理念（儿童最大利益）

2020 年修订的《未成年人保护法》规定了对未成年人保护的最有利原则，该原则实际上是国际法上的儿童最大利益原则在我国国内法的转化，两者具有异曲同工之妙。儿童最大利益原则出自 1959 年的《儿童权利宣言》，虽然该原则具有模糊性，但是其作为保护未成年人健康成长的首要原则得到了各国的支持。最有利原则贯穿于未成年人保护法的始终，分为六个子原则，为明确国家、家庭、学校、政府和社会等各方主体的责任提供了新的具体指引。[①] 其中，国家无疑是最为关键的，当未成年人存在问题时，国家应当采取最有利于未成年人的措施，同时禁止采取可能不利于未成年人的措施。

对于未成年犯罪嫌疑人、被告人来说，认罪认罚后从宽正是秉承最有利原则，与儿童最大利益的考量一致。[②] 当然成年人认罪认罚后也应当从宽，但要防止在同种情况下对成年犯罪嫌疑人、被告人的从宽幅度大于未成年犯罪嫌疑人、被告人，这种下限防范保障了未成年犯罪嫌疑人、被告人认罪认罚从宽制度中的特殊“关怀优待”。对成年犯罪嫌疑人、被告人认罪认罚后是“可以”从宽；对未成年犯罪嫌疑人、被告人认罪认罚后的处理应当从最有利的角度从宽，是一种“应然”状态。

（四）双重亲权

“双重亲权”是指在未成年人的保护过程中存在国家亲权和父母亲权两种亲权形式。父母亲权较为好理解，就是父母作为未成年人最直接的亲权人，具有天然的监护权力。与之相对应的是国家亲权，即国家作为未

---

① 参见宋英辉、刘铃悦：《〈未成年人保护法〉修订的基本思路和重点内容》，载《中国青年社会科学》2020 年第 6 期。

② 参见宋英辉、李娜：《儿童利益最大化原则在刑事诉讼中的贯彻》，载《中国青年社会科学》2022 年第 1 期。

成年人的最高亲权人，享有最高的监护权限。[①] 这一概念虽然并非起源于我国，但与我国儒家文化中的“恤幼”理念不谋而合，且与我国未成年人司法中的宗旨一致，以保护未成年人为原则，国家亲权在未成年犯罪嫌疑人、被告人中的适用首先是以未成年人符合“有限理性人”为前提条件的，是基于对未成年人的个人长远利益和社会整体利益考量，其次符合“保障人权”的主旨要求，也符合“社会整体利益和个人长远利益”的目的。[②] 国家的“家长”权力也是源自国家亲权理念，国家是全体公民的家长，司法机关可以根据对未成年人的保护理念，以“教育为主、惩罚为辅”为原则，作出专业的判断，确保儿童利益的最大化。

未成年人犯罪适用认罪认罚从宽制度正是国家履行亲权的过程，是国家履行最高监护权力的体现，是加大对未成年犯罪嫌疑人、被告人保护的一种有效手段。当然国家并没有完全不考虑未成年人父母亲权的行使，在适用中充分尊重了未成年人父母的意见。制度本身更多的是构建国家－个人间的权利义务分配，充分彰显了国家在制度构建过程中的主导作用，同时也将一些具体事项的主导权让渡于未成年人及其父母。如国家将未成年人犯罪适用认罪认罚从宽制度的选择权主要赋予个人主导决定，并听取未成年人法定代理人的意见，做好引导，最大限度保护未成年人的权益。

（五）家庭模式

未成年人犯罪适用认罪认罚从宽制度是我国吸收诉讼合作理念的典范之作，是推动由诉讼对抗到诉讼合作的司法包容理念变迁的一个缩影。[③] 刑事协商理念的发展可以通过刑事诉讼模式这一核心命题获得直观认识。“模式论”是学术研究的基本范式之一，[④] 刑事诉讼制度的模式是刑事诉讼学科一个重要且成果丰富的研究课题，国内外众多学者对这一领域的研究

---

① 参见刘浩：《未成年人认罪认罚具结的反思与重构》，载《四川警察学院学报》2019 年第 5 期。

② 参见肖姗姗：《少年司法之国家亲权理念——兼论对我国少年司法的启示》，载《大连理工大学学报（哲学社会科学版）》2018 年第 4 期。

③ 参见孙道萃：《认罪认罚从宽制度研究》，中国政法大学出版社 2020 年版，第 41 页。

④ 参见卞建林：《刑事诉讼模式的演变及流变》，载《政法论坛》2019 年第 1 期。

热度不减。1964年，帕克基于价值取向创造性地提出了犯罪控制和正当程序两种诉讼模式，前者关注速度、效率，追求抑制犯罪的整体社会效果，后者以限制国家权力为目标，追求个人权利的保护。[①] 除了帕克的“犯罪控制模式”与“正当程序模式”外，还有格里费斯的“争斗模式”与“家庭模式”、戈德斯坦的“弹劾模式”与“纠问模式”、达马斯卡的“职权纠明模式”“当事人抗争模式”以及“阶层模式”“同位模式”等。[②] 近年来作为新兴模式代表，我国有学者提出了对抗－合作诉讼模式。[③] 尽管不能完全按照这些模式分析我国刑事诉讼模式，但是个人权利与国家权力两项范畴始终贯穿我国刑事诉讼理论、立法及司法中。[④]

1970年，格里费斯指出帕克的两个模式实际上是一种模式，即“争斗模式”，与此相对应的是“家庭模式”。“家庭模式”像理想的家庭那样，是以利害调整的可能性和爱的理念为前提的。在家庭内部也会对孩子的行为进行惩罚，但这种惩罚不是对孩子的敌视，而是对孩子的爱护。如果适用“家庭模式”，只要对法官持信赖态度，辩护人与检察官不同的诉讼活动就不会演化为争斗，而会成为对法院公正裁判的合作活动。这将使被控者的权利、尊严、人格受到最大的尊重，同时，刑事诉讼程序本身所应有的教育、保护功能也将会得到最有效的发挥，实现发展价值。[⑤] 可见“家庭模式”为未成年人犯罪适用认罪认罚从宽制度提供了天然的理论支撑。

---

① 参见［美］哈伯特·帕克：《刑事制裁的界限》，梁根林译，法律出版社2008年版，第1页。

② 参见李心鉴：《刑事诉讼构造论》，中国政法大学出版社1992年版，第21—30页。

③ 参见谭世贵：《论刑事诉讼模式及其中国转型》，载《法制与社会发展》2016年第3期。

④ 参见左卫民：《冲突与竞合：刑事诉讼的模式分析》，载《政法论坛》2017年第5期。

⑤ John Griffiths, Ideology in Criminal Procedure or a Third “Model” of the Criminal Process, *Yale Law Journal*, Vol. 79, 1970, 3.

二、政策导向

政策上的导向对未成年人犯罪适用认罪认罚从宽制度的影响较大，总体而言我国对未成年人的刑事政策一直在向宽缓的方向发展，这种“宽缓”的政策导向可以加大司法机关对未成年人犯罪适用认罪认罚从宽制度的力度。

（一）宽严相济

“宽严相济”最早是在2004年的全国政法工作会议上提出的，自提出以来在我国刑事政策领域产生了深远影响。贯彻宽严相济刑事政策首先应对“宽”“严”“相济”三个词语进行准确理解和解释。“宽”有两层意思：一是要宽容，即非犯罪化、非刑罚化；二是要减轻，即轻刑化，需要柔性司法，当宽则宽。“严”与“宽”相对，也有两层意思：一是要严格，以法律为准绳，不能突破法律底线，当重则重；二是要严肃，不徇私，不折不扣执行法律，当严则严。“宽”与“严”中间并不是没有一条不可逾越的鸿沟，两者相互交叉，甚至在同一案件中既有当“宽”也有当“严”的情节，在此情况下“相济”就显得至关重要了。“相济”指的就是两者要结合考虑，寻求其中的价值平衡，实实在在地做到严中有宽、宽中有严。[①]

未成年犯罪嫌疑人、被告人适用认罪认罚从宽制度正是基于“宽严相济”刑事政策背景产生的。对未成年犯罪嫌疑人、被告人而言，“宽”是第一位，“严”是第二位。未成年犯罪嫌疑人、被告人如果认罪认罚，则相较于成年犯罪嫌疑人、被告人的认罪认罚，更应该从宽。但是未成年犯罪嫌疑人、被告人在认罪认罚情况下的从宽是有一定限度的，这个限度体现出了法律的“严”，任何超越这个限度的“宽”会让未成年犯罪嫌疑人、被告人在心理上轻视法律，从长远来看不利于其后续健康发展。同时，相对成年犯罪嫌疑人、被告人，针对认罪认罚状态下未成年犯罪嫌疑人、被告人的“宽”与“严”如何把握，如何做到“相济”，是一个更难处理的问题。实践中可以对认罪认罚的初犯、偶犯未成年人比成年人予以更多的

---

① 参见刘志刚、凌婧文：《宽严相济一词的由来与发展》，载《中国纪检监察》2019年第17期。

“宽”，对认罪认罚的累犯、惯犯未成年人比初犯、偶犯未成年人予以更多的“严”，真正做到“宽严相济”。

（二）恢复性司法

“恢复性司法（restorative justice）”这一术语最早是由美国学者巴尼特（R.Barnett）于1977年提出的，[①] 实践中始于加拿大安大略省的一起缓刑执行案件。[②] 具体指的是通过特定的司法活动，将犯罪所侵害的各种权益尽力恢复到犯罪前的状态，进而化解社会矛盾，促进社会稳定。[③] 主要途径是通过协商达成犯罪人和被害人之间的和解，具体是通过道歉、赔偿、社区服务、生活帮助等方式补偿被害人，最终取得被害人的谅解，重新融入社会。恢复性司法提高了被害人在刑事诉讼领域中的参与程度，凸显出了被害人的地位，也影响了刑事司法的运行模式，使未来刑事司法转向报应、预防、恢复三项功能的方向发展。

同样，恢复性司法也影响了未成年人刑事司法的发展方向。恢复性司法对我国刑事诉讼影响最大的就是刑事和解制度的确立，未成年犯罪嫌疑人、被告人要和解，那么认罪认罚就是一个前提条件。和解后，对未成年犯罪嫌疑人、被告人从宽处理也是顺理成章的。当然，对于不能达成和解的案件，未成年犯罪嫌疑人、被告人认罪认罚是一种态度，是恢复性司法运行的基础，在此条件下，对其从宽处理也是恢复性司法运行的必然结果。

三、正当根据

未成年人犯罪适用认罪认罚从宽制度契合了少年司法理念，体现了“特别处遇”观念的基本精神，符合协商性刑事司法理念的基本要求，其

---

① 参见吴宗宪:《恢复性司法述评》，载王平主编:《恢复性司法论坛》（2005年卷），群众出版社2005年版，第3页。

② 1974年，加拿大安大略省两名犯罪人毁坏了二十多人的窗户、商店等财产，他们认罪却不履行赔偿判决。后在官方组织协调下犯罪人向被害人道歉并赔偿。此案引发了“被告人与被害人的和解运动”。

③ 参见衣家奇、姚华:《恢复性司法：刑事司法理念的重构性转折》，载《云南大学学报（法学版）》2006年第2期。

适用具有正当性根据。

（一）契合少年司法理念

未成年人犯罪适用认罪认罚从宽制度与成年人适用认罪认罚从宽制度有一定的区别，前者更注重帮助教育，切切实实起到教育、挽救、感化的作用，契合少年司法基本理念。

1. 可以起到区别对待的作用

从生理上看，未成年人发育尚不完全；从心理上看，未成年人的理解能力有限，对事物的判断容易表面化、简单化，对后果考虑较少或者不周，就容易犯一些成年人不容易犯的错误，甚至犯罪。[①] 但同时未成年人由于思想、性格等尚处于形成期，可以通过帮扶教育促使其走上正途。在未成年犯罪嫌疑人、被告人认罪认罚后，在处理结果上以宽缓为主，注重“以教代罚”，比犯同等罪成年人的处理更为宽缓，正体现了少年刑事司法所特有的司法理念。

2. 可以起到教育、挽救、感化的作用

对未成年犯罪嫌疑人、被告人适用认罪认罚从宽制度有助于促使未成年人真诚认罪，促使其认识错误、改正错误。这与教育、挽救、感化的未成年司法理念相契合。[②] 但同时也有一种不同的认识，认为对未成年犯罪嫌疑人、被告人适用认罪认罚从宽制度可能会与少年司法理念相背离，并不能起到应有作用。表现在实体层面，认为对未成年犯罪嫌疑人、被告人基于未成年本身“从宽”的基础上再次从宽可能会造成量刑偏轻，最终导致未成年人犯罪被放纵。[③] 在程序层面，过于简化的程序能否真正保障未成年犯罪嫌疑人、被告人的权益，又能否实现对未成年犯罪嫌疑人、被告人帮扶教育的预期效果，始终是一个亟须回答的问题。即在认罪认罚从宽制度下的未成年犯罪案件从公安机关的侦查——检察机关的审查逮捕、审

---

① 参见余丽：《对未成年犯适用认罪认罚从宽制度的必要性和可行性论证》，载《预防青少年犯罪研究》2017 年第 6 期。

② 参见张勇、李晓婷：《未成年犯认罪认罚从宽问题思考》，载《青少年犯罪问题》2017 年第 1 期。

③ 参见王瑞君、陈禹衡：《未成年人适用认罪认罚从宽制度争议问题辨析》，载《青少年犯罪问题》2019 年第 5 期。

查起诉——审判机关的判决流程大大缩短，很可能不利于教育、感化、挽救未成年犯罪嫌疑人、被告人。如果适用认罪认罚从宽制度最终损害了未成年犯罪嫌疑人、被告人的合法利益，得不偿失，那么该制度将不会持久。但从全国总体司法实践来看，对未成年犯罪嫌疑人、被告人适用认罪认罚从宽制度的利大于弊，在后文中将对此进行批驳论证，并进一步提出解决问题的思路与方案。

（二）体现“特别处遇”观念的基本精神

未成年人犯罪适用认罪认罚从宽制度与“特别处遇”并不相互排斥，也并没有对制度适用的主体加以限制，在“双重从宽”方面集中体现了“特别处遇”观念。

1. 认罪认罚从宽制度的适用与对未成年人的“特别处遇”并不相互排斥

“特别处遇”是专门针对未成年犯罪嫌疑人、被告人的特殊刑事司法处理理念。我国对认罪认罚未成年犯罪嫌疑人、被告人处理总体较为宽缓，重点体现在规定了严格的刑事责任能力，并对死刑适用进行限制等。在定罪量刑、刑罚执行等方面也都认同认罪认罚后可予以进一步的从宽处理，这些都与“特别处遇”的观念相契合。这种“特别处遇”可以分为机构化处遇和非机构化处遇，在逮捕、起诉、审判中尽量采取非机构化处遇措施，并规定了一系列特别帮扶程序，如针对未成年犯罪嫌疑人、被告人的法律援助制度，了解其成长经历、性格等情况的社会调查制度，促进其心理安抚的合适成年人会见制度，便利其改过自新的附条件不起诉制度，促使其以后正常发展的犯罪记录封存制度等，这些规定与认罪认罚从宽制度都可以同时适用。

2. 现行法律规范并没有对认罪认罚从宽的适用主体加以限制

随着社会转型的加快，案件量越来越多，司法机关如果依照完整的诉讼程序处理所有的刑事案件，则会造成严重的司法资源负担，在这种情况下如何在不减损公正前提下实现繁简分流亟待解决。[①] 认罪认罚从宽制度

---

① 参见陈光中、马康:《认罪认罚从宽制度若干重要问题探讨》，载《法学》2016年第8期。

设立的目的是基于犯罪嫌疑人、被告人自愿选择是否认罪认罚，进而配套相应的速裁程序、简易程序抑或普通程序，实现案件的程序分流，提高整体诉讼效率，节约紧缺的司法资源，使犯罪嫌疑人、被告人、被害人达成和解，并参与量刑建议，修复被破坏的社会关系，促进社会安定团结和谐进步。其适用范围并无任何限制，对于可能判处无期徒刑以上刑罚的犯罪嫌疑人、被告人，认罪认罚从宽制度也没有将其排除在外。对于最高刑罚为无期徒刑的未成年人刑事案件就更没有排除适用的理由。

3.“双重从宽”体现了“特别处遇”的价值理念

“双重从宽”即指“认罪认罚”从宽与“特别处遇”从宽在处理认罪认罚未成年犯罪嫌疑人、被告人时的叠加适用。如上所述，无论是在刑事实体法还是刑事程序法中都对认罪认罚未成年犯罪嫌疑人、被告人“特别处遇”进行了特别的从宽规定，这种“双重从宽”体现了“特别处遇”的价值理念。但是对认罪认罚未成年犯罪嫌疑人、被告人的双重从宽并不是一味从宽，也有必要予以限制，对一些行为极为恶劣，造成后果极为严重的犯罪行为可以不予从宽。①

（三）符合协商性刑事司法理念的要求

在刑事诉讼程序中，最能集中体现协商性司法理念的是刑事和解程序。虽然刑事和解程序并没有规定其前提是认罪认罚从宽制度，但是未成年犯罪嫌疑人、被告人选用认罪认罚从宽制度后更有利于刑事和解的实现，进而契合协商性司法理念。

1. 有助于快速解决未成年犯罪嫌疑人、被告人的刑事责任问题

近年来，我国未成年人犯罪案件数量占比并不是很大，但是法律规定的诉讼程序相对于成年人而言比较复杂，办案人员所耗费的时间和精力更大，这样也会造成案多人少的情况。认罪认罚从宽制度适用后，程序上的简化加快了未成年人认罪认罚后案件的处理速度，一定程度上可以缓解诉累，但是由此带来的帮扶教育不足问题在后续章节中还将继续探讨。对于

---

① 参见张勇、李晓婷:《犯罪未成年犯认罪认罚从宽问题思考》，载《青少年犯罪问题》2017 年第 1 期。

案由较为集中、案情相对简单的未成年人犯罪案件来说，虽然可以适用简易程序，但是程序内容依然不能克减，因此我国目前禁止认罪认罚未成年犯罪嫌疑人、被告人适用速裁程序。

2. 有助于对未成年犯罪嫌疑人、被告人司法保护的实现

认罪认罚从宽制度在适用中可以促使诉讼各方进行有效合作，据此未成年犯罪嫌疑人、被告人参与到诉讼协商中，可以充分表达自己的诉求，维护自身合法权益。此外，司法机关与未成年犯罪嫌疑人、被告人的量刑互动可以提前加强沟通，减少控辩纷争，也可以充分保障未成年犯罪嫌疑人、被告人的诉讼程序利益，确保程序上的公正，实现司法保护的最大化。

3. 有助于提高与被害人和解的概率和效率

协商性刑事司法理念是以消除犯罪当事双方仇恨、避免过度对抗、避免矛盾升级、实现案结事了为最终目的，同时也契合了对未成年犯罪嫌疑人、被告人要以教育、改造为主的刑罚理念。① 认罪认罚从宽制度促使未成年犯罪嫌疑人、被告人满足适用协商性刑事司法制度的基本条件，促使未成年犯罪嫌疑人、被告人真心悔罪，诚心认罚，增加了对被害人的和解诚意，提高了和解的概率。协商性司法作用在于密切各方联系，畅通沟通渠道，促进未成年犯罪嫌疑人、被告人与被害方的和解，提高和解的效率，使其对犯罪行为能有更深刻的认识，避免再犯，实现对未成年犯罪嫌疑人、被告人的教育和改造。

四、价值取向

价值研究是进行价值衡平和选择的需要，法律价值是一个由多重要素构成、以多元形态存在的体系，在该体系内部各种价值的要素位阶是上下浮动的，在社会发展的每个阶段和每个特定的时期，总是有一种价值处于首要地位，其他价值处于次要地位。但这绝不意味着该首要价值是排他的，次要的价值是无关紧要的；不意味着首要价值在各个法律领域、法律

---

① 参见张勇、李晓婷:《犯罪未成年犯认罪认罚从宽问题思考》，载《青少年犯罪问题》2017年第1期。

运行的各个环节都是绝对领先，其他价值则绝对从属；更不意味着首要价值将持续第一，其他价值永居其后。[①] 与刑事诉讼传统模式的价值取向不同，未成年人刑事诉讼有其独有的发展价值。传统模式下，公正价值和效率价值是一对矛盾关系，[②] 在适用认罪认罚从宽制度时要兼顾秩序价值。在未成年人刑事诉讼领域，效率价值与发展价值也存在一些矛盾的地方。未成年人犯罪适用认罪认罚从宽制度存在各类问题的根本在于价值取向的冲突，解决这些问题的根本也在于平衡公正价值、发展价值、秩序价值、效率价值之间的冲突。价值取向的理性结果是价值平衡，实际上贯穿于未成年人犯罪适用认罪认罚从宽制度的全过程。

（一）制度适用的价值追求

未成年人犯罪适用认罪认罚从宽制度的价值追求包括公正价值、发展价值、秩序价值、效率价值，关于这些价值间的关系学者观点并不统一。其实未成年人犯罪适用认罪认罚从宽制度中所存在的具体问题都可以从公正价值、发展价值、秩序价值、效率价值的关系中找到答案。

1. 公正价值

实现公正是未成年人犯罪适用认罪认罚从宽制度的终极目标，公正并不要求一刀切式的公平，而是根据实际情况实现应然正义。公正是一个抽象的概念，不像效率一样可以时间为标准进行衡量，公正只是存在于普通民众心中的理性概念。未成年人犯罪适用认罪认罚从宽制度的结果合乎规则，符合普通民众的心理预期便是公正。未成年人犯罪适用认罪认罚从宽制度下的公正价值与发展价值、秩序价值、效率价值不可分割。因此，公正是未成年人犯罪适用认罪认罚从宽制度的基础前提，是实现发展价值、秩序价值、效率价值的保障。公正价值在未成年人犯罪适用认罪认罚从宽制度下的价值位阶中排第一位。如果公正价值和发展、效率、秩序发生矛盾时，应以公正价值为先。如果因发展价值、秩序价值、效率价值而损害公正价值，那么其他价值可以不予实现。

---

① 参见张文显:《法哲学范畴研究》，中国政法大学出版社 2001 年版，第 8—9 页。

② 参见王飞:《认罪认罚从宽制度若干重点问题研究》，中国法制出版社2020年版，第 73 页。

2. 发展价值

发展价值是未成年人司法所独有的目的价值，是刑事诉讼“家庭模式”目标所在，也是未成年人犯罪适用认罪认罚从宽制度所追求的一项重要价值。对未成年犯罪嫌疑人、被告人进行全面保护、教育、矫正的最重要目的就是挽救未成年人，促进其身心的健康发展，实现发展价值。未成年人的可塑性强，未来发展道路也相对较长，发展价值远大于成年人。发展价值的实现主要途径是“帮教”，即为“帮扶教育”。未成年人领域的“帮教”有两层含义：一层是直接帮助教育未成年人，另一层是帮助未成年人父母教育未成年人。未成年人犯罪适用认罪认罚从宽制度下的发展价值和公正价值往往具有一致性，未成年人犯罪适用认罪认罚从宽制度能够使更多的罪轻未成年人最终免于起诉，不影响成年后的上学、就业等发展。但是也不能为了偏重发展价值而过于从轻处理一些罪大恶极的未成年犯罪嫌疑人、被告人，这样就违背了公正价值的要求。

3. 秩序价值

法所追求价值意义上的秩序是指有益于人类的社会秩序。从秩序意义上讲，任何法律，都要追求并保持一定的社会有序状态。[①] 西方法学家普遍认为，与法永相伴随的基本价值，便是社会秩序。[②] 未成年人犯罪适用认罪认罚从宽制度的一个重要作用在于化解矛盾，恢复因犯罪而受损的社会关系，明显体现出了制度适用的秩序价值。未成年人犯罪适用认罪认罚从宽制度下的秩序价值与公正价值、发展价值也具有一致性，未成年人犯罪适用认罪认罚从宽制度能够促使加害方积极赔偿被害方，平复被害方的心理创伤，有利于未成年犯罪嫌疑人、被告人的健康发展和案件的公正处理，恢复社会秩序。但是也不能特别为了实现秩序价值而不顾公正价值，违法办案；不管发展价值，恶意惩罚。因此，秩序价值在未成年人犯罪适用认罪认罚从宽制度价值中处于第三位阶。

---

① 参见院晓苗:《未成年人的刑法保护理念与刑法价值》，载《河北法学》2005 年第 8 期。

② 参见［英］彼得·斯坦、约翰·香德:《西方社会的法的价值》，王献平译，中国人民公安大学出版社 1989 年版，第 38 页。

4. 效率价值

认罪认罚从宽制度产生的直接动因在于刑事诉讼“案多人少”的矛盾日益突出，其作用在于纾解案件压力，据此效率价值是认罪认罚从宽制度主要的价值取向，但却不是未成年人犯罪适用认罪认罚从宽制度的主要价值取向。当然，也有学者持不同观点，认为普通程序的价值取向主要是公正，简易程序是公正与效率兼顾，速裁程序的价值取向则是效率。[①] 因未成年人犯罪不适用速裁程序，则未成年人犯罪适用认罪认罚从宽制度的价值应基于其选用的是普通程序还是简易程序而作出判断。也有学者对此提出批评，认为制度的适用应首先解决程序的公正问题，尤其是侦查程序中涉及程序公正的具体问题。[②] 但是无论何种观点，比起未成年犯罪嫌疑人、被告人不认罪认罚的案件，认罪认罚案件处理的效率要更快，这是毋庸置疑的，所以效率价值是未成年人犯罪适用认罪认罚从宽制度的价值之一。

提高效率是为了更好地实现公正，公正价值最容易和效率价值发生冲突，“公正基础上的效率价值”观点的重点仍在效率价值，[③] 但是缺乏效率的公正难以满足社会发展，实际上是对程序公正的背离。[④] 同时，效率价值和发展价值、秩序价值也容易发生冲突。例如，如果可以让未成年犯罪嫌疑人、被告人认罪认罚后从犯罪中吸取教训，避免再犯，那么在实现发展价值过程中牺牲效率价值也就具有了合理性。再者，为了恢复受损的社会关系，耗费长一点儿的时间在实践中也是可以接受的。因我国的未成年人犯罪数量较少（约占犯罪总数的 2%），这样做对认罪认罚从宽总体的效率价值也就影响不大。所以效率价值并不是未成年人犯罪适用认罪认罚从宽制度追求的主要价值，处于第四位阶。

---

① 参见汪建成：《以效率为价值导向的刑事速裁程序论纲》，载《政法论坛》2016 年第 4 期。

② 参见张建伟：《认罪认罚从宽处理：内涵解读与技术分析》，载《法律适用》2016 年第 11 期。

③ 参见王飞：《认罪认罚从宽制度若干重点问题研究》，中国法制出版社 2020 年版，第 75 页。

④ 参见陈卫东：《认罪认罚从宽制度研究》，载《中国法学》2016 年第 2 期。

（二）制度适用的价值冲突与平衡

未成年人犯罪适用认罪认罚从宽制度的公正价值、发展价值、秩序价值、效率价值大部分时候是统一的，但是在个别问题中依然存在冲突，主要在证明标准和权利保障两方面存在问题，需要在实践中不断调整，使之趋于平衡。

1. 证明标准问题

未成年人犯罪适用认罪认罚从宽制度时的证明标准问题是公正价值、发展价值、秩序价值、效率价值冲突的核心点，主要争议点是证明标准是否可以降低。有观点认为未成年犯罪嫌疑人、被告人认罪认罚后可以将其犯罪事实的证明标准由排除合理怀疑降低至“大致心证”的程度。① 对于未成年犯罪嫌疑人、被告人认罪认罚后的证明标准，官方从来没有以明示或者默示的方式予以降低，但是在实践中存在“隐性”降低，主要体现在认罪认罚案件和不认罪认罚案件证据调查程序严格性的要求不同。② 证明标准的变化是未成年人犯罪适用认罪认罚从宽制度中各类价值冲突的集中体现，在公正价值和效率价值冲突方面表现得更为明显。降低证明标准能够减少证据收集的难度，有利于提高效率价值，但是可能会损害实体公正，增加冤假错案的出现概率。

其实，无论在何种情况下，刑事案件的证明标准始终不能降低，“排除合理怀疑”是刑事案件证明标准的底线，从宽处理是为了实现公正。只有固定好不容置疑的办案证据、寻求到扎实有力证据前提下的高效率才是真正的高效率，才能真正把公正价值放在第一位。在未成年人犯罪适用认罪认罚从宽案件时，需要严格把握证明标准条件，不应将效率价值与公正价值对立看待，要实现公正与效率的有机统一，不能以牺牲公正为代价提高效率，必须坚持“案件事实清楚，证据确实、充分”的法定证明标准，发挥认罪认罚量刑从宽制度的证据寻求优势，防止因未成年犯罪嫌疑人、被告人认罪认罚证据证明标准降低而导致冤假错案的发生。

---

① 参见高通：《刑事速裁程序证明标准研究》，载《法学论坛》2017 年第 2 期。
② 参见孙远：《论认罪认罚案件的证明标准》，载《法律适用》2016 年第 11 期。

2. 权利保障问题

权利保障是程序正义的要求，过于超前或者滞后的权利保障机制会影响刑事诉讼的效率。[①] 目前，未成年人犯罪适用认罪认罚从宽制度过程中对未成年犯罪嫌疑人、被告人的权利保障机制总体滞后，一定程度上影响了公正价值、发展价值、秩序价值、效率价值的实现。案件公正办理了，但是权利保障不到位会造成当事人上访、再犯等问题，这些问题将减损案件的公正价值。为了加强权利保障，实现发展价值、秩序价值，要将帮教工作贯穿案件办理全过程，充分开展释法说理、亲职教育，以未成年人可接受的方式开展法治教育，让未成年人明白破坏社会规则须付出代价，懂得承担责任，帮助他们改过自新、重新回归社会。帮教工作虽然会影响效率价值的实现，但却是必需的。另外，未成年人犯罪适用认罪认罚从宽制度决定权的归属较为模糊，在多种参与主体意见不一的情况下势必会拖延诉讼时间；未成年人犯罪适用认罪认罚从宽制度与其他诉讼程序不契合也会造成诉讼程序的迟疑或者反复，进而影响诉讼效率；制度适用中的强制措施及刑罚适用不当可能致使当事人作出不配合办案机关的决定，增加诉讼程序进展的难度，最终也会影响诉讼效率。因此，要在权利保障方面实现公正价值、发展价值、秩序价值、效率价值的平衡，就需要对未成年人犯罪适用认罪认罚从宽制度中的具体权利进行重新审视，找出矛盾点并妥善予以解决，这也是本书第四、五、六章中原因找寻和对策分析的逻辑起点。

第三节　未成年人犯罪适用认罪认罚从宽的制度现状

我国在长期的实践探索中诞生了认罪认罚从宽制度，其重要性对于司法资源的合理利用不言而喻。作为以审判为中心的诉讼制度改革配套措施

---

① 参见王飞：《认罪认罚从宽制度若干重点问题研究》，中国法制出版社2020年版，第82页。

之一，认罪认罚从宽制度具有特定的时代背景和价值取向，其中未成年人犯罪适用认罪认罚从宽制度经历了三个阶段。

第一个阶段是试点阶段。2016 年 9 月，全国人大常务委员会授权最高人民法院和最高人民检察院在部分地区开展认罪认罚从宽试点工作，认罪认罚从宽制度正式开始实践。2016 年 11 月，“两高三部”发布了《办法》，其中在未成年方面仅规定了“未成年犯罪嫌疑人、被告人的法定代理人、辩护人对未成年人认罪认罚有异议的不适用认罪认罚从宽制度”。

第二个阶段是正式建立阶段。经过近两年的实践，2018 年 10 月 26 日，全国人大常务委员会通过《关于修改〈中华人民共和国刑事诉讼法〉的决定》，正式将认罪认罚从宽制度确立在刑事诉讼法中，增加规定“被告人是未成年人的不适用速裁程序”。未成年人在适用认罪认罚从宽制度时同成年人一样，没有被予以充分特殊考虑。

第三个阶段是发展阶段。2019 年 10 月 11 日，“两高三部”发布了《适用制度指导意见》，其中第十二部分专门规定了“未成年人认罪认罚案件的办理”的具体内容，注意到了未成年人犯罪适用认罪认罚从宽制度的具体问题，是一个很大的进步。其分为“听取意见”“具结书签署”“程序适用”“法治教育”四部分内容，涉及实践中未成年人犯罪适用认罪认罚从宽制度过程中遇到的常见问题，但是其中规定未成年人犯罪适用认罪认罚从宽制度要坚持从快从宽原则不妥，因为办理未成年人犯罪案件的价值追求在于教育挽救，而不是单纯迅速案结事了。2020 年 5 月 11 日，最高人民检察院发布了《人民检察院办理认罪认罚案件监督管理办法》，其中并没有具体涉及未成年人犯罪适用认罪认罚从宽制度的内容。2021 年 12 月 3 日，最高人民检察院发布了《人民检察院办理认罪认罚案件开展量刑建议工作的指导意见》（以下简称《量刑建议指导意见》），注意到了未成年人犯罪适用认罪认罚从宽制度过程中的一些问题，规定未成年人同时有法律援助律师和委托律师情况下，确定如何选择时应征求其监护人意愿；也规定了未成年犯罪嫌疑人签署具结书时，其法定代理人应当到场并签字确认，法定代理人无法到场的，合适成年人应当到场签字确认；还规定了法定代理人、辩护人对未成年人认罪认罚有异议的，未成年犯罪嫌疑人不需要签署具结书。从中可以看出《量刑建议指导意见》解决了未成年人犯罪适用认罪认罚从宽制度中的律师冲突问题，但是未成年犯罪嫌疑人不需要签署具结书条件依然有一定的歧义，即法定代理人和辩护人要同时有异议，还是法定代理人、辩护人有一者有异议的问题依然没有明确。

一、未成年人犯罪适用认罪认罚从宽制度的条件及范围

认罪认罚从宽制度中更多的是程序法，涉及实体性的内容规定较少，也是从属于程序的实体内容。就未成年人犯罪适用认罪认罚从宽制度的条件而言，可以从形式和实质两个方面进行分析。就范围而言，理论上适用于所有的未成年人犯罪案件。

（一）条件

从形式上看，如果未成年犯罪嫌疑人、被告人认罪，同时也认罚，其法定代理人和辩护人对其程序的选用没有意见，则可以适用该制度。未成年犯罪嫌疑人、被告人同成年人不一样，在适用该制度时存在一些必要的限制，主要原因是16周岁以下的未成年人并不具有完全的刑事责任能力。未成年人心理上的幼稚决定了其认罪认罚只能表示悔罪，不能代表其完全认识到选择认罪认罚程序的后果。因此，未成年犯罪嫌疑人、被告人适用认罪认罚从宽制度需要其法定代理人及其辩护人的同意，设置同意前置程序的初衷主要是考虑到法定代理人的监护地位及辩护人的法律知识，能判断未成年犯罪嫌疑人、被告人选用认罪认罚从宽制度后是否更有利。

从实质上看，未成年犯罪嫌疑人、被告人要在内心深处实实在在悔罪。对未成年犯罪嫌疑人、被告人从宽，首要前提是该未成年犯罪嫌疑人、被告人要充分认识到其行为的危害性。① 如果有被害人，需要未成年犯罪嫌疑人、被告人诚心向被害人道歉并赔偿具体损失，以实际行动和表现表明该未成年犯罪嫌疑人、被告人不再具有社会危害性和人身危险性。如果未成年犯罪嫌疑人、被告人仅是为了追求相对轻的判决而认罪认罚，那么对其从宽就可能达不到教育、感化、挽救的最佳效果，也违背了该制

---

① 参见张勇、李晓婷：《未成年犯认罪认罚从宽问题思考》，载《青少年犯罪问题》2017年第1期。

度设计的初衷。

（二）范围

对于未成年人犯罪适用认罪认罚从宽制度范围而言，有不同的观点。有的学者认为该制度只能局限于轻罪，也有学者认为不应当有范围上的限制，应当适用于所有的刑事案件。[①] 就目前我国的刑事诉讼法规定而言，认罪认罚从宽制度对成年人适用于所有案件，对于未成年人当然也应当适用于所有案件。该制度与自首从宽、坦白从宽一样，都具有普遍适用性，在范围上并没有特别的限制。按照我国刑事诉讼法的规定，如果未成年犯罪嫌疑人、被告人属于尚未完全丧失辨认或者控制自己行为能力的精神病人，或者其法定代理人、辩护人不同意适用认罪认罚从宽程序，或者有可能不构成犯罪的情况下不得适用认罪认罚从宽程序，当然刑事诉讼法也一如既往地规定了例外条款，即其他不宜适用的情形，但是截至目前，还没有法律和司法解释对例外条款中的“其他情形”进行规定。认罪认罚从宽制度设置初衷在于案件繁简分流，提高司法效率，扩大未成年犯罪嫌疑人、被告人的适用范围无疑有利于提高司法效率。

二、未成年人犯罪适用认罪认罚从宽制度的办理程序

认罪认罚从宽制度确立后，未成年人犯罪案件的办理流程发生了一些变化，既要按照未成年人所特有的程序进行办理，又融入了认罪认罚从宽制度本身的一些内容。

（一）侦查

在侦查阶段，认罪认罚程序的表现并不是很明显，因为在立案之前的行为只是属于初查，侦查人员需要在询问和调查证据的基础上判断未成年人是否可能涉嫌犯罪。如果不涉嫌犯罪，程序也就没有进一步走下去的必要。如果涉嫌犯罪，那么经过公安机关内部的审批程序后即可以予以立案，此后的讯问中侦查人员会通知合适成年人到场，并告知未成年犯罪嫌疑人、被告人认罪认罚从宽制度的相关规定，并询问是否选用认罪认罚从

---

① 参见陈卫东：《认罪认罚从宽制度研究》，载《中国法学》2016年第2期。

宽制度。认罪认罚从宽制度确立前，侦查人员更多地会告知未成年犯罪嫌疑人、被告人坦白从宽、抗拒从严，以获取真实口供。认罪认罚从宽制度确立后，侦查人员则会告知未成年犯罪嫌疑人、被告人认罪认罚后可以从宽，以获取真实口供。

但在侦查阶段，未成年犯罪嫌疑人、被告人对选择认罪认罚从宽制度后给自己带来的影响并不十分清楚，只有“可能”会被从宽处理的感觉。通常的对话语句是：“你认罪不认？”“认罪。”“那你认罚不认？”“认罚。”如果回答“不认罪”，则继续追问“你为什么不认罪”，一般回答是“这不是我干的”或者“我这样的行为构成什么犯罪”。如果回答“不认罚”，则侦查人员继续问道“你都已经认罪了为什么不认罚？不认罚以后就不会从轻处理”。除了少量未成年犯罪嫌疑人、被告人态度极为坚决不认罪认罚，其余的未成年犯罪嫌疑人、被告人大多会选择适用认罪认罚从宽制度。

（二）检察

检察阶段不仅有审查逮捕环节和审查起诉环节，还有提前介入环节。在提前介入环节中，检察机关在侦查阶段就可以预先对是否适用认罪认罚从宽制度征询未成年犯罪嫌疑人、被告人及其法定代理人、辩护人的意见。如果认罪认罚，则在随后的审查逮捕、审查起诉程序中按照认罪认罚从宽制度进行。

检察机关捕诉一体改革后，对未成年犯罪嫌疑人、被告人的审查逮捕和审查起诉程序都由同一个办案检察官进行，办案检察官一般会委托司法部门对未成年犯罪嫌疑人、被告人进行社会调查，询问未成年犯罪嫌疑人、被告人及其法定代理人、辩护人是否选择适用认罪认罚从宽制度，如果选择适用，则签署具结书予以确认。如果未成年犯罪嫌疑人、被告人选择适用认罪认罚从宽制度，但是未成年犯罪嫌疑人、被告人的法定代理人、辩护人有异议则不签署具结书，一般还是按照适用认罪认罚从宽制度的程序进行。适用认罪认罚从宽制度后，在审查逮捕和审查起诉环节对未成年犯罪嫌疑人、被告人的处理相对都较轻，会在一定程度上提高不逮捕和不起诉的概率。

（三）审判

法院一般都有独立的少年审判法庭，未成年犯罪案件集中在少审庭审理。审判阶段法官依然会对未成年犯罪嫌疑人、被告人是否选择适用认罪认罚从宽制度进行再确认，在得到确认选用的答复后会在处理上予以一定程度的从轻，如果得到否定的答复后则会对为什么不选择适用认罪认罚从宽制度的原因进行调查，对明显缺乏合理理由的予以劝解。在审判程序的选择上，虽然国家禁止了速裁程序适用于认罪认罚的未成年犯罪嫌疑人、被告人，但是却没有禁止简易程序的适用，因此对于审理简易程序中的认罪认罚未成年犯罪嫌疑人、被告人而言，检察机关可以不派员出庭，法庭可以省略一些程序，判决的时间也大为缩短。

审判程序不仅包括一审，还包括二审，如果在一审未成年犯罪嫌疑人、被告人因认罪认罚而获得了较轻的判决，但是依然以所判刑罚过重为由提起上诉，则检察机关会考虑是否据此提出所判刑罚过轻的抗诉，但是绝大部分的案件检察机关并没有据此而提出抗诉，因为二审大概率会维持原判。如果未成年犯罪嫌疑人、被告人之前从未选择适用认罪认罚程序，但在二审中选择适用认罪认罚从宽制度，则法院大概率会作出比一审判决结果较轻的改判判决。

三、未成年人犯罪适用认罪认罚从宽制度的量刑标准

对于未成年犯罪嫌疑人、被告人而言，量刑问题始终是其最关心的问题，但是我国法律没有对未成年犯罪嫌疑人、被告人量刑的适用作出具体规定，很容易导致出现“同案不同判”的结果，影响了司法权威。量刑标准具有天然的复杂性，制定一个放之四海而皆准的量刑标准是不现实的，但是在刑法相对量刑幅度内规定一个合理的量刑指导意见是可行的。最高人民法院和最高人民检察院在2021年6月联合出台了《关于常见犯罪的量刑指导意见（试行）》（以下简称《常见犯罪量刑指导意见》），对未成年犯罪嫌疑人、被告人和认罪认罚从宽幅度进行分开规定，同时规定具有未成年人犯罪等量刑情节的，先适用该量刑情节进行调节，再适用其他量刑情节进行调节。因此，对于未成年犯罪嫌疑人、被告人认罪认罚后的从宽，应先适用未成年人从宽的规定进行调节，再适用认罪认罚从宽的规定

进行调节。

（一）未成年人从宽的规定

根据《常见犯罪量刑指导意见》的规定，对于未成年人犯罪，综合考虑未成年人对犯罪的认知能力、实施犯罪行为的动机和目的、犯罪时的年龄、是否初犯、偶犯、悔罪表现、个人成长经历和一贯表现等情况，应当予以从宽处理。这是针对未成年犯罪嫌疑人、被告人从宽总的规定。简而言之，即对未成年人犯罪应当从宽处理。同时按照年龄将未成年犯罪嫌疑人、被告人分为两档。第 1 档为 12—16 周岁的未成年人犯罪，量刑时减少基准刑的 30%—60%；第 2 档为 16—18 周岁的未成年人犯罪，量刑时减少基准刑的 10%—50%。可以看出第 1 档比第 2 档总体量刑少了 10%—20%，犯罪成年人则比未成年犯罪嫌疑人、被告人增加了基准刑的 10%—60%。此外，《常见犯罪量刑指导意见》还规定对于有前科的，综合考虑前科的不同情况，可以增加基准刑的 10% 以下，但是前科犯罪为过失犯罪和未成年人犯罪的除外。对成年人应加重，但对未成年人则不加重，实际上也是一种从宽。

（二）认罪认罚从宽的规定

根据《常见犯罪量刑指导意见》的规定，对于被告人认罪认罚的，综合考虑犯罪的性质、罪行的轻重、认罪认罚的阶段、程度、价值、悔罪表现等情况，可以减少基准刑的 30% 以下；具有自首、重大坦白、退赃退赔、赔偿谅解、刑事和解等情节的，可以减少基准刑的 60% 以下，犯罪较轻的，可以减少基准刑的 60% 以上或者依法免除处罚。可以看出认罪认罚后的从宽幅度是比较大的，但同时其弹性也比较大。与未成年人面向的从宽规定不同，认罪认罚的面向也可以不从宽，且对轻刑犯罪的从宽幅度要远远大于重刑犯罪。《常见犯罪量刑指导意见》还规定认罪认罚与自首、坦白、当庭自愿认罪、退赃退赔、赔偿谅解、刑事和解、羁押期间表现好等量刑情节不作重复评价。但如果犯罪人是未成年人，根据《常见犯罪量刑指导意见》规定可以重复评价，即两种从宽可以相加，对于未成年犯罪嫌疑人、被告人认罪认罚后，12—16 周岁的减少基准刑的 30%—90%，16—18 周岁的减少基准刑的 10%—80%，犯罪较轻的完全可以免除处罚。

第四节　我国港澳台地区相关制度规定

我国港澳台地区与未成年人犯罪适用认罪认罚从宽制度相关的规定各不相同。香港特区表现为对认罪未成年人的控前转处、控审慎重、辩诉交易；澳门特区并没有对未成年人犯罪主观上的“认罪”作过多规定，仅从侧面对未成年人的“认罚”进行了规定，在准备警察警诫时不认罚则予以司法介入；台湾地区则规定了认罪未成年人的协商程序，但是也有仅适用于轻罪、不得上诉、不适用简易程序等诸多限制。

一、香港特区对认罪未成年人的处理措施

我国香港特区的未成年人刑事诉讼制度并没有完全从成年人中独立出来，虽然制定了《少年犯条例》，但总体上也是依附于成年人，并对其中的一些特殊内容进行了规定，对认罪未成年人的处理主要有控前转处、控审慎重和辩诉交易，最具代表性的就是认罪未成年人控前转处制度。

（一）控前转处

香港特区赋予警司以上级别的警察对未成年人可以作出警诫的权力，以此替代刑事指控，这样可以使大量的未成年人犯罪案件得到分流处理，尽可能从轻处理认罪未成年人。在香港这被称为“警司警诫计划”，香港每年有约 1/3 的未成年犯罪嫌疑人被予以警诫。[①]“警司警诫计划”直接来源于标签理论的广泛传播，使犯罪情节轻微的认罪未成年人不被“贴标签”，不受社会歧视。20 世纪 50 年代“警司警诫计划”刚实施时限定为 14 周岁以下的未成年人，后在 1966 年、1987 年、1995 年将年龄分别提高至 16 周岁以下、17 周岁以下、18 周岁以下。但是警司警诫也有一定的限制，一般只给予一次警司警诫的机会，第二次在符合特定条件下才能被给予。因目前香港刑事责任年龄为 10 周岁，其警司警诫需要具备四个条件，

---

① 参见卢莹：《香港认罪少年控前转处机制及启示》，载《青少年犯罪问题》2019 年第 4 期。

缺一不可：（1）10—18周岁；（2）有确切的证据可以控诉；（3）自愿认罪；（4）未成年人及其家长或者监护人同意。

香港对认罪未成年人转处后的监管主要包括警方探访和跨部门转介两个方面。当前所有接受警司警诫的未成年人都要被转介至青少年保护组，责任警官将定期予以探访。警司警诫最长时间可达2年，或者到年满18周岁，两者以较短的时间为准。跨部门转介中对于15岁以下的未成年人可以转介至教育局接受教育，但是近年来适用极少。[①] 跨部门转介中对于家庭有问题的未成年人可以转介至社会福利机构，由社会工作者提供辅导、心理服务、经济援助等。转介至社会福利机构的由家人、老师、警察、社工等共同召开“家庭会议”，就未成年人的发展制定适合其自身的个性化方案，并由一名人员跟进落实。香港于2009年8月制定了新的《为根据警司警诫计划接受警诫的儿童/青少年举行家庭会议的指引》，对“家庭会议”的运行进行了规范。根据需要，跨部门转介还可以将未成年人转介至社区服务队，开展团体活动、社会服务、进行辅导和朋辈合作。“警司警诫计划”施行以来，接受过“警司警诫计划”未成年人两年内再犯率由2002年的17.7%降至2011年的12.6%，再降至2015年的9.1%。[②]

虽然香港的认罪未成年人控诉转处制度效果较好，但是其制度本身忽略了被害人的参与，在后续的转介跟进监管中也缺失了被害人的作用发挥，被害人不能参与和决定转处过程中的任何事项，不符合恢复性司法理念。与内地未成年人犯罪适用认罪认罚从宽制度相比较，两者的范围理论上都是可以适用于所有案件，但是香港的认罪未成年人控诉转处制度更限于轻微案件。认罪未成年人控诉转处制度主要着眼于侦查阶段，内地未成年人犯罪适用认罪认罚从宽制度主要关注于检察和审判阶段，侦查阶段的作用发挥不够。认罪未成年人控诉转处制度类似于内地的附条件不起诉以

① 参见卢莹：《香港认罪少年控前转处机制及启示》，载《青少年犯罪问题》2019年第4期。

② 参见卢莹：《香港认罪少年控前转处机制及启示》，载《青少年犯罪问题》2019年第4期。

及未成年人犯罪适用认罪认罚从宽制度后作出的相对不起诉，但是内地对未成年人作出相对不起诉的后续监管并不到位。

（二）控审慎重

认罪未成年人控诉转处制度已经分流了约 1/3 的未成年人犯罪案件，香港在处理剩余的 2/3 的未成年人犯罪案件的时候也很慎重。

香港《检控守则》第 15 款中明确规定了少年犯的处理方式。规定在起诉青少年时必须优先考虑他们的福利。应将 16 周岁以下的未成年人犯罪案件于少年法庭中起诉，并应尽可能加快审理进程。检方往往倾向于采用刑事起诉以外的其他方法来处理针对青少年的指控，除非罪行严重或其他情况需要出于公共利益进行起诉。仅为了确保获得法院的福利保障而起诉青少年将是滥用程序，如果有确切的理由提起关爱诉讼能够更好地服务于公众利益，那么检察官应邀请调查人员考虑适当的移交。在决定是否出于公共利益需要起诉青少年时，应考虑以下因素：少年的认罪与否、指控罪行的严重性，少年的前科，少年的年龄、能力和明显的身心成熟度，向青少年提供家庭和其他支持，当时的教育或就业安排，法院可用的判决选择，起诉以外的其他方法如警告等的可用性和有效性。[①] 可以看出在检察阶段，香港秉承的是快速办理理念，未成年人越是认罪处理得越快，这种情况其实是一种似是而非，对未成年人犯罪并不是处理得越快越好，在本书第四章还将展开论述。

在审判阶段，香港《少年犯条例》第 8 条第 2 款规定，除了杀人罪之外，法官需要询问未成年人是否认罪；第 7 款规定，儿童或少年认罪，法庭须询问该儿童或少年是否愿意减轻刑罚。其中关于少年的一些条款可以延长适用至 21 周岁。另外，香港《刑事诉讼程序条例》对少年的规范主要集中在刑罚的执行方式上，并没有过多涉及具体的诉讼程序，主要原因在于香港对认罪少年具有完备的控前转处制度。在香港少年刑事诉讼体系中，并没有对认罪规范过多，更多的是在规范不认罪的行为。香港《刑事

---

① Prosecution Code（2008），2008-01-01. https://www.doj.gov.hk/en/publications/prosecution_ch15.html［2022-09-11］.

诉讼程序条例》第 50 条中明文规定了不认罪的答辩效果，即如果被控人在被公诉提控时概括地作出不认罪的答辩，那么被控人将被交付陪审团审讯。未成年人如果不认罪也将被交付陪审团审讯，其结果要么无罪，要么处理得更重。

（三）辩诉交易

香港确立了完整的“辩诉交易”制度，认为“辩诉交易”可以节省大量时间和费用，受害人和证人也可以免除作证的压力和不便，在不损害法律效力和公众支持的前提下，有效提高了刑事司法程序的运作效率。但是香港并没有对未成年人犯罪适用“辩诉交易”制度进行特别规定。香港《检控守则》第 13 款中明确规定了“辩诉交易”的内容，规定控方可应辩方的要求，同意被告承认比已提出的指控数量更少或程度更轻的指控以完成诉讼。同时，只有少数的案件在满足有确切的证据证明犯罪嫌疑人有罪且已提出指控，法院有足够的空间实施适当惩罚的情况下，控方才可主动与辩方进行“交易”。通常在进行认罪谈判的同时，控方和辩方应就提交法院作为判决依据的事实陈述达成协议，因此香港的“辩诉交易”是在犯罪嫌疑人认罪的前提下运行的。在某些情况下一些事实可能无法达成一致，这就需要在“牛顿探究”[①] 中提起诉讼，同时需要有证据证明法院能够作出公正判决。但是如果被告坚持无罪，则法院不能接受经谈判达成的任何请求。在“辩诉交易”过程中，检察官应酌情与负责案件的调查员和受害人协商，向他们通报正在考虑的行动及其原因。检察官需要听取他们的意见，并在作出决定时合理考虑他们的意见。[②]

可以看出，香港未成年人犯罪领域的“辩诉交易”也是按照成年人犯罪的模式运行的，前提是未成年人要认罪，集中表现为以“认罚”为筹码换取“认罪”，这与内地未成年人犯罪适用认罪认罚从宽制度中的“认罪”“认罚”要同时进行，且不能“讨价还价”截然不同。

---

① 即要像牛顿探究物理学一样探究刑事案件。

② Prosecution Code（2008），2008-01-01. https://www.doj.gov.hk/en/publications/prosecution_ch13.html［2022-09-11］.

二、澳门特区对认罚未成年人的处理措施

我国澳门特区《刑事诉讼法》第362条第2款明文规定，如果犯罪嫌疑人作出犯罪事实时仍未满18岁，则不得采用简易诉讼程序进行审判。“辩诉交易”也是简易程序的一种，因此“辩诉交易”并不适用于澳门的未成年犯罪嫌疑人、被告人。澳门的刑事诉讼制度秉承了大陆法系的“客观真实”的刑事处理风格，对于未成年犯罪嫌疑人、被告人，澳门刑事诉讼程序并不关注于其本身是否认罪，而是其行为客观上是否构成犯罪。澳门《刑事诉讼法》只在法院审判阶段规定了“自认”的程序，但是在侦查、检察环节并没有对未成年犯罪嫌疑人、被告人认罪作过多的规定。

澳门是以16周岁为标准划分未成年人是否应当承担刑事责任，即16周岁以下一律不负刑事责任，16周岁以上一律需要负刑事责任，但是16—18周岁的未成年犯罪嫌疑人、被告人在刑事处理时应当予以减轻。澳门在未成年人的保护方面最具特色的就是出台了《违法青少年教育监管制度》（2007），对12—16周岁以下被认定为具有犯罪行为但不负刑事责任的未成年人或者具有轻微违法事实的青少年（18周岁以下）进行教育监管。另外，根据澳门1999年第65/ 99/M号法令，澳门对12周岁以下未成年人（2007年之前是针对16周岁以下）具有犯罪行为但不负刑事责任的未成年人进行教育。其中都没有对上述未成年人主观上认罪的具体规定，即无论未成年人是否认罪，都不影响公权力对其教育或者教育监管。[①]

另外，澳门从侧面对未成年人的“认罚”进行了规定，之所以是“侧面”，是因为具体规定了未成年人及其父母、监护人反对或者没有实际履行公权力机关决定的处理措施。以《违法青少年教育监管制度》为例，规定了警方警诫及司法介入两大类措施。警方警诫类似于香港的警司警诫，但是澳门并不是由“警司”而是由“警局”作出。另外，澳门的警方警诫最终决定权不在警方而在检察院，检察院具有否决权。如果青少年及其父母、监护人反对或者没有实际履行警方警诫中的社区支持计划，则由检察

---

① 参见李哲:《澳门：如何应对青少年犯罪的低龄化、暴力化》，载《检察日报》2020年1月22日，第3版。

院决定向法院申请司法介入。① 司法介入措施由法院作出，包括非收容性教育监管措施和收容性教育监管措施。非收容性教育监管措施种类较多，包括司法训诫（由法院作出，指出不法之处）、复和（举行复和会议，促使青少年真心悔过，取得被害人谅解）、遵守行为守则（持续3—12个月不等）、社会服务令（持续20—240个小时不等）、感化令（法院要求青少年及其父母、监护人履行特定的服务，持续6—36个月不等）。收容性教育监管措施包括入住短期宿舍和收容。入住短期宿舍主要是针对有犯罪事实，或者教育监管措施没有实际作用，或者收容完成后需进一步跟进，或者缺乏家庭支持的青少年进行半开放的日常管理（持续1—12个月不等）。收容则是将青少年留在少年感化院（一般的1—3年不等，严重的3—5年不等，21周岁之前必须完成），包括入住较轻的教导中心和严重的教育管理训练中心，针对较为严重的违法青少年进行全方面监管，加强法律教育和文化课学习教育，以便其日后能够适应社会。②

三、台湾地区对认罪未成年人协商程序的规定

2004年4月，我国台湾地区在其修订的“刑事诉讼法”中增加了“协商程序”，自此“协商性司法”开始适用于我国台湾地区。③ 我国大陆的认罪认罚从宽制度和台湾地区的认罪协商程序都源自欧美的“辩诉交易”制度，④ 但同时都各具特色，不同点较多。认罪认罚从宽制度适用于全部案件的所有审判程序，可以随时适用，并可以上诉。台湾地区认罪协商程序有范围限制，只适用于轻罪，其高等法院管辖的第一审案件不适用，“所犯为死刑、无期徒刑、最轻本刑三年以上有期徒刑之罪”的犯罪行为不适用。在适用的时间点方面，台湾地区的认罪协商程序需要在一审言词

---

① 参见胡杰容:《澳门未成年人违法犯罪防治的模式与特点》，载《青年探索》2018年第6期。

② 参见钱贤良:《澳门独特的违法青少年教育监管制度》，载《人民检察》2008年第3期。

③ 参见刘学敏:《台湾地区认罪协商程序的引入及实践成效分析》，载《台湾研究集刊》2016年第6期。

④ 参见裴章艺、徐晓雯:《比较与镜鉴：两岸少年司法语境下的认罪认罚从宽制度探微》，载《金陵法律评论》2017年第1期。

辩论终结前或简易判决处刑前，检察官征询被害人的意见后适用，侦查阶段不适用。[①] 另外，台湾地区的认罪协商程序中检察官可以“径行或依被告或其代理人、辩护人之请求，经法院同意”并“经当事人双方合意”的情况下适用，而认罪认罚从宽制度适用的启动不需要被害人方面的同意。同时，台湾地区的认罪协商程序一般不允许上诉，除非存在司法腐败或者显失公平。

从这个角度看，台湾地区的认罪协商程序总体有点类似于大陆的认罪认罚从宽制度 + 和解制度。认罪认罚从宽制度中主体是公权力与犯罪嫌疑人、被告人，被害人几乎没有参与；和解制度中主体是犯罪嫌疑人、被告人与被害人，公权力介入较少。台湾地区的认罪协商程序是公权力与被告人、被害人三方共同的“和解”，三方作用缺一不可。

台湾地区的认罪协商程序也适用于未成年犯罪嫌疑人、被告人，但是其中并没有对未成年人进行特别规定。台湾地区“刑事诉讼法”中关于未成年人的条款较少，主要原因是台湾地区对未成年人刑事犯罪采取分离模式，即单独制定了“少年事件处理法”，与成年人相区别。“少年事件处理法”只适用于判处 5 年以下有期徒刑的犯罪，对于需要判处 5 年以上有期徒刑的未成年犯罪嫌疑人、被告人，需要由少年法院移送至有管辖权的检察院或者法院，按照成年人犯罪处理模式适用“刑事诉讼法”。但是台湾地区的认罪协商程序只适用于判处 3 年以下有期徒刑的刑罚，所以被少年法院移送出来的未成年犯罪嫌疑人、被告人，也就没有了适用认罪协商程序的机会和可能。对于 3 年以下有期徒刑的未成年犯罪嫌疑人、被告人是否可以适用认罪协商程序，“少年事件处理法”并没有明确的规定，仅规定了“刑事诉讼法关于人证、鉴定、通译、勘验、证据保全、搜索及扣押之规定，于少年保护事件性质不相违反者准用之”。根据儿童最大利益原则，认罪协商程序当然可以适用于 3 年以下有期徒刑的未成年犯罪嫌疑人、被告人。台湾地区并没有对成年人犯罪和未成年人犯罪适用认罪协商程序进行区分，默认为适用同样的规则，忽略了未成年人认罪的特殊性，

---

① 参见张汉荣:《台湾辩诉交易制度的生成及争论》，载《国家检察官学院学报》2009 年第 2 期。

或者认为未成年人犯罪适用认罪协商程序的特殊性在实践中可以自然解决，并不需要上升至立法的高度。

同样，台湾地区“刑事诉讼法”规定了犯罪嫌疑人、被告人在侦查、检察阶段认罪可以适用简易程序审判，也对简易程序的适用进行了限制，即只适用于“宣告缓刑、得易科罚金或得易服社会劳动之有期徒刑及拘役或罚金”的案件。可以看出，台湾地区“刑事诉讼法”规定的是认罪后程序从简，但是可能判处上述刑罚的未成年犯罪嫌疑人、被告人则完全可以适用“少年事件处理法”，“少年事件处理法”规定了社会调查、专门辅导、心理治疗、家庭教育等特有的保安处分程序，整个过程较为复杂。所以台湾地区的未成年人犯罪案件的处理同样不适用简易程序。

第五节　未成年人犯罪适用认罪认罚从宽制度的诉讼模式

上文已经对未成年人犯罪适用认罪认罚从宽制度诉讼模式进行了简要的分析，但是要探寻其中的不同点，分析家庭模式的合理性，还需要对传统模式和家庭模式进行深入剖析。

一、传统模式评析

可以将大陆法系的刑事诉讼制度模式概括为职权主义，将英美法系的刑事诉讼制度模式概括为当事人主义。上述两大传统刑事诉讼模式都是以控辩对抗为手段的诉讼模式，在相互借鉴中逐渐趋于混同。实际上，传统的辩论式刑事诉讼模式已经无法囊括未成年人刑事诉讼制度的外延，特别是在未成年人领域呈现出从对抗到合作的渐进转型的特性，这也是近年来学者倡导未成年人刑事诉讼制度从成年人刑事诉讼制度中分立出来的根本原因。

（一）辩论式诉讼模式之桎梏

辩论式诉讼模式是职权主义和当事人主义诉讼模式的概括，是以定罪求刑为目的的诉讼模式，与涉罪未成年人的教育保护理念有冲突，这种诉讼模式已经不能适应认罪认罚从宽制度下的未成年人犯罪的处理方式。

1. 职权主义

职权主义的主要特征在于权力机关依照职权行使刑事诉讼相关职能，法官在诉讼中起主导作用，当事人在诉讼中处于被动。职权主义以大陆法系国家为代表，即为帕克所概括的“犯罪控制模式”。[①] 这种模式注重追求实体真实，注重积极惩罚，未成年犯罪嫌疑人、被告人在侦查阶段的诉讼权利严重受限，总体过于僵化，这与未成年人犯罪适用认罪认罚从宽制度所追求的协商、合作等理念相去甚远，其模式下的诉讼制度对未成年人的教育保护关注不够，不利于未成年犯罪嫌疑人、被告人改过自新。

2. 当事人主义

当事人主义强调控辩双方的平等对抗，尊重当事人利益，诉讼模式公开、透明。从理论基础来看，当事人主义更符合刑事诉讼理论的新发展。其内涵包括当事人对等、当事人进行、当事人处分三项，有罪答辩即是其典型例证，[②]“辩诉交易”也是当事人主义发展的一大制度标签。[③] 但是当事人主义下的刑事诉讼规定模糊、松散，管辖混乱、复杂，随意性较大。[④] 未成年犯罪嫌疑人、被告人年龄小，容易受到强迫、引诱，形成虚假的“有罪答辩”，进而影响实体正义。

（二）对抗-合作诉讼模式之局限

在认罪认罚从宽制度确立后，有学者提出了对抗-合作的诉讼模式。这种模式强调程序主体在充分考虑各自利益诉求合理性和可接受性的基础上进行一定的妥协、协商和合作，形成共识的纠纷解决诉讼机制。[⑤] 合作

---

① 参见程味秋：《两大法系刑事诉讼模式之比较》，载《比较法研究》1997年第2期。

② 参见［日］土本武司：《日本刑事诉讼法要义》，董璠舆、宋英辉译，五南图书出版公司1997年版，第12页。

③ 参见卞建林：《刑事诉讼模式的演变及流变》，载《政法论坛》2019年第1期。

④ 参见章海：《两大法系刑事诉讼价值冲突与模式选择》，载《法学评论》1995年第2期。

⑤ 参见谭世贵：《论刑事诉讼模式及其中国转型》，载《法制与社会发展》2016年第3期。

式诉讼以合作为基本结构要素，参与的程序主体和合作形式更加广泛，刑事案件处理结果呈现轻刑化和多样化。[①] 从表面上看，这种理论模式契合认罪认罚从宽制度之旨趣，可以成为认罪认罚从宽制度的模式选择，但对于未成年犯罪嫌疑人、被告人而言，对抗－合作的诉讼模式有其局限性。

第一，忽略了未成年人的特殊性。未成年人不同于成年人，其理解能力有限，对对抗－合作诉讼模式中的协商合作并不能充分理解，不能预见到自己选择认罪认罚从宽制度的后果如何，控方往往是与其法定代理人或者辩护人进行的协商合作，在未成年犯罪嫌疑人、被告人有异议的情况下，法定代理人或者辩护人能否代表未成年人与控方进行认罪认罚从宽的协商合作值得商榷。

第二，没有将教育和保护作为其首要考虑因素。对抗－合作诉讼模式讲究的首先是合作，如果合作不成再进入对抗模式，即控辩关系的第四种样态。[②] 整个诉讼过程依然以求刑为目的，教育和保护因素不明显，没有体现出发展价值。如果未成年犯罪嫌疑人、被告人涉嫌罪行较轻且认罪认罚，完全可以对其作出附条件不起诉等决定，并在诉讼过程中可以对其进行强制教育，这种不以求刑为目的的教育和保护措施是对抗－合作诉讼模式所不具有的。

据此，可以看出无论是传统的职权主义、当事人主义诉讼模式，抑或对抗－合作诉讼模式都不能很好地契合未成年人犯罪适用认罪认罚从宽制度的理论需求，都不能为其提供理论上的指导和方向。

二、“家庭模式”的契合

上文论述到“家庭模式”为未成年人犯罪适用认罪认罚从宽制度提供了天然的理论支撑，但是“家庭模式”也不是没有被批判，也有其弊端，认识这种弊端，在批判中逐步完善，最终可以找寻到符合未成年人犯罪适

① 参见孙道萃:《认罪认罚从宽制度研究》，中国政法大学出版社 2020 年版，第 46 页。

② 参见孙道萃:《认罪认罚从宽制度研究》，中国政法大学出版社 2020 年版，第 47—48 页。

用认罪认罚从宽制度的“家庭模式”。

（一）“家庭模式”的“被批判”

“家庭模式”一经提出就遭到了众多学者的批判，认为其过于理想化，片面夸大了权力与权利间的调和关系，是脱离了司法实际的“乌托邦”。[①]同时认为该模式仅限于少量的未成年人案件，不能适用于绝大多数的刑事诉讼案件，无法成为普适性的刑事诉讼模式。[②] 从中可以看出“家庭模式”被批判主要有以下三个原因：

第一，太过于超前，实践中难以实现。刑事诉讼是一项非常耗费司法资源的诉讼活动，仅惩罚犯罪就需要国家投入巨额资源。“家庭模式”所呈现出的关爱无微不至，限于人力、物力等因素，国家没有足够的能力和精力在每一个案件中都按照“家庭模式”所要求的实现刑事诉讼的教育和保护效果。

第二，范围有限，局限于未成年人犯罪案件。因国家亲权理念的影响，未成年人监护人没有尽到或者无法尽到相应的教育义务而导致未成年人犯罪，国家有权代替其行使“亲权”，故部分学者认为“家庭模式”只能局限于未成年人，并认为对于身强力壮、知识丰富的成年人而言，运用“家庭模式”进行教育、保护的必要性可以忽略不计。

第三，局限于“国家－个人”范畴，缺乏被害人的参与。“家庭模式”只关注于犯罪嫌疑人、被告人本身，强调公权力的作用，却忽略了被害人权益的保护。被害人只是作为客观存在的一方，对“家庭模式”的运行起不到任何影响作用，割裂了被害人同犯罪嫌疑人、被告人的客观联系。

从“家庭模式”被批判的三个原因来看，太过于超前并不代表着永远无法实现，既然精力有限就完全可以首先在未成年人领域进行试点，并持续重视对被害人权益的保护，实现“家庭模式”的“重生”。

---

① 参见宋英辉：《刑事诉讼目的论》，中国人民公安大学出版社 1995 年版，第 44—45 页。

② 参见谭世贵：《论刑事诉讼模式及其中国转型》，载《法制与社会发展》2016 年第 3 期。

（二）"家庭模式"的"重生"

格里费斯基于对帕克批判而提出刑事诉讼第三种模式——"家庭模式"距今已经50余年。随着时代的发展，社会环境发生了大变化，我国刑事诉讼制度也在逐步吸收当事人主义的元素，对发展价值日益重视。纵观未成年人刑事司法的发展历程，其日渐人性化，实践符合"家庭模式"的理论路径。新时代的"家庭模式"将不仅局限于未成年人，而且还将扩展于老年人等社会弱势群体，成为保护弱者权利的理想模式。对于目前而言，"家庭模式"的"重生"路径可以分为三步：

第一，完全适用于未成年人。特别是在未成年犯罪嫌疑人、被告人认罪认罚的情况下，完全可以按照"家庭模式"所倡导的模式思路对其从宽处理，同时予以教育改造，避免再犯，使之顺利回归社会，走好未来人生之路。

第二，完全适用于弱势群体。可以从未成年人群体逐步扩大至老年人，再至盲、聋、哑等身体有残疾人员，再至被迫犯罪人员等，在其真心悔罪、认罪认罚的情况下，按照成熟的"家庭模式"予以处理。

第三，完全适用于所有人员。正如上文所指出那样，当前将"家庭模式"适用于所有的犯罪人员依然过于超前，但是其路径和方向是正确的，需要在未成年人及其他弱者群体实践成熟的基础上，结合社会发展现实适时予以推广。

三、"家庭模式"的分类

未成年人犯罪适用认罪认罚从宽制度应按照刑事诉讼"家庭模式"运行，但是从其运行逻辑上看并不是如此，当前未成年人犯罪适用认罪认罚从宽制度的运行逻辑依然是按照对抗－合作模式运行的，因此有必要对其运行进行深入剖析，为进一步的完善奠定理论基础。

在刑事司法领域，对抗－合作模式是成年人认罪认罚从宽制度的模式选择。对于认罪认罚成年犯罪嫌疑人、被告人而言，适用对抗－合作模式偏重于合作，即国家、个人、被害人等进行合作，使处理结果尽力令三方都满意。对于不认罪认罚的成年认罪嫌疑人、被告人而言，适用对抗－合作模式偏重于对抗，因为一旦没有适用认罪认罚从宽制度，则国家、个人、被害人等缺乏合作的程序性基础，遗留下的大多是刑事诉讼进程中的对抗因素。当前我国对于未成年人适用认罪认罚从宽制度适用的诉讼模式也带有对抗-合作模式色彩。并不是说对抗-合作模式没有任何适用的价值，但是对于未成年人而言，“家庭模式”比对抗-合作模式更为适合。同时也发现了另外一个问题，即如果认罪认罚未成年犯罪嫌疑人、被告人适用“家庭模式”，那么不认罪认罚未成年犯罪嫌疑人、被告人是否应当适用“家庭模式”。答案是肯定的，但是在适用过程应受到一些限制。

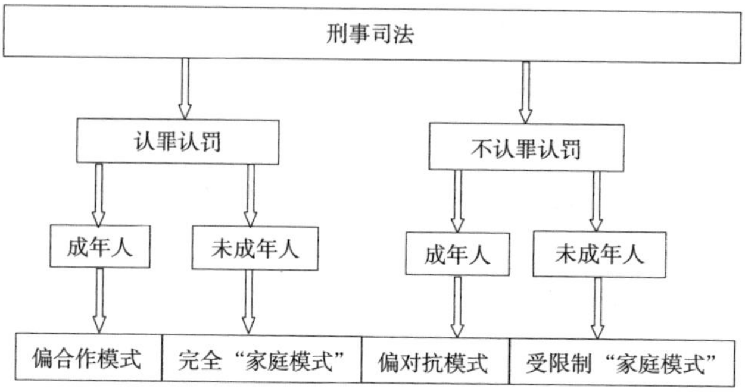

表2　成年人犯罪和未成年人犯罪适用认罪认罚从宽制度模式选择图

（一）完全“家庭模式”

完全的“家庭模式”是相对受限制的“家庭模式”而言的，即可以完全按照“家庭模式”的方式方法对认罪认罚未成年犯罪嫌疑人、被告人进行处理，没有任何限制。在具体的处理过程中的主要手段是关爱+教育+治疗。关爱即要关心、爱护未成年犯罪嫌疑人、被告人，在态度上不能恶劣，更不能动辄打骂。教育即是要告诉未成年犯罪嫌疑人、被告人错在哪里，如何改正，教会其为人处世的方法，要求做到遵纪守法。治疗即是要对未成年犯罪嫌疑人、被告人的心理疾病进行干预，有效改变其思想。

关爱+教育+治疗缺一不可。如果不关爱，那么未成年犯罪嫌疑人、被告人会有抵触情绪，不配合或者配合不力，则教育+治疗的效果将会大打折扣。如果不教育，则未成年犯罪嫌疑人、被告人很可能还认识不到自身的问题，依然我行我素，不能明确区分合法与违法、正确与错误，依然具有违法犯罪的风险隐患。如果不治疗，则未成年犯罪嫌疑人、被告人的心理问题没有得到有效解决，思想依然不端正，很可能会再犯。

（二）受限制“家庭模式”

对于不认罪认罚的未成年犯罪嫌疑人、被告人适用“家庭模式”有其理论上的担忧，但是不能因为未成年犯罪嫌疑人、被告人不认罪认罚而不对其适用“家庭模式”，因为决定“家庭模式”适用标准的是犯罪嫌疑人、被告人的未成年人身份。实践中，不认罪认罚的未成年犯罪嫌疑人、被告人可以分为两类：第一类是确实没有犯罪事实的，被指控为犯罪而坚决不认罪认罚；第二类是有犯罪事实，因为证据、认知等其他方面原因而拒不认罪认罚。

对于第一类仅存在不良行为的未成年犯罪嫌疑人、被告人按照“家庭模式”进行关爱、教育、治疗对其以后的发展也大有裨益，但是并不是必要的。在这种情况下，应首先实现对未成年犯罪嫌疑人、被告人的公正审判，在此过程中对其关爱、治疗是可取的，对其教育应有一定的限制。其刑事诉讼重点应在查明事实，准确区分未成年犯罪嫌疑人、被告人行为的性质，进而决定是否适用“家庭模式”。

对于第二类未成年犯罪嫌疑人、被告人，其行为本身构成犯罪，所以无论是证据问题还是认知问题，对其适用“家庭模式”都最为有利。因为“家庭模式”的处理方式对其进行了潜在教育，有效避免了再犯。按照“家庭模式”处理的大部分未成年犯罪嫌疑人、被告人心存感恩，对自身的“偶然”犯罪行为充满歉意，在后续的生活中会格外珍惜来之不易的机会，形成犯罪免疫，努力奉献社会，而非自暴自弃。但是因未成年犯罪嫌疑人、被告人拒不认罪，所以对其关爱应比照认罪认罚未成年犯罪嫌疑人、被告人进行克减，对其教育应比照认罪认罚未成年犯罪嫌疑人、被告人予以增加，使其充分认识到错误所在，进而改正错误。对其心理上的治疗应与认罪认罚未成年犯罪嫌疑人、被告人一致，以保护其合法权益。

第六节　未成年人犯罪适用认罪认罚从宽制度的运行逻辑

当前的未成年人犯罪适用认罪认罚从宽制度首先在于国家的确立，个人才有选择适用的基础。国家对未成年人犯罪适用认罪认罚从宽制度进行多方论证，反复考量，最终确定由未成年犯罪嫌疑人、被告人方作出是否可以适用认罪认罚从宽制度的理性选择。个人层面主要是基于案件事实、罪名、量刑等因素进行全面考量，最终作出合乎道德规范的选择。在制度适用或者不适用过程中，国家和个人始终进行合作，除了按照认罪认罚从宽制度所规定的法定程序运行外，具体还依附于社会调查程序、附条件不起诉、简易程序等特别程序，国家和个人合作性互动，在国家层面实现尽可能轻刑化、最大限度去标签化的治理效果，在个人层面实现真心认罪、诚心悔罪、改过自新的预防效果。这与刑事司法是国家和个人层面争议解决的二元场域理论不谋而合，[①] 这种双重亲权下的国家 - 个人层面的二元互动构成了当前未成年人犯罪适用认罪认罚从宽制度运行逻辑基础。

与成年人不同，未成年人领域国家 - 个人层面的二元互动带有国家亲权和父母亲权的双重属性，这也是未成年人犯罪适用认罪认罚从宽制度的内在属性。纵观整个制度适用的全过程，国家与个人始终是其中的二元主体，他们之间的关系是持续合作性互动，这是未成年人犯罪适用认罪认罚从宽制度的路径选择。但是这种互动并不是完全统一的，也存在对立的情况，因此国家 - 个人层面的二元互动可以分为一致性互动和对抗性互动两类。一致性互动指的是在未成年人犯罪适用认罪认罚从宽制度具体操作中国家和个人的追求是一致的，两者在制度衔接中是兼容并蓄的关系。对抗性互动指的是具体操作中国家与个人的追求不一样，是以斗争的方式存在，需要一方让渡于另一方才能达到制度适用的平衡。两种互动都广泛存在于制度本身及适用时和具体诉讼制度的关系中，需要根据具体情况进行

① Jonathan Doak, Victims' Rights in Criminal Trials: Prospects for Participation, *Journal of Law and Society*, Vol. 32, No. 2, 2005, 297.

详细归类分析。

一、国家－个人层面的选择

理性选择理论实际上是基于“经济人”或者“理性人”的假定，以最小的代价追求最大的效用，作出对自身最有利的程序选择。[①] 未成年人犯罪适用认罪认罚从宽制度是国家所作出的选择，符合国家利益，同时国家也赋予了个人以选择权，供个人作出选择与否的道德选择。与法国、德国等国家禁止未成年人适用“协商性司法”不同，我国没有禁止未成年人犯罪适用认罪认罚从宽制度，是考虑认罪认罚从宽制度同未成年人司法能够兼容，对未成年犯罪嫌疑人、被告人而言利大于弊。

（一）国家层面的理性选择

国家选择未成年人犯罪适用认罪认罚从宽制度主要基于社会控制的考虑。社会控制理论由美国社会学家罗斯于 1901 年在《社会控制》一书中提出，同时指出社会控制是一种兼具目的和意识的统治方式，表现为运用社会规则对社会成员进行引导、约束，对社会关系进行调节、制约，对违反社会规则的人员予以惩罚并进行教育。[②]

从众心理（特别是人们遵守规则的社会化过程）是社会控制理论的精髓。社会控制理论解释了行为如何符合社会的普遍预期，为社会成员遵守社会规则提供了正当理由。然而，社会控制理论主要关注外部因素及运用过程，不适当的约束会导致越轨行为和犯罪。因人本性向往自由，社会控制理论给予犯罪者选择的能力和对其行为负责的能力。因此，社会控制理论更符合犯罪学的古典学派，而不是实证主义。在很大程度上，社会控制理论假定了一种共同认可的价值或对社会规范的信仰，即使是那些违反法律或社会规范的人也可能会普遍认为应该遵守这些规则。犯罪和越轨行为被认为是可预测的行为，但社会并没有加以限制。社会控制理论强调未成年人的心理成长过程，在此过程中其内部心理约束不断发展，但是这种发

---

① 参见陈瑞华：《论协商性的程序正义》，载《比较法研究》2021 年第 1 期。

② 参见曾培芳：《我国青少年犯罪预防和矫正理论与实践模式的整合——以社会控制与社会支持为视角》，载《江西社会科学》2007 年第 12 期。

展有时是混乱错误的，必须予以纠正。[①] 未成年人犯罪适用认罪认罚从宽制度是对未成年犯罪嫌疑人、被告人进行社会控制的一种方式，是社会控制理论纠正未成年人心理发展偏向的有效手段。通过与未成年人的外部世界建立亲密关系，使之思想和行为符合社会规范，避免未成年犯罪嫌疑人、被告人的再次犯罪。

在具体操作中，国家充分发挥社会支持的作用，进行犯罪预防和犯罪矫正，以实现社会控制的目的。[②] 社会支持是一个广泛的概念，包括个人生活的社会结构和各种人际关系的特定功能。支持的结构方面通常通过评估社会融合来衡量，表明个人在多大程度上是社会网络的一部分。研究人员通常将社会支持分为两个领域：感知支持和接受（或实施）支持。前者指对自身可以获得支持的主观理解，后者指其他人实际提供的帮助。感受到的和得到的支持有多种形式。按照支持的形式可以分为四类，分别是信息支持、有形支持、情感支持、归属支持。信息支持包括提供建议、意见和其他有用的信息；有形（或工具性）支持是提供财务、物质或实物援助，如提供金钱或劳动力；情感（或评价）支持包括表达情感、同理心、关心等等；归属（或陪伴）支持创造了一种归属感，并可能涉及他人的存在或社交参与。[③] 未成年人犯罪适用认罪认罚从宽制度有利于社会支持工作的开展，可以让未成年犯罪嫌疑人、被告人充分认识到自身的问题所在，意识到国家是在帮助自己，更好地感知支持，有效地接受支持，实现社会控制的价值追求。

因此，国家选择未成年人犯罪适用认罪认罚从宽制度是基于未成年人最大利益的理性选择，可以更有效发挥社会支持的作用，进行合理社会控制，恢复社会秩序，避免再犯，以最小的社会手段获得最大的社会收益。

---

① Kimberly Kempf-Leonard, Nancy A. Morris, Social Control Theory（2012）. obo in Criminology. doi: 10.1093/obo/9780195396607-0091.

② 参见史立梅：《未成年人刑事司法的社会支持机制研究》，中国政法大学出版社 2021 年版，第 8 页。

③ Robert G. Kent de Grey, Bert N. Uchino, Ryan Trettevik, Sierra Cronan, Jasara Hogan, Social Support（2018）. obo in Psychology. doi: 10.1093/obo/9780199828340-0204.

（二）个人层面的道德选择

在社会科学中，所有的行为都可以用是否理性的标准进行评判，对于国家无可厚非，但是对于个人行为而言，理性选择与非理性选择共存，理性选择并不总是正确的，非理性选择更关注为什么不作出理性选择，而道德选择则是一种非理性选择。[①] 对于国家而言，未成年人犯罪适用认罪认罚从宽制度无疑是理性选择的体现，但是对于未成年人个人而言，仅仅强调理性选择有时候并不是合理的。合理选择是未成年人犯罪适用认罪认罚从宽制度的理想状态，大多数情况下理性即合理，然而在面对从轻量刑、疑罪从无的诱惑时，个人层面所作出的理性选择往往并不合理。对于未成年犯罪嫌疑人、被告人而言，这种理性选择可能使其完全逃避了惩罚，不能塑造疾恶向善的价值观，一定程度上助长了侥幸心理，不利于教育目的的实现。这种情况下，个人层面基于道德所作出的选择才能弥补理性选择的缺陷，从长远上符合未成年人的最大利益，才是合理正确的选择。

刑事诉讼程序是一种法定程序，对于当事人而言，被动性特征较为明显。如上所述，未成年人犯罪适用认罪认罚从宽制度赋予了未成年人及其法定代理人以程序选择权，基于各种因素作出适用或者不适用的决断是未成年人个人行使选择权的具体体现。从实践中来看，无论多么完美的制度和权利，如果没有赋予当事人选择的自由，那么当事人从内心深处是排斥的，不利于制度的贯彻落实。[②] 因此，赋予未成年犯罪嫌疑人、被告人选择适用认罪认罚从宽制度的自由可以减少未成年人方的心理抵制，有利于制度的顺利实施。制度适用的选择权首先应保证其自愿性，不能有强迫，否则制度本身就失去了自由选择的意义。同时，基本上所有未成年人及其法定代理人所作出的是否适用认罪认罚从宽制度的选择都是基于理性反复考量的结果，能够符合未成年人的最大利益。例如，未成年犯罪嫌

① 参见丘海雄、张应祥：《理性选择理论述评》，载《中山大学学报》1998 年第 1 期。

② 参见丘海雄、张应祥：《理性选择理论述评》，载《中山大学学报》1998 年第 1 期。

疑人、被告人确实构成犯罪，只是不同意检察机关的量刑建议，在这种情况下，未成年犯罪嫌疑人、被告人为了不招致更重的处罚，个人往往会选择认罪认罚以获取实际上的从宽处理，理论上这是一种合乎道德的理性选择。

另外，因为制度适用的选择更多与当事人的意志有关，这也决定了理性选择的一个致命缺陷，即在某种特定的环境下（如因年龄较小、知识欠缺等因素影响），[①] 未成年人及其法定代理人不能作出符合事实本身的程序选择。在充分保障未成年犯罪嫌疑人、被告人选择自由的情况下，基于理性而作出的选择和基于道德而作出的选择大部分情况下都是一致的，这种情况即为合理的选择，但是也存在不一致的时候，主要有两种情况：第一种情况是没有犯罪事实，但是认罪认罚可以采取非羁押诉讼的手段，未成年犯罪嫌疑人、被告人为了尽快摆脱身陷囹圄的困境，作出认罪认罚的违心选择，这种选择是理性的，但却不符合内心的道德；第二种情况是有犯罪事实，但是司法机关的证据不扎实，如果未成年犯罪嫌疑人、被告人不认罪认罚，那么就不能发现关键证据，或者形成不了据以定罪的证据链条，基于理性的选择是不认罪认罚，这样可以获得事实不清、证据不足的不起诉决定或者无罪判决，但却不是道德的选择，违背了未成年犯罪嫌疑人、被告人的本善心性，容易滋生侥幸心态，极大地增加了再犯的风险。针对上述第一种情况，不适用认罪认罚从宽制度才是合乎道德的合理选择。针对上述第二种情况，究其原因，主要是因为未成年人犯罪适用认罪认罚从宽制度的影响因素较多。除了与未成年犯罪嫌疑人、被告人自身的本性有关外，其个人层面的选择与成年人最大的不同在于法定代理人的存在，成年人适用认罪认罚从宽制度不存在法定代理人的问题，但是未成年人却无法回避法定代理人的作用，因未成年人长期服从于法定代理人，法定代理人对制度的选择适用往往起到决定性的作用，但法定代理人不是案件的亲历人，再加上对自己子女的关切则更倾向于理性选择。同时，不同的未成年犯罪嫌疑人、被告人的辅助力量不同，有的可能会获得资深律师

---

① 参见李希慧、廖梅：《当代西方理性选择犯罪学思想介评》，载《公安学刊》2004 年第 4 期。

的帮助，也有可能只是获得法律援助律师的帮助，不同的辅助力量也可能会影响其选择的合理与否。此外，就国家立法目的而言，国家鼓励未成年人犯罪适用认罪认罚从宽制度，实践中司法机关通过多种方式为未成年犯罪嫌疑人、被告人选择适用认罪认罚从宽制度创造各种条件，这在很大程度上也能影响未成年犯罪嫌疑人、被告人的选择。

所以，如果确实存在犯罪事实，无论个人认为处理是否过重，对未成年犯罪嫌疑人、被告人而言选择适用认罪认罚从宽制度无疑是合乎道德的理性选择；如果司法机关掌握的证据不扎实，拟作出存疑不起诉决定或者无罪判决，不选择适用认罪认罚从宽制度是理性的选择，但却不符合道德规范，此时应当服从道德规范选用认罪认罚从宽制度；如果确实没有犯罪事实却选择适用认罪认罚从宽制度可能会造成冤假错案，放纵真凶，影响司法公正，此时选择不适用认罪认罚从宽制度才是未成年犯罪嫌疑人、被告人的合理选择，这种选择可能会造成未成年犯罪嫌疑人、被告人被长期羁押，不理性但却合乎道德。总之，从个人层面来说，是否存在犯罪事实未成年犯罪嫌疑人、被告人本人最为清楚，如果在适用认罪认罚从宽制度时基于理性而作出的选择和基于道德而作出的选择有冲突的话，理性必然要服从于道德。

二、国家 – 个人层面的合作共赢

未成年人犯罪适用认罪认罚从宽制度实质上是国家治理体系和治理能力现代化的一项重要内容，是以正义制度为保障，探索国家治理模式由“管理”向“合作”转型，[①] 进而推进国家治理能力现代化的一项制度。基于国家和个人利益的综合考虑，未成年人犯罪并不排斥适用认罪认罚从宽制度，在制度适用过程中国家与个人不断合作，持续互动，最终达到共赢的社会效果。

（一）合作的特有路径

未成年人刑事诉讼领域国家和个人的合作依附于各类具体的诉讼制

① 参见周四丁:《国家治理的伦理维度》，湖南师范大学 2020 年博士学位论文。

度，可以从刑事诉讼的各个环节进行区别分析，在未成年人犯罪的侦查、检察、审判环节都需要国家与个人的合作，而认罪认罚从宽制度为这种合作提供了桥梁。

在侦查环节，认罪认罚从宽制度要求未成年犯罪嫌疑人、被告人坦白，配合调查。在认罪认罚从宽制度建立之前，“坦白从宽、抗拒从严”的口号一度被讹传为“坦白从宽、牢底坐穿，抗拒从严、回家过年”，一些未成年人因此编造谎言，拒不承认犯罪事实，这样极不利于侦查工作的进行。侦查环节是刑事诉讼的关口，在此利用认罪认罚从宽制度可以有效消除未成年犯罪嫌疑人、被告人的思想顾虑，真真实实将“从宽”落到实处，操作中可以将刑事拘留措施改为取保候审、监视居住等，实际上是公安机关与未成年犯罪嫌疑人、被告人的合作。

在检察环节，可以充分利用不逮捕、不起诉（含附条件不起诉）、缓刑建议等刑事诉讼程序对认罪认罚未成年犯罪嫌疑人、被告人进行“从宽”处理。这种“从宽”是比照于认罪认罚从宽制度确立之前同样犯罪的处理措施而言的，是具体到个案的“从宽”，能够通过不捕率、不诉率、缓刑建议率等数据反映出的总体“从宽”。但前提是未成年犯罪嫌疑人、被告人认罪认罚，配合检察机关的各类刑事诉讼活动，实际上也是检察机关与未成年犯罪嫌疑人、被告人的合作。

在审判环节，“从宽”主要体现在处理结果上，免予刑事处罚、管制、单处罚金、缓刑等都可以成为从宽的处罚决定，在决定刑罚时可以与认罪认罚未成年犯罪嫌疑人、被告人充分沟通，提前告知，减少对抗情绪。另外，“从宽”还体现在审判形式上，对认罪认罚未成年犯罪嫌疑人、被告人可以采取“圆桌审判”的模式，舍弃审判台和隔断栏，合议庭法官、公诉人、辩护人、未成年犯罪嫌疑人、被告人及法定代理人同坐一个圆桌，实现控辩审三方和未成年犯罪嫌疑人、被告人的“零距离”对话，真正实现法院与未成年犯罪嫌疑人、被告人的合作。

此外，国家与认罪认罚未成年犯罪嫌疑人、被告人的合作不仅贯穿于侦查、检察、审判环节，还体现在“从宽”处理未成年人之后的一段时间内。“从宽”处理并不是未成年人刑事司法的终点，还要继续做好“从宽”处理后的“后半篇文章”，即如何对这些未成年人进行合理的帮助教育。

我国规定了专门教育、观护教育等制度，帮助认罪认罚未成年人走好刑罚执行和正常生活融入所衔接的最后一段路程，以便他们健康成长，为社会发展贡献正能量。

（二）共赢的实践效果

未成年人犯罪适用认罪认罚从宽制度最终实现的是国家和个人的共赢。在国家层面，通过对部分轻刑认罪认罚未成年犯罪嫌疑人、被告人的程序出罪，扩大非监禁刑的适用范围，逐步实现轻刑化的立法目的；在个人层面，通过帮助教育的方法给予认罪认罚未成年犯罪嫌疑人、被告人一次改过自新、重新做人的机会，实现去标签化的目的，对大部分未成年犯罪嫌疑人、被告人以后的人生道路影响深远。

1. 轻刑化

轻刑化直接关系到未成年人刑罚的最终处理方式，可以说轻刑化能够贯彻到每一个未成年人犯罪案件，未成年犯罪嫌疑人、被告人认罪认罚后对其从轻处理是认罪认罚从宽制度的必然归宿。这正是国家层面所追求的效果，与之前的处理方式相比，对认罪认罚后的未成年犯罪嫌疑人、被告人减少制裁、增加教育保护是轻刑化的两个显性面向。对认罪认罚未成年犯罪嫌疑人、被告人利用不立案、不起诉等手段进行程序出罪是轻刑化最为彻底的表现形式，取保候审、监视居住、判处非监禁刑罚则是轻刑化的一般表现形式，刑事拘留、逮捕、判处监禁刑罚则是轻刑化的例外表现形式。通过以上三种形式，切实实现对认罪认罚未成年犯罪嫌疑人、被告人的轻刑化，也是国家追求社会整体轻刑化的一个缩影。

2. 去标签化

标签理论是社会学上的一个重要理论，也被称为标定理论、社会反应理论，是在借鉴符号互动理论对犯罪原因进行解释基础上的发展，认为国家将背离社会主流规则的人定性为相关越轨者或者犯罪人，如果这些人认同、内化这些负面标签，他们将对越轨或者犯罪毫不在意，再次越轨或者犯罪。[①]

---

① 参见杨丽璇、刘洪广：《标签理论视角下未成年人再犯预防——自我形象重塑》，载《湖北警官学院学报》2020年第6期。

对未成年人而言，标签理论揭示了其再次犯罪的理论犯因。除了少部分主观恶性极强外，大部分未成年人犯罪具有偶发、盲从性，如果初次犯罪即贴上犯罪者的标签，那么其后很可能会再次犯罪，对社会和国家不利。但是对犯罪未成年人判处刑罚无疑会给其贴上相应的标签，为了降低这种影响，只能尽量减少这种标签，持续进行去标签化。未成年犯罪嫌疑人、被告人认罪认罚后其主观恶性降低，对认罪认罚未成年犯罪嫌疑人、被告人利用不立案、不起诉等手段进行程序出罪是去标签化最直接的手段，切切实实给予认罪认罚未成年犯罪嫌疑人、被告人一次改过自新的机会，减少犯罪事件对未成年人的不良影响，重塑未成年人自身形象，使其回归主流社会，有利于未成年人的健康发展。

3. 教育化

未成年人的“三观”正处于形成时期，良性引导教育可以有效改变其思想，为后续发展奠定良好的基础。犯罪未成年人普遍接受教育的年限较短，在受到惩罚后有悔罪表现，此时对其教育效果最好，可以使其记忆终生。

与学校文化课教育不同，对未成年犯罪嫌疑人、被告人的教育更偏重于法律与规则意识的教育，使其充分认识到社会并不是为所欲为的场所，而是有一定的规则。无论是观护教育还是专门教育都以规则意识为重点，教会未成年人在社会中为人处世的方式方法。在人的早年（16周岁左右）容易出现自我与本我矛盾冲突，这些冲突容易诱发犯罪。[①] 人在16周岁左右身体处于快速发育状态，心理上对事物的认识逐步抽象复杂化，未成年人能够感受到自己在变大变强，会产生不切实际的盲目自大行为，较少考虑后果。经历诸如犯罪等重大事件的打击，再接受更深一步的法律、规则意识的教育，在以后的处事过程中能够事事想后果，能够有效避免极端恶性事件的发生。

---

① 参见李玫瑾、崔海英:《诠释犯罪心理：精神分析理论的独特视角》，载《中国人民公安大学学报（社会科学版）》2013年第6期。

第二章

未成年人犯罪"协商性司法"域外考察

协商性司法（Negotiated Justice）是一类制度的统称，起源于美国，以其"辩诉交易"制度为代表。协商性司法是两大法系对"交易"在诉讼领域的描述，西方学者约定俗成将其限定于刑事领域。[①] 但是不仅不同法系之间的协商性司法制度不同，同一法系内不同国家间的协商性司法制度也不尽相同。相较于英美法系的单一模式，大陆法系国家的协商性司法多种多样。[②]

第一节　英美法系

英美法系以美国和英国为代表。美国对未成年犯罪嫌疑人、被告人的处理政策经历了从注重保护到注重惩罚，再到保护与惩罚并举的转变。[③] 美国对未成年人犯罪并不是一律由少年法院审理，而是在特定情形下可以移送至刑事法院审理，实践中共有三种移送模式，即少年法院放弃审理的司法移送、检察官诉至刑事法院的检方移送、立法机关决定的法定移送。[④] 英国设置有少年法庭，对未成年人犯罪享有管辖权，审理18周岁

---

① 参见张进德：《协商性司法在西方的兴起》，华东政法大学2010年博士学位论文。

② Mirjan, D.（2004）. Negotiated Justice in International Criminal Courts. *Journal of International Criminal Justice*,（4）, 1024.

③ 参见宋英辉、甄贞：《未成年人犯罪诉讼程序研究》，北京师范大学出版社2011年版，第10—16页。

④ 参见杨遇豪：《简评美国少年司法中的未成年人移送制度》，载《中国青年研究》2020年第3期。

以下人员犯罪的案件。英国未成年犯罪嫌疑人、被告人通常会在少年法庭接受审判，只有与成年人一起被指控时才在治安法院接受审判，而在涉及杀人、武器犯罪、性侵犯等严重犯罪时必须由刑事法院审理。[①] 因此，美国和英国对未成年人犯罪案件的处理适用的都是未成年人司法和刑事司法两元化模式。[②] 这样美国、英国未成年犯罪嫌疑人、被告人适用“辩诉交易”可以分别在未成年人司法体系和刑事司法体系下分别进行研究。

一、未成年人司法体系中的“辩诉交易”

美国和英国在未成年人司法体系中进行“辩诉交易”的概率都比较大，占据主流位置。美国主要特色在于利用“同意”换取从轻处理的“承诺”，英国则是利用“认罪”争取减刑 1/3。当美国少年法庭决定是否将少年移交给刑事法庭时，他们通常会考虑最高法院在肯特诉美国案中规定的如下标准：未成年犯罪嫌疑人、被告人以前是否犯罪，被指控的罪行是否是以暴力方式实施的故意行为，少年法庭的资源是否会比成人法庭的资源使未成年犯罪嫌疑人、被告人得到更充分的康复，罪行严重程度，社区的安全是否要求未成年犯罪嫌疑人、被告人在刑事法院接受审判，犯罪是针对财产还是个人（如果犯罪是针对个人且受害者身体受伤，未成年犯罪嫌疑人、被告人更有可能在刑事法庭上受审），未成年犯罪嫌疑人、被告人的社会成熟度如何、犯罪时是否独立生活并完全自给自足，与未成年犯罪嫌疑人、被告人一起犯罪的人的成熟度和人格特征如何等（如果这些人是成年人，法院可能会认为选择刑事法庭可能最能伸张正义）。英国所考虑的因素也与上述因素大体相当。一旦决定不移送，则案件由少年法庭审理。

（一）美国：“同意”换“承诺”

美国少年法院没有陪审团的参与，案件审理较快，未成年人司法体系中的“辩诉交易”也相对较多。美国各个州少年法院的案件管辖范围不尽

---

① 参见宋英辉、孙长永、朴宗根等：《外国刑事诉讼法》，北京大学出版社 2011 年版，第 6—7 页。

② 参见张鸿巍：《美国未成年人司法》，法律出版社 2020 年版，第 225 页。

相同，具体可以分为三种情形：一是管辖未成年犯罪嫌疑人、被告人的所有犯罪行为，这也是大多数州的规定；二是只管轻罪案件，重罪案件或者特别严重的犯罪由普通刑事法院管辖，如犹他州、田纳西州、印第安纳州等；[①] 三是都可以管辖，少年法院优先管辖，少年法院也可以放弃管辖后移送至刑事法院管辖。同时，少年法院还管辖未成年人的不良行为和违法行为，及涉及身份问题和被遗弃、虐待的未成年被害人等案件。[②] 美国的“辩诉交易”案件的概率极高，据统计，2003 年美国联邦法院中 95% 的案件都是通过“辩诉交易”解决的。[③] 此后，美国“辩诉交易”一直维持在相当高的适用比例，约 95% 的刑事定罪是通过“辩诉交易”获得的，未成年犯罪嫌疑人、被告人适用“辩诉交易”的比率与此相似。[④] 如在新泽西州，若未成年犯罪嫌疑人、被告人罪行较重，会被检察官起诉到家事法院，同样这些未成年犯罪嫌疑人、被告人中的绝大部分是通过“辩诉交易”处理的。[⑤]

1979 年，美国司法行政研究所——律师协会少年司法标准联合委员会制定了《少年司法标准》23 卷内容，讨论少年司法系统的运作情况。当年，美国众议院批准了 17 卷标准，1980 年又通过了 3 卷，共计生效 20 卷，其余的包括虐待忽视儿童、教育、非刑事不当行为 3 卷被撤回。这些标准是 300 多名不同学科的专业人员经过数年研究、讨论和审议的结果。该标准反复要求司法机关对所有的未成年人要采取轻柔化措施，对未成年犯罪嫌疑人、被告人施加的任何制裁都应与罪行的严重性相称。同时规定家事

---

① 各个州刑事法院对未成年人重罪案件的管辖标准也不同，如犹他州规定刑事法院管辖犯一般重罪的未成年人案件，田纳西州规定管辖特别严重的未成年人犯罪（主要是杀人、强奸），印第安纳州规定管辖应判死刑和终身监禁的未成年犯罪嫌疑人、被告人。

② 参见姚小锋:《美国的少年司法制度沿革》，载北京法院网，https://bjgy.chinacourt.gov.cn/article/detail/2013/09/id/1084742.shtml。

③ 参见宋英辉、孙长永、朴宗根等:《外国刑事诉讼法》，北京大学出版社 2011 年版，第 89 页。

④ Erika Nicole Fountain, *Adolescent Plea Bargains: Developmental and Contextual Influences of Plea Bargain Decision Making Doctoral Dissertation*. Washington: University of Georgetown, 2017, p.1.

⑤ 参见张鸿巍:《美国未成年人司法》，法律出版社 2020 年版，第 230 页。

或少年法庭是少年司法制度的核心，一般罪行（最恶劣罪行除外）只有在全面听证后才能移交至刑事司法制度。法官和律师、立法者、决策者、教师、行政人员和其他专业人员可以及时审视和改进相应的少年司法制度，使其具有时代性和变革性。四十多年来，法学、社会学、心理学研究的发展意味着标准的更新或修订，目前这项工作正在进行中。[①] 该标准明确说明虽然“辩诉交易”的名称不明确，但在犯罪诉讼中发挥着重要作用。未成年犯罪嫌疑人、被告人可以“承认指控以换取承诺的处置，如缓刑等”。“辩诉交易”需要未成年犯罪嫌疑人、被告人的“同意”作为先决条件，以换取特殊待遇。对未成年犯罪嫌疑人、被告人按照少年司法体系下“辩诉交易”程序进行透明、公平的审理比在刑事司法程序中更为必要。[②]

为了确保未成年犯罪嫌疑人、被告人实实在在“同意”，美国司法人员会敦促其签订认罪协议，如亚利桑那州的认罪协议可以在司法程序任何时间进行谈判和签订。如果未成年犯罪嫌疑人、被告人处于“预指控”阶段，并且正在接受调查，则该未成年犯罪嫌疑人、被告人的律师可以直接与侦探和检察官联系，以便在咨询听证会之前达成认罪协议。通常认罪协议是在“咨询听证会”和“裁决听证会”之间达成，也可以在“预审听证会”时签订。一旦未成年人认罪协议谈判签订完成，未成年犯罪嫌疑人、被告人将放弃其裁决听证会的权利，其中包括以下内容：请求国家传唤证人指控未成年犯罪嫌疑人、被告人的权利，盘问证人的权利，保持沉默的权利，提出各种动议的权利，上诉权。如果法官接受未成年犯罪嫌疑人、被告人认罪协议，那么法官直接认定犯罪，然后准备“处置听证会”，进行具体量刑处置。[③] 当然量刑是从轻处理，未成年犯罪嫌疑人、被告人可

① IJA-ABA, *Juvenile Justice Standard*, 1996, also see Online Library of Liberty, https://www.americanbar.org/groups/criminal_justice/standards/JuvenileJusticeStandards/ [2021-10-11].

② IJA-ABA, *Juvenile Justice Standard: Pretrial Court Proceedings*, 1996, also see Online Library of Liberty, https://www.americanbar.org/content/dam/aba/publications/criminal_justice_standards/JJ/JJ_Standards_Pretrial_Court_Proceedings.pdf [2021-10-11].

③ DM Cantor, *Juvenile Plea Agreements in Arizona*, 2021-03-01. https://dmcantor.com/case-stages/juvenile-case-stages/plea-agreements [2021-10-11].

以按照《量刑指南》的范围进行量刑交易，获得缓刑、社区服务、行为矫正等非监禁刑的执行方式，这种量刑协议会对法庭裁决产生拘束力。[①]

（二）英国：尽早认罪减刑 1/3

英国少年法庭不如成人法庭正式，目的在于使未成年犯罪嫌疑人、被告人更容易了解程序运行。英国规定 16 周岁以下的未成年犯罪嫌疑人、被告人必须与父母或监护人一起出庭，16—17 周岁的未成年犯罪嫌疑人、被告人可以与父母、监护人或支持他们的人一起参加。在庭审中可以称呼未成年犯罪嫌疑人、被告人的小名，专门解释法庭程序，使用简单语言，借助中间人来帮助沟通等方式确保未成年犯罪嫌疑人、被告人乐于接受，充分参与。这些方式可能有助于促进未成年犯罪嫌疑人、被告人的理解，对其起到安慰作用。但是有研究表明，即使在少年法庭上，许多未成年犯罪嫌疑人、被告人仍然容易出现理解障碍，上述方式对解决未成年犯罪嫌疑人、被告人的理解薄弱问题的作用并不是很明显。例如，英国规定对于认罪被告人的最高减让幅度是整体刑罚的 1/3，最低的幅度为 1/10。[②]“尽早认罪减刑 1/3”也适用于少年法庭，因此刑期压力以及时间和社会压力可能仍然存在。[③] 实际上，父母的监督对未成年犯罪嫌疑人、被告人来说可能不太有帮助，因为这些家庭往往也有各种各样的困难。另外，英国目前“尽早认罪减刑 1/3”的规定似乎合理而适度，这导致一种推定，即这种减刑不会导致无辜的被告人认罪。虽然这种推定在成年人中可能是正确的，但对未成年犯罪嫌疑人、被告人可能会产生冤假错案。如上所述，未成年犯罪嫌疑人、被告人被认为在认知上更倾向于以相对“肤浅”的定量方式作出决定，而不会考虑到定罪对于未来是否具有重大影响。

---

① 参见宋英辉、孙长永、朴宗根等：《外国刑事诉讼法》，北京大学出版社 2011 年版，第 90 页。

② 参见杨先德：《英国“辩诉交易”最高减让三分之一量刑》，载《检察日报》2016 年 11 月 1 日，第 3 版。

③ Helm, R. K.（2021）. Guilty pleas in children: legitimacy, vulnerability, and the need for increased protection. *Journal of Law and Society*, 48（2）, 197.

二、刑事司法体系中的未成年人“辩诉交易”

刑事司法体系中的未成年人“辩诉交易”，源于未成年犯罪嫌疑人、被告人案件向成人刑事司法移送，继而采用成人司法刑事诉讼程序。司法刑事诉讼程序以对抗为主，以相对优势证明来发现事实，而“辩诉交易”则是一种妥协，省略了证据证明和正当程序等一系列庭审所需的程序。[①]

（一）美国：放弃陪审团

在美国，刑事被告人选择由陪审团进行审理的权利可以作为交易对象，通过选择放弃由陪审团进行审理，在量刑等方面与检察官达成一致，但是如果采取少年法庭审理，则未成年犯罪嫌疑人、被告人丧失了这项权利，也就无法以该项权利与检察官进行“辩诉交易”。如此，少年法庭下的“辩诉交易”有可能对未成年人更为不利。[②] 一旦未成年人被指控犯有刑事犯罪，需要移送刑事法庭，少年法庭的收容官就会决定如何通过刑事司法系统进行。该官员需要评估许多因素，包括：犯罪的极大可能性、行为的严重程度、是否事先与少年法庭系统有过足够的接触（需要作出认真的回应或向少年法庭提交请愿书）、是否需要被临时关押在少年司法中心、是否可能从少年法院中受益等。如果父母一方不是报告方，则在将少年带入审问时，必须与少年的父母或监护人联系。一旦提出请愿书，法官或法庭裁判员必须决定是否在少年法庭审判未成年犯罪嫌疑人、被告人，或者通过豁免听证会确定案件是否应该由成人刑事司法系统处理。一旦决定由刑事法院审理，则进入刑事法院程序。

实践中，美国很多州的检察官为了快速了结案件，往往与未成年犯罪嫌疑人、被告人达成在刑事法院审理的“辩诉交易”，如果未成年犯罪嫌疑人、被告人作出有罪答辩并选择放弃由陪审团进行审理，则减轻处罚的幅度将非常大。但是如果未成年犯罪嫌疑人、被告人不接受上述“辩诉交易”的话，检察官将以较重的罪名和刑事处罚提起诉讼，有些还非常重，

---

① Leo, RA. *Police Interrogation and American Justice*. Cambridge: Harvard University, 2009, p. 18.

② Chen, T.（2007）. The Sixth Amendment Right to a Jury Trial: Why Is It a Fundamental Right for Adults and Not Juveniles. *Journal of Juvenile Law*,（28）, 8.

这些事前都将与未成年犯罪嫌疑人、被告人进行有效的沟通。未成年犯罪嫌疑人、被告人在刑事法院将按照一般程序进行审理，在审理过程中未成年犯罪嫌疑人、被告人依然可以与检察官达成新的“辩诉交易”。但是未成年犯罪嫌疑人、被告人在刑事法院被判决有罪，则其犯罪记录不能封存。和少年司法注重矫正教育不同，刑事司法重在惩罚，矫正教育的力度大为减少。但是 2010 年美国仅有 1% 的未成年犯罪嫌疑人、被告人被移送至刑事法院，总的来说，刑事司法体系中的未成年人“辩诉交易”适用概率并不高。①

（二）英国：最高可能刑罚

在 2018—2019 年的英国，仅有 4% 的未成年犯罪嫌疑人、被告人被移送至刑事法院，在少年法院审理的占 96%。② 可以看出英国也是大部分未成年人犯罪案件在少年法院进行审理，只有少数被移交给刑事法院。值得一提的是，在刑事法院审理时可以通过听证会说明认罪后可以获得的最高可能刑罚。这种情况只在刑事法院出现，因此只影响少数未成年犯罪嫌疑人、被告人，但是这些未成年犯罪嫌疑人、被告人的罪行最为严重，需要审慎处理。③ 当然这项程序也并不尽善尽美，未成年犯罪嫌疑人、被告人知道认罪后将判处的最高刑罚，则其将对其量刑有“肤浅”的认识（即使未成年犯罪嫌疑人、被告人不知道最终判决结果，但也对最终判决有合理的勾勒）。在这种思想指导下，可能因心智、认识等原因导致未成年犯罪嫌疑人、被告人交易错误。例如，对于未成年犯罪嫌疑人、被告人来说，犯罪记录的影响可能不如社区矫正时间长度在表面上重要（犯罪记录也可以作为英国未成年犯罪嫌疑人、被告人“辩诉交易”的对象），但是却对未成年犯罪嫌疑人、被告人的未来影响更为深远，可大部分未成年

---

① 参见田然、杨兴培：《我国少年司法改革的理念重塑与制度构建——以美国少年司法制度的借鉴为视角》，载《青少年犯罪问题》2017 年第 1 期。

② Ministry of Justice, *Youth Justice Statistics（2019）5*, 2020-01-30. https://assets.publishing.service.gov.uk/government/uploads/system/uploads/attachment_data/file/862078/youth-justice-statistics-bulletin-march-2019.pdf［2021-10-10］.

③ Helm, R. K.（2021）. Guilty pleas in children: legitimacy, vulnerability, and the need for increased protection. *Journal of Law and Society*, 48（2）, 196.

犯罪嫌疑人、被告人还是宁可被记录也要选择较短的刑期，这纯粹是由于发展认知倾向所致。[①] 因此，即使是训练有素的律师的解释也可能不足以改变其决策。相反，如果未成年犯罪嫌疑人、被告人不知道他们在认罪后将获得的确切最高刑期（但对近似的最高刑期有准确的了解），将阻止未成年犯罪嫌疑人、被告人进行精确的预期值计算，从而迫使其进行价值衡量，进而作出模糊却明智的决策。

此外，最高可能刑罚可以被看作法院的默许建议，会让未成年犯罪嫌疑人、被告人感到认罪的压力，从而导致违心、虚假认罪。事实上，未成年犯罪嫌疑人、被告人特别容易受到这种压力的影响，因此需要禁止法官在未成年犯罪嫌疑人、被告人认罪之前给出任何可能推测出判决的提示。正如上诉法院所指出的，“在认罪时，未成年犯罪嫌疑人、被告人将被判处一个刑罚，但在无罪答辩后定罪时，将判处更严厉的刑罚，这是永远不应该作出的，并可能对被告施加不当压力，从而剥夺了未成年犯罪嫌疑人、被告人至关重要的选择自由”[②]。

第二节　大陆法系

实际上，大陆法系国家的刑事程序逐渐开始趋同于英美法系，德国、法国是代表性国家，但是上述两国在引进“辩诉交易”制度的同时都明确说明未成年人不得适用。日本等国家也有同样的规定。这主要是考虑到未成年人的特殊性，这些国家大部分都有独立的少年司法系统，在案件处理方面认为“辩诉交易”制度同少年处理指导性原则有些许冲突。

---

① Centre for Justice Innovation, *Young People's Voices on Youth Court（2020）3*, 2020-03-01. https://justiceinnovation.org/publications/young-peoples-voices-youth-court［2021-10-10］.

② Helm, R. K.（2021）. Guilty pleas in children: legitimacy, vulnerability, and the need for increased protection. *Journal of Law and Society*, 48（2）, 198.

一、“协商性”司法的不同表现

对于大陆法系国家来说，“辩诉交易”是个舶来品，但是随着案件数量的增多，大陆法系国家开始重点关注“辩诉交易”的优点，纷纷引进“辩诉交易”，形成了各具特色的“协商性”司法制度。

（一）德国：“官方‘辩诉交易’条款”

多年来，德国法学学者对美国的“辩诉交易”现状感到不满，认为德国的刑事审判与英美法系的刑事审判截然不同，“辩诉交易”永远不会进入德国法律。在德国法律属性中，法官的职责是查明罪行，并对该罪行作出最适当的判决。就此而言，检察官有义务调查他们所了解的每一项罪行，并提出最符合事实的刑事指控。所有这些都是德国法律体系的基本原则，载入《德国刑事诉讼法典》，其根源可以追溯到1877年德意志帝国的原始法典。许多与刑事起诉有关的基本原则可以追溯到德国法律史“Rechtsstaat”（通常被翻译为“法治”）概念的产物。随着工业化进程的加快，德国犯罪急剧增加，司法成本过高。在西德时期，广泛使用刑事命令（向被告人提出的书面建议，告诉被告人所犯罪行和如果他们同意应处以的刑罚），避免了“辩诉交易”的一些负面特征，旨在处理常规案件。程序是警方进行初步调查，然后检察官决定如何继续处理案件。如果检察官建议使用刑事命令，法官就会粗略地审查这项建议。尽管对拒绝这种命令的被告的审判程序并不长，但90%的被告被判有罪。[①] 德国联邦立法机构于2009年在《德国刑事诉讼法典》中增加了第257c条：（1）在适当的情况下，法院可根据以下各款，与参与人就诉讼的过程和结果达成协议。（2）协议标的只能包括判决或者裁定的内容、与程序有关的措施、当事人在审判中的行为等。供词应是任何谈判达成的协议的组成部分。（3）法院应宣布谈判达成的协议包含的内容。在对案件的所有情况及量刑考虑的评估下，可以指出刑期上限和下限。如果被告人与检察机关同意法院的建议，谈判达成的协议即告成立。（4）如果忽视或出现了法律或事实

① W L F Felstiner, Plea Contracts in West Germany（1979）, 1979-01-01. https://nij.ojp.gov/library/publications/plea-contracts-west-germany［2021-10-11］.

上重要的情节，法院不再受谈判达成协议的约束，因此法院预期量刑幅度不再适合犯罪的原有程度。如果被告人在审判中的进一步行为与法院预测所依据的行为不符，则同样适用。在这种情况下，法院应立即通知各方情势的改变，并不得再使用被告人的供词。（5）应及时告知被告人法院根据第4款改变预期的先决条件和后果。可以看出，德国法官完全控制着诉讼程序，被告的供词不是认罪的唯一依据，如果情况发生变化，法官可以宣布交易无效，并允许案件各方参与。

新法律在德国联邦宪法法院面前受到质疑，该法院于2013年发表了意见，认为"官方'辩诉交易'条款"（provisions for formal plea bargains）为被告的权利提供了充分的保护：刑法以具有宪法地位的罪责刑相适应原则为基础。这一原则植根于保障人的尊严和责任（《基本法》第1条第1款和第2条第1款）及法治原则（《宪法》第20条第3款）。根据《宪法》规定，政府有义务确保刑事司法系统的运作，确定案件的真实是刑事诉讼的核心关切，没有这些事实，就不可能执行罪责刑相适应的实质性原则。公平审判权保证被告人行使其程序权利，并充分避免侵权行为，特别是来自政府实体的侵权行为。设计这些程序性权利主要是立法机关的任务。只有当对程序法的总体评估得出违反了"法治"的结论，或者放弃了法治所要求的不可或缺的权利时，才存在对公平审判权的侵犯。在进行这一总体评估时，还必须牢记对正常刑事司法制度的要求，包括确保迅速进行诉讼程序的义务。但是在现实世界中，法官认为许多具体要求是"不必要的手续"，会影响对事实没有争议案件的快速处理。

该制度在德国实践中如何得以有效运行，德国的Carsten Altenhain教授进行了实证研究，发现：2011年，德国地方法院的刑事诉讼中的17.9%和地区法院刑事诉讼中的23%是根据"辩诉交易"完成的。54.4%的法官表示，他们认为没有必要在法庭记录中记录未成功的认罪协议。61.7%的法官回答说，他们总是在"辩诉交易"的背景下检查供词的可信度，但38.3%的法官承认他们并不总是检查供词的可信度。27.4%的法官认为按照《德国刑事诉讼法典》第257c条进行"辩诉交易"时，被告人明确放弃了上诉的权利，违反了《德国刑事诉讼法典》第302条第1款的规定。"辩诉交易"后的"减刑"通常为预期刑期的25%—33.3%。可见，"官方

‘辩诉交易’条款”并没有达到预期目的。实践中，法官认为“官方‘辩诉交易’条款”是“不必要的手续”，这只会阻碍对事实几乎没有争议的案件的快速处理。法院向立法机关发出警告：虽然目前无法从“官方‘辩诉交易’条款”执行方面的缺陷中认定违宪，但立法机构仍然有必要密切关注未来的发展。如果“官方‘辩诉交易’条款”中的实质性和程序性预防措施不足以弥补这一缺陷，立法机关必须采取合理步骤，确保合宪。①

虽然“辩诉交易”本土化在德国法律界引发了白热化的争议，但是德国明确禁止未成年人适用这一协商性司法程序。②

（二）法国：有限形式的认罪谈判

2004年之前法国刑事诉讼没有讨价还价的可能性。然而，2004年法国在吸收英美法系经验的基础上，创立了庭前认罪答辩程序（Plaider-coupable et le plea barguining），引入了有限形式的认罪谈判，规定部分轻罪案件的犯罪嫌疑人、被告人在认罪的情况下，可以与检察官进行量刑交易。③ 在法国引起了极大的争议。根据这一制度，检察官可以对罪行相对较轻的嫌疑人提请判处不超过1年的徒刑，法官有权决定是否接受该协议。检察官可依职权或应罪犯的请求提出。

限制条件：法定幅度刑期不得超过5年，公诉人不得提出1年以上的刑期，必须给被告人10天时间接受或拒绝。在此期间，被告人应处于候审状态，被告人和公诉人之间不得进行任何讨论。如果被告接受拟议的判决，且庭长批准公诉人与被告人之间的协议，则协议不能更改。如果被告人拒绝检察官的提议，或者庭长拒绝批准这一协议，则不适用该程序。如果决定适用该程序，则被告人受到的最高刑罚将减少。在被告人和受害者在场的情况下，仍将开庭。庭审中不会对案情进行辩论，但会对将要宣判

① Andrew Hammel, The Difficult Birth of the Criminal Plea Bargain in Germany, 2019-05-22. https://hammeltranslations.com/2019/05/22/the-difficult-birth-of-the-criminal-plea-bargain-in-germany/ [2021-10-11].

② 参见张智辉：《“辩诉交易”制度比较研究》，中国方正出版社2009年版，第241页。

③ 参见施鹏鹏：《法国庭前认罪答辩程序评析》，载《现代法学》2008年第5期。

的刑期进行公开辩论。①

但是法国对该制度反对的声音也很强烈。反对者通常是律师和左翼政党，认为“辩诉交易”将严重损害辩护权，与宪法中无罪推定原则相悖，影响公平审判。例如，罗伯特·巴丁特（Robert Badinter）认为，“辩诉交易”会给检察官太多的权力，并鼓励被告接受判决，只是为了避免在审判中被判处更重刑的风险，是否真心悔过无从得知。实践中法国只有少数刑事案件通过这种方法处理：2009 年，法国 673700 起刑事案件中有 77500 起案件采用该程序，占刑事法院判决的 11.5%。②

但是无论这种争辩如何激烈，法国未成年人犯罪不适用庭前认罪答辩程序，《法国刑事诉讼法》第 495-16 条规定了这一规则。③ 主要原因是未成年人显然没有完全的同意能力，不能参与庭前认罪答辩程序，律师的单独在场不能弥补未成年人心智发育不全的缺陷。

（三）日本：协议·合议制度

日本之前绝对禁止“辩诉交易”进入该国，但是这种现象在 2018 年 6 月有了变化，日本开始有选择地接受“辩诉交易”。日本的“辩诉交易”被称为协议·合议制度，是指在法院开庭审理之前，如果嫌疑人或被告人配合检方调查，协助侦破其同伙等他人犯罪，检方可为其要求法官减轻量刑，甚至有可能被免予起诉。该制度是检察官与犯罪嫌疑人、被告人之间的“协商”和“协议”，主要用于漏税、暗中交易等经济犯罪以及贪污或毒品枪支等有组织犯罪和企业犯罪调查。该制度于 2016 年 5 月根据《刑事诉讼法》修正案设立，并于 2018 年 6 月生效，截至 2021 年 12 月，已在三起事件中使用，首次用于三菱日立电力系统公司在泰国发电厂建设项目有关的腐败案件。同时，日本的协议·合议制度有严格的范围限制，只

① Samanthadroit, Plaider-coupable et le plea barguining, 2013-5-09. https://www.ladissertation.com/Divers/Divers/Plaider-coupable-et-le-plea-barguining-90711.html [2021-10-12].

② Wikipédia, Plaidoyer-Plea bargain, 2021-10-02. https://fr.abcdef.wiki/wiki/Plea_bargain [2021-10-12].

③ 参见张智辉：《“辩诉交易”制度比较研究》，中国方正出版社 2009 年版，第 189—190 页。

能适用于标的案件和合议案件（标的案件指检察机关想要获得供述，从而需要嫌疑人协助的案件；合议案件指认嫌疑人、被告人想获得恩典的案件）。这些案件可以分为以下几个大类：妨碍拍卖类，伪造公文类，行贿受贿类，诈骗恐吓类，妨碍组织性拍卖、组织性诈骗恐吓类，财政经济、药物、武器类，特定犯罪中的毁灭证据类等。

日本新修订的《少年法》于 2021 年 6 月 21 日在国会获得通过，于 2022 年 4 月 1 日生效。根据新法律，随着成年年龄的降低，将 18 周岁和 19 周岁定为“特定男孩”，如果案件被起诉，可以报道实名制。[①] 日本未成年人司法采取的是与成年人司法分离的模式，[②] 其《少年法》中始终没有未成年人协议・合议相关内容，说明在日本未成年人犯罪不适用协议・合议制度。

（四）意大利：双方协商程序

意大利之前的《刑事诉讼法典》因被告人地位低下、诉讼时效过长、效率不高、积案太多等原因，多次受到欧洲人权法院的批评。[③] 后来意大利在 1988 年对《刑事诉讼法典》进行了修订，新增了五种特殊程序，主要是为了加快审判速度，减少诉累。其中“双方协商程序”吸收了英美法系的“辩诉交易”，但又与其不同，规定控辩双方仅可以就量刑进行协商，不能就罪名进行商讨，也不能影响到民事程序和刑事附加刑。主要特点是程序的启动要“基于控辩双方的请求”，是适用刑罚的一种预先裁判，犯罪嫌疑人、被告人需要先认罪后答辩。法官对控辩双方的一致意见要么接受，要么拒绝，不能变更。在此情况下，可以最高减轻原判刑罚的 1/3。意大利未成年人犯罪不适用庭前认罪答辩程序，自然也不适用于双方协商

① 佚名:《司法取引制度とはどういうものか、簡単な説明とアメリカとの違いは?》，ピンクドロップネットについて。https://pinkdrop.net/archives/2194［2021−10−13］.

② 参见史立梅、邢进生:《论未成年犯罪嫌疑人、被告人与被害人心理治疗的法律规制》，载《中国人民公安大学学报（社会科学版）》2021 年第 5 期。

③ 参见张智辉:《“辩诉交易”制度比较研究》，中国方正出版社 2009 年版，第 271 页。

程序，源于1988年9月22日关于未成年人犯罪法令第25条。[①] 未成年人和患有精神障碍和智力迟钝的人，这些群体特别容易受到胁迫而接受压力型建议，在无罪的情况下尤其有可能认罪。[②]

可以看出，这一程序也有诸多限制：首先是案件范围上的限制。未成年人犯罪、恐怖组织犯罪、严重刑事犯罪、职业性犯罪不适用于该程序，同时不适用于治安法院的案件。[③] 其次是刑期上的限制。该程序仅可适用于判处5年以下监禁的犯罪，且减刑不能超过2年监禁刑。[④] 最后是辩护和上诉的限制。被告人在该程序中被剥夺了全面辩护的权利，不公开审判时只能进行技术辩护，法官基于侦查、预审等阶段的协商裁决具有不可上诉性。值得一提的是，即使达成了双方协商，但若法官认为犯罪理由不充分，也可以直接作出无罪判决。

二、未成年人犯罪的适用

虽然大陆法系国家一般在未成年人犯罪领域规定不适用认罪协商，更不能进行司法交易，但是其处理程序依然以从宽为主，甚至有些程序在侧面体现出了协商性司法的性质。

（一）德国：调解停止诉讼

德国虽然禁止未成年人犯罪领域公权力与犯罪嫌疑人的“和解”，但是并不禁止犯罪嫌疑人和被害人的“和解”，甚至公权力主动予以调解，然后从宽处理。公权力的这种调解行为带有一定的协商性司法的性质。德国同英、美一样，都设立有专门的少年法院，但是与之不同的是未成年人

---

① Pradel Jean, *Le plaider coupable, confrontation des droits américain, italien et français*, Revue internationale de droit comparé.（2005）, DOI 10.3406/ridc.2005.19357, p.476.

② Marc-Étienne O’ Brien, *L’adéquation des discours relatifs à la négociation de plaidoyer avec leur mise en œuvre Une analyse comparée, historique et sociologique*（Maître en droit. Toulouse：Université de Toulouse I Capitole, 2017）, p.101.

③ 参见孙维萍：《意大利式“辩诉交易”与美国“辩诉交易”之比较》，载《北京航空航天大学学报（社会科学版）》2011年第1期。

④ 参见吴沈括、胡然：《意大利：检察机关量刑建议独具本国特色》，载《检察日报》2020年9月15日，第3版。

犯罪都统一由少年法院处理，不存在移送至成年刑事法院的问题。[①] 在未成年人犯罪的从宽处理程序方面，集中表现在《德国少年法院法》的规定中。该法第 2 条首先规定“少年”是指在犯罪行为发生时已年满 14 周岁但尚未满 18 周岁的任何人。“年轻人”是指在犯罪行为发生时已满 18 周岁但尚未满 21 周岁的任何人。其中带有协商性司法性质的条款主要是第 15 条、第 45 条、第 47 条，主要规定的是调解停止诉讼，包括免予起诉、中止诉讼、终止诉讼。[②] 当然也有学者称之为未成年人 VOM（被害人－加害人调解）制度。[③]

第 15 条主要规定的是“具体条件”，共分为 3 款。第 1 款规定法官可以要求未成年犯罪嫌疑人、被告人尽其所能，弥补因犯罪而造成的损害，亲自向受害人道歉，执行某些任务，或向慈善组织支付一笔款项，但是不得对未成年犯罪嫌疑人、被告人提出不合理的要求。第 2 款规定法官只有在下列情况下才应下令支付一笔款项：第一，该未成年人只从事轻微的不当行为；第二，根据推测，该未成年人将从其个人所有的款项中支付，或从其犯罪所得中支付，或从因犯罪而间接所得中支付。第 3 款规定只要有利于监督的目的，法官可以全部或者部分地改变条件，或不遵守上述条件。可以看出具体条件条款主要体现了恢复性司法的理念，同时为协商性司法创立一些条件，有利于协商性司法的执行。

第 45 条规定的是免予起诉条款，也分为 3 款。第 1 款规定如果符合《德国刑事诉讼法典》第 153 条所规定条件，检察官可以不经法官同意而免予起诉。第 2 款规定如果已经执行完毕或启动了救济措施，且法官认为检察官没有参与或指控必要，应免予起诉。未成年人试图与受害人达成和解，应等同于救济措施。第 3 款规定如果被告人承认有罪，但检察官认为

① Julian, How Germany Treats Juveniles Inside the German prison system, 2015-06-19. https://www.themarshallproject.org/2015/06/19/how-germany-treats-juveniles［2021-10-12］.

② Bundesamt für Justiz, Jugendgerichtsgesetz, 2021-05-15. https://www.gesetze-im-internet.de/jgg/［2021-10-12］.

③ 参见安文霞：《德国未成年人犯罪 VOM 制度研究》，载《青少年犯罪问题》2012 年第 4 期。

提出指控不合适，在必要的情况下可以采取具体禁止令的措施，如果少年法院法官同意该方案，检察官应免予起诉。可以看出德国将起诉权作为未成年人犯罪协商性司法的一项重要内容。该法继续规定了如果未成年犯罪嫌疑人、被告人不遵守禁止令，警告后再犯，则可判处拘役。

第 47 条规定了法官终止诉讼程序的条件。第 1 款规定如果已经提交了起诉书，在下列情况下，法官可以终止诉讼程序：第一，有《德国刑事诉讼法典》第 153 条情形的；第二，已经实施或启动了第 45 条第 2 款所指的救济措施而可判可不判的；第三，法官认为可判可不判的，并决定令认罪的未成年人以第 45 条第 3 款所列内容为由不负刑事责任；第四，被告人未满 14 周岁。在第二、三种情况下，法官经检察官同意，可以暂时中止诉讼程序，并确定不超过 6 个月的期限，在此期间，未成年犯罪嫌疑人、被告人必须遵守条件或者禁止令。裁判应作为法院的命令作出，并不得对该命令提出上诉。如果未成年犯罪嫌疑人、被告人遵守条件或者禁止令，法官应终止诉讼程序。第 2 款规定终止诉讼程序的决定须经检察官同意，并应说明作出决定的理由，不得提出上诉。如果这些理由不利于未成年犯罪嫌疑人、被告人的教育和发展，则不应告知未成年犯罪嫌疑人、被告人这些理由。第 3 款规定只有根据新的事实或者证据，才能对同一行为提出新的指控。可以看出经过协商性司法而决定终止诉讼程序的，具有终局性，不得上诉。在量刑方面，德国较为保守，对未成年犯罪嫌疑人、被告人可以减轻的幅度没有英、美明确。

（二）法国：速决程序

协商性司法的主要追求在于提高诉讼效率，这在法国未成年人犯罪领域表现得最为明显。近些年，法国未成年人犯罪数量激增，未成年人案件法官案多人少、工作繁杂，已经影响到了审判质量。由此，法国未成年人速决程序应运而生，该程序并不以未成年犯罪嫌疑人的认罪及同意为前提，相反这种认罪和同意会大大加快案件移送速度（可以在 10 日以内）。

具体而言，速决程序包括近期出庭程序（procédure de comparution à délai rapproché）和立即出庭程序（procédure de présentation immédiate devant la juridiction pour mineurs）。前者指检察官在做好前期准备工作的

基础上，3 个月内将未成年犯罪嫌疑人、被告人移送法院，如法官不同意，则应在 5 日内决定并阐释理由，检察官可在 10 日内上诉，上诉法院应在 15 日内作出最终裁决。立即出庭程序则指可不经预审程序直接将未成年犯罪嫌疑人、被告人移送至未成年人法院。但是有一定的条件，《未成年人犯罪法》有详细的规定。首要前提是没有必要继续调查犯罪事实，且已经完成人格调查程序。其次是要区分年龄段。16—18 周岁的未成年犯罪嫌疑人、被告人属现行犯，量刑应为 1 年监禁以上，其他情况量刑应为 3 年监禁以上。13—16 周岁的未成年犯罪嫌疑人、被告人，则量刑应为 5—7 年监禁。适用该程序在时间上要求 16—18 周岁的应在 10 日—1 个月内移送，13—16 周岁的应在 10 日—2 个月内移送。但是如若未成年犯罪嫌疑人、被告人、法定代理人、律师同时同意，则没有最低期限的限制。[①] 法国速决程序对时间划分较为复杂，但是无疑契合了不同年龄段的未成年人情况，年龄越小允许速决诉讼的时间可以越长，也说明了对年龄越小的未成年人的案件办理和教育的复杂程度越强。但是就整个速决程序而言，其针对的对象是未成年人，对其调查、教育和感化的时间要比成年人更长，因此其存在似乎与未成年人犯罪案件办理中的公正价值相悖，且不符合“家庭模式”的内涵。

法国在 1810 年《刑法典》就未成年人刑事犯罪进行了特殊规定，限定其法定责任年龄为 16 周岁，且其负刑事责任的条件是行为时必须有辨别能力。在 1912 年成立了少年儿童法院，在 1945 年颁布了《未成年人犯罪法》，规定未成年人刑事责任年龄为 13 周岁。该法几经修订，目前依然适用。法国最具代表性的做法是关于未成年人犯罪的速决程序。值得一提的是，法国同时还设立了适用于 13—18 周岁未成年人的“公民资格实习”[②]新刑罚。[③] 对未成年人适用公民资格实习的目的是提醒犯罪人重温宽容和

---

① 参见施鹏鹏：《法国未成年人刑事程序法述评：制度与演进》，载《青少年犯罪问题》2012 年第 2 期。

② 公民资格实习可以由检察院在刑事和解程序中予以建议作为追诉的替代措施，也可以作为有期徒刑的替代刑或者是作为执行公益劳动或附考验期缓刑的考验措施。

③ 参见王娜：《法国未成年人司法制度的变迁——兼论对中国未成年人司法制度完善的启示》，载《青少年犯罪问题》2013 年第 3 期。

尊重人之尊严的内在价值，使其意识到在社会生活中应承担的刑事、民事责任和义务，是“家庭模式”的集中体现。这种刑罚方式对于我国未成年人犯罪适用认罪认罚从宽制度后的刑罚处理措施具有很好的借鉴意义。

（三）日本：家事裁判

日本完全是按照刑事诉讼“家庭模式”构建少年司法制度的。日本在1922年颁布了《少年法》，在1948年经过较大修改后，成为现行少年法，此后又经历了数次修改，使之适应社会发展。《少年法》主要适用于20周岁以下的未成年人，其中规定的“触法少年”是指未满14周岁，从事触犯法律、法规行为的少年（《少年法》第3条第1款第2项），“触法少年”不会被追究刑事责任。

日本的《少年法》并没有对少年认罪认罚与否进行区分，但是如果少年认罪认罚则无疑会从轻处理。日本确立了简易移送程序和家庭法院的简易处分程序，对于案情极其轻微，从犯罪的原因、少年的性格、少年的认罪态度等来看没有再犯之虞，没有必要给予刑事或者保护处分的案件，警察在采取对少年及关系人以训诫或提请注意等措施的基础上，就每一个少年制作《少年案件简易移送书》，每月一并交给检察官。检察官将其一起移送到家庭法院，家庭法院适用简易程序做出处理。① 其中所要考虑的少年的认罪态度非常重要，如果少年不予认罪，必然要为了查清案件事实，进行复杂的侦查，那么简易移送程序和家庭法院的简易处分程序也就无从谈起。可见在日本简易程序可以适用于罪行极轻的未成年人，并鼓励这种处理办法。

日本对未成年犯罪嫌疑人、被告人依然可以适用逮捕程序，一旦被捕，警方将在逮捕后48小时内进行调查，警方调查结束后，将移交检察官，被捕后72小时，检察官将决定是否继续拘留。在此期间被捕的未成年人将留在主管警察局的拘留中心。根据案件和少年的情况，儿童咨询中心将会保护他们。拘留期原则上为10日，但如果需要进一步调查，拘留

① 参见宋英辉、孙长永、朴宗根等：《外国刑事诉讼法》，北京大学出版社2011年版，第489页。

期最长可达 20 日。期满前，如果检察官认为仍需拘留，则需要向法院提出拘留请求。检方调查结束后，将未成年犯罪嫌疑人、被告人送交家庭法院，由家庭法院对少年进行审判，但家庭法院的调查人员在此之前对被捕的未成年人进行调查。调查包括与调查人员面谈和心理测试，以确定未成年人犯罪的原因和康复方法。当家庭法院决定采取观护措施时，未成年犯罪嫌疑人、被告人原则上将被拘留 2 周（在实践中，期限通常延长 4 周），最多至 8 周，并分析未成年人的犯罪原因和今后康复的可能性。即使案件已被送交家庭法院，但如果从教育角度看，认为没有必要对少年进行审判，那么未成年犯罪嫌疑人、被告人将被释放。

少年裁判是保密的，以保护未成年人的隐私。少年裁判将给予以下处分：一是未处分，指少年未被认定犯罪或者认为没有必要给予处分，这就像在成人刑事案件中无罪释放或不起诉一样。二是缓刑处分（保护性处分），缓刑是保护未成年犯罪嫌疑人、被告人的处置，被捕的未成年犯罪嫌疑人、被告人被送回家，在家生活的同时，由缓刑官员提供生活指导，以改造未成年犯罪嫌疑人、被告人。三是送至康复设施（保护性处置），未成年犯罪嫌疑人、被告人可能会被送到儿童独立支持机构、儿童之家或少年医院。一旦他们受到这种保护，未成年犯罪嫌疑人、被告人将住在康复机构进行康复治疗。

如果是严重罪行（如谋杀和抢劫）或诉讼期间年满 20 周岁时，家庭法院将再次将案件送交检察官。在这种情况下，检察官将进行与成年人相同的刑事诉讼，如果被起诉和定罪，将处以与成年人相同的法定刑罚。[①]

可以看出日本是按照“家庭模式”构建未成年犯罪处理模式的典范，虽然日本一直排斥协商性司法的理念，但是其在刑事诉讼的每一个程序都以教育和保护作为第一要义，程序运行中适时分流的做法值得我国借鉴。

（四）意大利：未成年人刑事调解制度

意大利未成年人刑事调解是指未成年人犯罪案件双方当事人通过有资

---

① 佚名：未成年が逮捕されたら｜その後の流れや措置・示談や家族に出来ること，2021-06-19.https://keiji-pro.com/columns/105/［2021-10-13］.

质的调解人员（非官方）从中斡旋，最终达成双方都满意的解决方案。其目标是在未成年犯罪嫌疑人、被告人和被害人间构建沟通交流平台，赔偿损失，修复关系。该模式具有天然的优越性：一是可以使未成年犯罪嫌疑人、被告人认识到错误，主动弥补过错；二是可以抚慰被害人心灵，使之获得合理补偿，有助于其早日恢复；三是可以贯彻恢复性司法理念，避免矛盾激化，促进社会和谐。[①]

刑事调解制度同样规定在 1988 年的《意大利刑事诉讼法》中，该法典结合未成年人的特性，规定了社会调查和中止诉讼、暂缓判决的内容，实质上是“家庭模式”的一种表现形式。在社会调查方面规定：在检察官或者初步调查法官倡议下，应对未成年犯罪嫌疑人、被告人进行个性调查和全面评估。实践中，相当数量的未成年人犯罪案件在该阶段调解结案。在中止程序、暂缓判决的情况下，虽然诉讼程序由于各种原因停止，但可以综合运用调解等方式，赔偿被害人损失，修复受损害的社会关系，促进未成年犯罪嫌疑人、被告人的心理发育，避免再犯。这实际上是司法机关主动为之，实践中检察官、法官往往在此阶段将还未调解的案件移送至第三方调解机构，这种情况下的调解结案概率较高，因为如果未成年犯罪嫌疑人、被告人在此阶段表现较好，检察官、法官在心理上会认为自身起的作用较大，从轻幅度相对也较大。在从轻处理方面，意大利针对未成年犯罪嫌疑人、被告人的司法宽免具有典型代表性：如果 18 周岁以下的未成年犯罪嫌疑人、被告人可能被处以不超过 2 年监禁刑或不超过 5 欧元财产刑，或者两者兼具，在可以推测到该未成年犯罪嫌疑人、被告人不会再犯的情况下，法官可以决定不移交审判或者在判决书中不宣告处罚。[②] 如此，该未成年犯罪嫌疑人、被告人在司法宽免情况下未受到任何惩罚，可以说宽免的力度相对较大。

---

① 参见杨旭：《意大利少年刑事调解制度及其启示》，载《云南大学学报（法学版）》2015 年第 3 期。

② Romano Ricciootti, *La Giustizia Penale Minorile*, Padova: CEDAM, 2007, p. 61.

第三节 域外未成年人犯罪“协商性司法”之评价

“辩诉交易”及其相关机制在过去几十年中一直在世界各地蔓延，能够在个人承认有罪或明示或暗示同意适用该机制的基础上对个人进行刑事定罪，而无须进行审判。到目前为止，这一现象的含义尚未得到充分理解，立法机构、司法部和法院也很少解释采用这些机制的原因。四十年前，学者们将“辩诉交易”描述为一种独特的美国现象，但是在世界其他地区，审判是对所有犯罪进行刑事定罪的必要条件，尤其是在大陆法系和其他非英美法系司法管辖区。对未成年犯罪嫌疑人、被告人来说，采用“协商性司法”模式是否更有利于其健康发展始终是一个有不同答案的问题。

一、利大于弊下的隐忧

在对未成年犯罪嫌疑人、被告人适用“辩诉交易”利大于弊基本观点的影响下，英美法系国家不加区别，统一适用，但是其中存在的问题也很明显，需要予以谨慎对待。

（一）制度适用的考量因素

英美法系国家认为对未成年犯罪嫌疑人、被告人适用“辩诉交易”利大于弊，主要考虑的是效率和公平因素，认为“辩诉交易”可以适用于任何人的任何犯罪，制度适用没有限制。当然，英美法系国家认为未成年犯罪嫌疑人、被告人应当适用“辩诉交易”的主要原因同成年人一样，基于应对现实中越来越多的案件，按照烦琐的诉讼程序充分维护未成年犯罪嫌疑人、被告人的诉讼权利可能对诉讼效率造成过大的压力，需要提高刑事司法系统管理案件效率的考虑。允许与未成年犯罪嫌疑人、被告人达成合作协议，适用“辩诉交易”可以提高定罪率，减少审前羁押，充分补偿受害人，特别是可以有效应对有组织犯罪等，进而提高刑事司法系统处理复杂案件的能力。法官、检察官和辩护律师基于自身利益的考虑，认为“辩诉交易”是减少工作量或者增加收入的一种有效方式。[①] 因此，对于未成年人犯罪案件的诸多参与者来说，“辩诉交易”都是一种不错的选择。另外，如果成年人可以适用“辩诉交易”，而未成年人不能适用，则显得对未成年人不公平。

（二）制度适用的弊端

近年来，一些学者逐渐发现“辩诉交易”使得检察官已成为许多未成年人犯罪案件事实上的唯一裁决者，“辩诉交易”已经取代了审判。因为通过认罪，未成年犯罪嫌疑人、被告人间接放弃了接受审判的权利，因此不存在通过审判追究警方和其他调查机构的责任。这意味着，“辩诉交易”不仅赋予检察官权力，也赋予警察和其他行政机构决定谁被定罪以及定哪些罪的权力。其他普通法司法管辖区也广泛使用认罪作为判决刑事案件的方式，并使用控方和辩方之间的明确谈判，或辩方和法官之间的默示或明示鼓励认罪和避免审判，甚至会对未成年犯罪嫌疑人、被告人进行胁迫（如果未成年犯罪嫌疑人、被告人不认罪或不接受逃避审判定罪机制的应用，司法机关可能会威胁未成年犯罪嫌疑人、被告人处以不相称的惩罚）。

最典型的是美国一项研究显示未成年犯罪嫌疑人、被告人作决策实际是非常困难的，虽然这些未成年犯罪嫌疑人、被告人处于父母的控制之下，但他们必须独立决定是否接受请求，但是未成年犯罪嫌疑人、被告人常常被律师的建议所左右。在这项研究中，项目组织者通过向 18 名律师询问有关认罪程序和与未成年犯罪嫌疑人、被告人合作的一般问题，研究律师在向未成年犯罪嫌疑人、被告人提供“辩诉交易”建议时对未成年犯罪嫌疑人、被告人使用的技巧。律师们明确表明其终极目的在于使未成年犯罪嫌疑人、被告人在少年法庭上作出“知情、明智、自愿的‘辩诉交易’决定”。这一决定无论正确与否，往往是仓促的，因为大多数检察官在审判当天即提出了认罪提议，以至于律师没有足够的时间与未成年犯罪嫌疑人、被告人讨论这些提议。研究者提出要采取有效措施，特别是颁布法律，以确保未成年犯罪嫌疑人、被告人有足够的时间考虑并理解认罪提

① Máximo Langer, *Plea Bargaining（2020）*. Conviction Without Trial, and the Global Administratization of Criminal Convictions. Annual Review of Criminology, 4（1）, 2–3.

议。研究者发现许多律师直到决定认罪后才讨论未成年犯罪嫌疑人、被告人放弃了什么，也只有大约 1/4 的律师告知未成年犯罪嫌疑人、被告人后续结果，例如如果未成年犯罪嫌疑人、被告人认罪，其教育机会和就业前景可能受限。在未成年犯罪嫌疑人、被告人认罪的原因方面，发现未成年犯罪嫌疑人、被告人认罪主要基于避免监禁，防止证人作证对其不利的考虑。此外，还有两个原因——减少审判所需的时间，并避免在成人法庭上受审。22% 的受访律师认为未成年犯罪嫌疑人、被告人选择“辩诉交易”是受到了在成人法庭上受审的胁迫。①

实际上，大多数未成年人犯罪案件和成人犯罪案件差异很大。少年法庭设立的目的是使未成年犯罪嫌疑人、被告人恢复正常生活。这种康复应该让法官成为未成年犯罪嫌疑人、被告人“父母般的老师”。由于“辩诉交易”绕过了这一过程，再加上少年法庭的特殊程序——如保密——导致对未成年犯罪嫌疑人、被告人起诉的监督缺失，可能会产生一些不良后果，如产生未成年人冤假错案等。这就要求检察官在处理未成年人犯罪案件时要放慢“辩诉交易”流程，确保其充分了解认罪协议，认真对待未成年犯罪嫌疑人、被告人的康复程序，有意识地谨慎与未成年犯罪嫌疑人、被告人进行“辩诉交易”。②

二、弊大于利下的解封

大陆法系国家认为对未成年犯罪嫌疑人、被告人适用“协商性司法”弊大于利，主要考虑的是公正因素，“协商性司法”制度适用一般都有严格的限制，甚至禁止适用。大陆法系国家普遍认为虽然成年人开始有条件地引入“协商性司法”程序，但是如果针对所有年龄段的人都适用，看似公平，实则有损公正。主要考虑未成年人司法的首要目标是教育与恢复，

---

① Suja A. Thomas, *Plea Bargaining with Juveniles*, JOTWELL. 2019-04-09 (reviewing Erika N. Fountain & Jennifer L. Woolard, *How Defense Attorneys Consult With Juvenile Clients About Plea Bargains*, 24 Psych. Pub. Pol'y & L. 192 (2017)), https://courtslaw.jotwell.com/plea-bargaining-with-juveniles/ [2021-11-1].

② Redlich, Allison & Zottoli, Tina & Daftary-Kapur, Tarika, *Juvenile Justice and Plea Bargaining*, New York: Oxford University Press, 2019, pp.110-111.

与“协商性司法”首要目标效率之间有冲突。虽然效率的提高不一定会影响个别未成年犯罪嫌疑人、被告人的教育与恢复，但是程序的减少，必然使教育大打折扣，恢复的效果也并不能完全得到保证。

（一）制度适用比较分析

纵观大陆法系代表性国家德国、法国、日本、意大利，都无一例外地规定引入的“辩诉交易”条款对未成年人不适用。其中，日本是刚刚引入该制度，在成年人领域的适用也极为有限，这与英美法系国家定罪、量刑等方面的交易相比较，显得过于保守与谨慎。即便如此，日本的家庭裁判的做法最接近于“家庭模式”所追求的理想状态，对未成年犯罪嫌疑人、被告人保护的实践效果相对较好。而作为少年司法领域内的“协商性司法”程序而言，又各具特色。德国和意大利都有调解制度，但是德国是法官充当调解人，意大利是专业第三方充当调解人。法国的速决程序显得与其他大陆法系的慢处理格格不入，但是这种“快”是建立在前期对未成年犯罪嫌疑人、被告人人格调查结束的基础上。日本有家事裁判所作为前置分流处理程序，显得更加精细化、专业化。但是这些国家有一个特点，即司法机关始终掌控着主动权，未成年犯罪嫌疑人、被告人只能拼命“悔罪”，并在监护人的帮助下不断修复受损的社会关系，才能换得司法机关的从轻处理。这种“协商性司法”是司法机关主导下的活动，并不具有客观平等性，这与大陆法系国家职权主义诉讼传统有关，该特点在未成年人法领域也表现得比较明显。这些程序也在不断修正变化中，无所谓优劣，只有适合自身国情特点的制度才是实用的。

（二）制度解封的可能

“辩诉交易”能否适用于大陆法系国家的未成年犯罪嫌疑人、被告人，是学界上一直探讨的问题，实际上是一个孰优孰劣的问题。在当前情况下，“辩诉交易”引入大陆法系国家都是步步受限，适用于未成年犯罪嫌疑人、被告人更是举步维艰，短期来看没有适用的可能性。因为作为“辩诉交易”滥觞的英美法系国家在未成年犯罪嫌疑人、被告人适用该程序时尚有诸多问题需要解决，如其要解决制度适用后的诸多麻烦，干脆禁止适用避免麻烦是一种省时省力的解决办法，这也是大部分大陆法系国家所采纳的主要做法。未成年犯罪嫌疑人、被告人有其特殊性，大陆法系国家尤其是日本对其“保护性”处理的措施并不比英美法系国家逊色。反观英美法系国家，在“辩诉交易”框架下始终无法解决未成年犯罪嫌疑人、被告人对“辩诉交易”本身的认知问题，在未成年犯罪嫌疑人、被告人的处理方面，也许英美法系国家会向大陆法系国家学习，禁止“辩诉交易”适用于未成年犯罪嫌疑人、被告人，但是这种可能是极小的。其实单纯的禁止并不是解决问题的办法，“辩诉交易”等协商性司法制度确有其本身的优越性，不能因噎废食，可以在制度适用中不断发现问题，不断解决问题，不断完善其规定，所以大陆法系国家完全可以逐步解封“辩诉交易”制度，使未成年犯罪嫌疑人、被告人得到从轻处理的同时又得到更好的帮教效果，而不是像成年人“辩诉交易”制度一样追求效率，这样也许更适合大陆法系国家的国情。

三、对我国的借鉴意义

英美法系国家这种双轨制模式目前在我国是不可能借鉴的，因为我国现在并没有独立的未成年人司法系统。但是在具体适用“辩诉交易”或认罪认罚从宽制度时，我国与其最重要的相同点在于作为当事人一方的未成年犯罪嫌疑人、被告人及其法定代理人、律师可以决定该制度的选用。最大的不同点则在于我国未成年犯罪嫌疑人、被告人及其法定代理人、律师并不具有和控方就定罪问题进行“讨价还价”的余地，只能针对量刑问题与检察官进行一定程度上的协商。所以我国所能借鉴的最主要的还是建立独立的未成年人司法体系，统一处理所有的未成年人犯罪，无论罪行轻重一律纳入未成年人刑事司法程序，切实使未成年人犯罪适用认罪认罚从宽制度做到专业化、标准化，使之更契合未成年人自身的特点。

大陆法系各具特色的“协商性司法”及禁止未成年人适用的替代措施并不比英美法系逊色，特别是法国的未成年人“公民资格实习”刑罚和日本的家事裁判制度值得我国深入学习。未成年人犯罪刑事和解制度在我国已经建立，未成年人犯罪适用认罪认罚从宽制度也已经运行了多年，这种具有中国特色的未成年人刑事诉讼制度是否比大陆法系国家更为高明，我们不得而知，因为大陆法系国家禁止“辩诉交易”类协商性司法制度在未成年人领域的适用。当然，如果借鉴其禁止适用的经验，那么禁止未成年人犯罪适用认罪认罚从宽制度是否可行是一个值得探讨的前瞻性问题，但是目前学术界似乎没有这种观点。从实践的角度来看，在没有认罪认罚从宽制度之前，我国未成年人犯罪案件依据是公平公正、坦白从宽、抗拒从严的办案方针政策，至于适用制度后是否更加公平并不好衡量，但是诉讼效率确实提高了。当前，我国的认罪认罚从宽制度囊括了所有领域，在制度运行一段时间后，可能会在适用范围上进行调整，但绝对禁止未成年人案件的适用尚需理论和实践的检验。

第三章

未成年人犯罪适用认罪认罚从宽制度实证分析

徒法不能以自行，所有的法律制度规定都要运行于实践中，未成年人犯罪适用认罪认罚从宽制度也不例外。对近年来未成年人犯罪适用认罪认罚从宽制度进行实证研究分析可以了解制度适用的总体动态变化，了解社会各界的态度，并结合一些典型案例分析制度适用前后的差异，对这些现象进行分析总结，为未成年人犯罪适用认罪认罚从宽制度进一步改革提供相对确定的指引。

第一节　研究设计与方法

本研究采用的方法是数据研究与对具有代表性地区的调查相结合，案例研究与访谈相结合，实地调查、案例研究和访谈的方式，弥补了数据研究的不足，从而能够整合各种研究方法的优势，使其相得益彰。①

一、研究对象及地区

未成年人犯罪适用认罪认罚从宽制度的研究对象是一个具体过程，即未成年人犯罪在适用认罪认罚从宽制度过程中的具体情况。这种情况是一种客观描述，通过实证研究的方法，可以尽量使研究情况趋近于事实情况，保证收集到的材料真实可信，切实反映出我国目前未成年人犯罪适用认罪认罚从宽制度的概况。根据我国经济发展程度，本书将研究地区分为东部、中部、西部三个地区。东部地区经济发达，人口稠密，科技水平较

---

① 参见何挺：《附条件不起诉制度实施状况研究》，载《法学研究》2019 年第 6 期。

高，代表了我国高水平地区情况；中部地区经济相对落后，人口也较多，留守儿童较多，经济发展水平中等，科技水平尚可，代表了我国一般地区情况；西部地区则经济欠发达，人口稀少，经济发展水平较低，代表着我国相对落后地区的水平。

二、研究时间及数据来源

由于认罪认罚从宽制度在全国适用即《刑事诉讼法》第三次修正案的正式开始实施是在2018年10月26日，因此，严格地说未成年人犯罪适用认罪认罚从宽制度在2018年10月26日之后。目前研究的时间段为2018年10月26日至2021年12月31日这三年多的时间，按照年份可以划分为2018年10月26日至2018年12月31日、2019年1月1日至2019年12月31日、2020年1月1日至2020年12月31日、2021年1月1日至2021年12月31日四个时间段。因为之前的试点阶段各个地区的做法不尽相同，且没有法律意义上的正式授权，因此不作为重点研究时间段，仅作为研究的参考。其中第一个时间段仅有2个多月，因为《刑事诉讼法》第三次修正案颁布即实施，该时间段很多地方尚处于学习阶段，配套设施并没有完全到位，虽然法律已经生效，但是适用率很可能不是很高，且摸石头过河的性质偏重。确切地说第二个时间段是该制度正式实施的第一年。从中央到地方对这一新制度开展了大量的调研，以评测制度适用中存在的问题，未成年人犯罪适用该制度所存在的问题也在该阶段逐渐凸显出来，引起了各地各部门的高度重视。到第三时间段和第四时间段，该制度已经逐渐成熟，未成年人犯罪适用该制度所存在的部分问题已经通过一些措施手段得以解决或者初步解决，社会知晓率和认可度也有所上升，但是问题依然存在。同时此阶段也是中国互联网经济高速发展时期，人民群众的生活发生了较大变化，犯罪类型结构也随之逐渐发生变化，传统的暴力犯罪、财产犯罪逐步减少，以电信、互联网等为媒介的非接触性犯罪逐步增多，犯罪形式更加多样化。[①] 特别是2020年，受新冠疫情的

① 参见李文婧:《非接触性犯罪案件中电子数据的取证难点及对策研究》，载《北京警察学院学报》2018年第6期。

影响，全国各地生产生活活动活跃度降低，犯罪大幅减少，全国检察机关批捕、起诉相关犯罪人数与2019年同期相比分别下降了41.8%和25.7%，未成年人犯罪案件数量也自然下降。[①]

本章的数据主要源自最高人民检察院发布的《未成年人检察工作白皮书（2014—2019）》《未成年人检察工作白皮书（2020）》等，并访谈相关地区公安局、检察院、法院、司法局工作人员，对相关数据进行筛选分析，数据来源具有一定的真实性和权威性。特别是《未成年人检察工作白皮书》不仅囊括了全国检察机关受理未成年人犯罪案件的数量、犯罪类型、增长情况等，还展示了对未成年嫌疑人的特殊保护、认罪认罚从宽制度的适用情况，包括未成年人检察及司法保护工作具有一定影响和意义的事件、典型做法、创新机制等。在研究中主要采用数据分析法和案例分析法进行研究。数据分析法对相关数据进行合理分析归纳，从而发现一般规律，充分认识未成年人犯罪适用认罪认罚从宽制度的实践特征。案例分析法则关注于类案和个案，对一般性和特殊性问题进行详细剖析，使未成年人犯罪适用认罪认罚从宽制度这一过程更生动、更具体。本章中选取的案例主要来源于实证调查，因为虽然中国裁判文书网上的案例具有真实性、可靠性和代表性，但是为了保护未成年人隐私，未成年人犯罪案件很少出现在中国裁判文书网上。

三、研究的代表性和局限性

本实证研究具有一定的代表性，经过前期的合理谋划，能够较为客观地反映我国未成年人犯罪适用认罪认罚从宽制度的适用现状，但是难免会有部分疏漏，具有一定的局限性。实证研究没有最好，只有更好，争取在具体研究中为未成年人犯罪适用认罪认罚从宽制度的不断完善提供一定的借鉴。

① 参见靳高风、郭一霖、李昂霖：《疫情防控背景下中国犯罪形势变化与趋势——2019—2020年中国犯罪形势分析与预测》，载《中国人民公安大学学报（社会科学版）》2020年第3期。

（一）代表性

本章研究在地区的选取上具有一定的代表性，选取了甲、乙、丙三个省级单位作为代表的整体数据，其中甲省级单位代表东部发达地区、乙省级单位代表中部一般地区、丙省级单位代表西部欠发达地区。在甲、乙、丙三个省级单位中再分别选取 A、B、C 三个未成年人保护工作相对较好的市级单位进行访谈调研。此外，还在甲、乙、丙三个省级单位中另外分别选取 E、F、G 三个未成年人保护工作相对一般的县级单位（不在 A、B、C 辖区内）进行访谈调研。

（二）局限性

首先，研究所选取的有代表性的地区都是未成年人司法工作相对较好的地区，同时综合考虑了认罪认罚从宽制度落实较为扎实的地区。所研究的代表性地区的情况要好于全国的一般情况，研究结果仅具有一定的参考价值。其次，未成年人司法工作考核标准是否科学存疑，因此推荐上的“工作较好地区”也是具体考核标准下的产物，至于工作是否真的较好依然存疑。最后，研究的领域相对较广，涉及公、检、法三个机关，所以未成年人认罪认罚从宽处理后的实际效果及再犯问题还需要长期的跟踪了解，需要一定的适用年限，难以在几年内就能够得出相对科学的研究结论。

第二节　未成年人犯罪适用认罪认罚从宽制度总体状况

对未成年人犯罪适用认罪认罚从宽制度总体状况进行分析有助于从宏观上把握制度运行的大致脉络，能够发现一些明显的问题。可以从全国范围和调查地区两个方面着手，用数据说话，从数据分析中发现一些基本规律。

一、全国范围总体状况

认罪认罚从宽制度正式确立至今共有 5 年多的时间，可以分年度对全国未成年人犯罪适用认罪认罚从宽制度进行详细分析。同时，可以对全国未成年人犯罪的概况进行分析，明晰近三十年来的未成年人犯罪人数变化，在此基础上对近年来全国和调查地区未成年人犯罪适用认罪认罚从宽制度的各类数据进行总结分析，了解侦查、检察、审判各环节的具体运行情况。

三十年来，我国预防未成年人犯罪工作取得的成效显著。特别是近十年来，预防未成年人犯罪工作机制不断健全，未成年人犯罪数量持续下降，未成年人犯罪率大幅降低。2020 年，全国未成年人犯罪人数为 3.4 万人，比 2010 年减少 50.5%；未成年人犯罪人数占同期犯罪人数的比重为 2.21%，比 2010 年下降 4.57 个百分点。[①]

表 1 1990 年以来未成年人犯罪状况（人民法院当年判决数统计表）

年份	刑事犯罪总人数（人）	未成年犯罪嫌疑人、被告人数（人）	占比（%）
1990	580272	42033	7.24
1991	507238	33392	6.58
1992	492817	33399	6.77
1993	449920	32408	7.20
1994	543276	35832	7.04
1995	542282	38388	6.59
1996	665556	40220	6.04
1997	526312	30446	5.78
1998	528301	33612	6.36
1999	602380	40014	6.64
2000	639814	41709	6.65
2001	746328	49883	6.68
2002	701858	50030	7.88
2003	742261	58870	7.93
2004	764441	70086	9.15
2005	842545	82692	9.81
2006	889042	83697	9.41
2007	931745	87506	9.39

① 国家统计局:《中国儿童发展纲要（2011—2020 年）终期统计监测报告》，载《中国信息报》2021 年 12 月 23 日，第 2 版。

续表

年份	刑事犯罪总人数（人）	未成年犯罪嫌疑人、被告人数（人）	占比（%）
2008	1007304	88891	9.82
2009	997872	77604	7.78
2010	1006420	68193	6.78
2011	1050747	67280	6.40
2012	1173406	63780	5.44
2013	1157784	55817	4.82
2014	1184562	50415	4.26
2015	1232695	43839	3.56
2016	1219569	35743	2.93
2017	1276000	32778	2.58
2018	1411000	34000	2.41
2019	1660000	43000	2.59
2020	1538000	34000	2.21
2021	1731000	34600	2.00
2022	1443300	28000	1.94

注：本表1990—2016年数据主要来自《中国法律年鉴》，2017—2020年度数据来自国家统计局《中国儿童发展纲要（2011—2020年）》2017年、2018年、2019年及2020年终期统计监测报告。其中1990—2017年数据同时转引自姚建龙:《未成年人法的困境与出路》，载《青年研究》2019年第1期。2021年数据源于《2022年最高人民法院工作报告》解读第五场[①]。2022年数据源于《2022年中国儿童发展纲要》。

从上表中可以看出：三十年来，我国未成年人犯罪在所有犯罪中占比先升后降，未成年人犯罪数量也先升后降，但是近年来的变化并不平稳，不能说明我国未成年人犯罪问题已经得到有效的控制。如今每年3万人左右规模的未成年犯罪嫌疑人、被告人数量与20世纪末基本持平。加上附条件不起诉、和解等一系列宽缓制度的贯彻落实，使相当数量的未成年人犯罪进行了分流。因此，目前我国未成年人犯罪情况仍不容乐观。

以2020年为例，最高人民检察院在一份报告中指出，我国自2020年1月1日至10月15日未成年人犯罪认罪认罚从宽制度的适用率为

① 《〈最高人民法院工作报告〉解读系列全媒体直播访谈第五场》，载最高人民法院官网，https://www.court.gov.cn/zixun/xiangqing/350371.html。

88.4%。[①] 在2021年6月1日最高人民检察院发布的《未成年人检察工作白皮书（2020）》中指出，我国2020年未成年人犯罪适用认罪认罚从宽制度人数为5万余人，适用率92.63%，其中不起诉1.6万人（含附条件不起诉），占比32%。根据2021年《最高人民检察院工作报告》和《中国法律年鉴》（2021）[②]，2020年人民检察院审查起诉适用认罪认罚从宽案件的人数为155万余人，适用率超过85%，其中不起诉19.72万人，占比12.7%。相比较而言，未成年人犯罪适用认罪认罚的比例和不起诉的比例均高于全国平均水平，从而凸显出认罪认罚从宽制度与未成年人司法理念的契合。

二、调查地区总体状况

调查地区的制度适用现状可以分为公检法三个层面进行分析，结合年度分析，分别研究其适用率，可以很有针对性地发现其相关特点（见表2、3、4）。

表2　2018年10月26日至2022年调查地区未成年犯罪嫌疑人、被告人侦查环节认罪认罚从宽制度适用率

地区	2018年（10月26日—12月）	2019年	2020年	2021年	2022年
甲省级单位	4.12%	17.87%	42.54%	55.21%	66.30%
乙省级单位	2.78%	7.34%	21.89%	32.14%	45.56%
丙省级单位	0.98%	4.12%	10.54%	18.77%	41.12%
A市级单位	5.67%	20.43%	49.87%	56.65%	75.56%
B市级单位	3.89%	9.18%	23.44%	39.78%	50.54%
C市级单位	1.79%	5.23%	13.43%	20.54%	49.98%
E县级单位	0	3.54%	31.33%	32.43%	58.51%
F县级单位	0	2.72%	13.12%	15.87%	47.56%
G县级单位	0	1.07%	5.93%	10.34%	38.56%

① 《最高人民检察院关于人民检察院适用认罪认罚从宽制度情况的报告》，载最高人民检察院官网，https://www.spp.gov.cn/zdgz/202010/t20201017_482200.shtml。

② 中国法律年鉴编辑部编:《中国法律年鉴（2021）》，中国法律年鉴社2022年版，第1405页。

表 3　2018 年 10 月 26 日至 2022 年调查地区未成年犯罪嫌疑人、被告人检察环节认罪认罚从宽制度适用率

地区	2018 年（10 月 26 日—12 月）	2019 年	2020 年	2021 年	2022 年
甲省级单位	20.23%	60.65%	93.96%	98.65%	98.69%
乙省级单位	17.54%	59.61%	92.54%	98.11%	98.19%
丙省级单位	6.3%	33.12%	90.49%	95.17%	97.34%
A 市级单位	21.76%	63.84%	94.11%	99.5%	99.35%
B 市级单位	21.5%	60.76%	93.85%	98.94%	98.26%
C 市级单位	7.2%	35.87%	91.77%	96.34%	97.25%
E 县级单位	0	45.91%	89.34%	97.12%	97.36%
F 县级单位	0	40.12%	89.89%	96.54%	97.73%
G 县级单位	0	18.43%	88.12%	93.55%	91.68%

表 4　2018 年 10 月 26 日至 2022 年调查地区未成年犯罪嫌疑人、被告人审判环节认罪认罚从宽制度适用率

地区	2018 年（10 月 26 日—12 月）	2019 年	2020 年	2021 年	2022 年
甲省级单位	17.21%	67.12%	96.88%	98.69%	98.70%
乙省级单位	10.65%	60.23%	94.67%	98.19%	98.22%
丙省级单位	7.54%	48.98%	90.88%	95.34%	97.55%
A 市级单位	18.45%	72.88%	97.12%	99.52%	99.48%
B 市级单位	11.23%	65.83%	95.45%	98.96%	98.34%
C 市级单位	9.18%	51.75%	92.44%	97.89%	97.56%
E 县级单位	0	47.47%	91.68%	97.23%	97.54%
F 县级单位	0	41.55%	90.44%	96.59%	97.76%
G 县级单位	0	33.96%	89.13%	93.57%	91.72%

从上表可以看出：

第一，三省市未成年犯罪认罪认罚从宽制度的适用率总体差异较大，特别是在制度刚刚实施的前两个月中，未成年人司法较为一般的地区没有主动适用该制度，存在观望现象。

第二，调查地区适用率的变化和全国适用率的变化基本一致。其中固然有考评因素，但是主要是随着配套制度的完善，以及司法工作人员对制度了解的深入，适用制度的频率大幅提升。

第三，从时间上看，调查地区制度的适用率差距在逐步缩小，特别是在 2021 年后，检察机关和审判机关的适用率都超过了 90%。

第四，从行业上看，调查地区侦查机关的适用率始终较低，与检察机关和审判机关差距较大。因数据主要来源于检察机关和审判机关，可能存在侦查机关适用但是没有统计的情况。但是也从侧面说明侦查机关对制度的适用相对不太重视。

第三节　未成年人犯罪适用认罪认罚从宽制度的具体实施状况

因为未成年人有附条件不起诉制度，大量轻刑认罪认罚案件作了附条件不起诉处理，到审判环节的重罪较多，如果比较未成年人认罪认罚与成年人认罪认罚的整体处理情况，不能得到科学结论。所以在这方面可以通过个案对其具体实施状况进行分析研究。通过统计分析 90 个未成年人犯罪适用认罪认罚从宽制度的案例（每个调查地区 10 个）和 45 个未成年人犯罪未适用认罪认罚从宽制度案例（每个调查地区 5 个且全部在 2020 年以后），同时与 36 名未成年人案件办案人员及律师访谈（每个调查地区公、检、法、律师各 1 名），可以发现，在 2019 年以前没有适用制度的原因主要是配套设施不齐备，办案机关不会运用，等上级机关的具体指示，因此对此时间段未成年人犯罪未适用认罪认罚从宽制度研究没有实际意义。2019 年 5 月，检察业务应用系统中的相关文书配备到位后，制度适用率大幅提升。结合上文分析，从正向评价、影响因素、存在的问题三个方面对未成年人犯罪适用认罪认罚从宽制度进行分析。

具体访谈中，笔者与员额检察官、检察官助理的访谈是分别在北京国家检察官培训学院（7 天全封闭学习）、检察官培训学院四川分院（7 天全封闭学习）、检察官培训学院贵州分院（7 天全封闭学习）同堂培训时与来自全国各地三级未检检察官交流完成，其后添加员额检察官、检察官助理联系方式邀请填写访谈提纲而获得。限于当时各个地方的新冠疫情防控措施，除了员额检察官、检察官助理全部通过面对面完成访谈外，只有中部乙公安厅民警、中部B市公安局民警、中部F县公安局民警、中部乙高院法官、中部F县法院法官、中部B市法院法官、东部某省会律师、中部某地级市律师、中部E县律师是通过面对面完成访谈。与其他公安民警、法官、法官助理、律师的访谈主要通过同学、同事的关系，联系到办理未成年人犯罪案件相关领域的工作人员，通过电话或者微信语音通话完成（每人30—60分钟不等），其后邀请填写访谈提纲而获得。一共形成访谈材料36份，共7万余字。笔者对36位访谈对象进行匿名编码，每个编码由3—4个代码组成，分别代表着访谈对象的地区（D:东部、Z：中部、X：西部），省级行政单位（甲、乙、丙），市县（A、B、C、E、F、G），职业（G：公安民警、J:检察人员、F：法官、L：律师）。

表5 访谈对象简介

编码	职业	性别	工作地点	工作年限
D-G-1	公安民警	男	东部甲公安厅	10年
Z-G-2	公安民警	女	中部乙公安厅	21年
X-G-3	公安民警	男	西部丙公安厅	14年
D-J-4	员额检察官	女	东部甲检察院	16年
Z-J-5	员额检察官	女	中部乙检察院	13年
X-J-6	检察官助理	男	西部丙检察院	9年
D-F-7	员额法官	男	东部甲高院	25年
Z-F-8	员额法官	男	中部乙高院	19年
X-F-9	法官助理	女	西部丙高院	10年
D-L-10	律师	男	东部某省会律所	10年
Z-L-11	律师	女	中部某省会律所	8年
X-L-12	律师	女	西部某省会律所	22年
D-A-G-13	公安民警	男	东部A市公安局	11年
Z-B-G-14	公安民警	男	中部B市公安局	8年
X-C-G-15	公安民警	女	西部C市公安局	12年
D-A-J-16	员额检察官	男	东部A市检察院	17年
Z-B-J-17	检察官助理	男	中部B市检察院	9年
X-C-J-18	员额检察官	女	西部C市检察院	13年
D-A-F-19	员额法官	女	东部A市法院	15年
Z-B-F-20	员额法官	男	中部B市法院	17年
X-C-F-21	员额法官	男	西部C市法院	16年

续表

编码	职业	性别	工作地点	工作年限
D-A-L-22	律师	女	东部某地级市律所	12 年
Z-B-L-23	律师	男	中部某地级市律所	7 年
X-C-L-24	律师	女	西部某地级市律所	21 年
D-E-G-25	公安民警	男	东部 E 县公安局	13 年
Z-F-G-26	公安民警	男	中部 F 县公安局	10 年
X-G-G-27	公安民警	男	西部 G 县公安局	11 年
D-E-J-28	员额检察官	女	东部 E 县检察院	12 年
Z-F-J-29	员额检察官	女	中部 F 县检察院	5 年
X-G-J-30	员额检察官	女	西部 G 县检察院	8 年
D-E-F-31	员额法官	男	东部 E 县法院	15 年
Z-F-F-32	员额法官	男	中部 F 县法院	7 年
X-G-F-33	员额法官	女	西部 G 县法院	6 年
D-E-L-34	律师	男	东部 E 县律所	16 年
Z-F-L-35	律师	男	中部 E 县律所	11 年
X-G-L-36	律师	男	西部 E 县律所	10 年

一、正向评价

调研地区未成年人犯罪适用认罪认罚从宽制度取得了一定的成绩，值得肯定。主要表现为提高了案件的诉讼效率、提高了不起诉的适用比率、提升了确定型量刑建议比率和采纳率、提高了值班律师的适用比例，同时这些变化也为未成年犯罪嫌疑人、被告人带来了相应福利，也是未成年人刑事诉讼所追求的效果。

不可否认，认罪认罚从宽制度建立后，无论是未成年人还是成年人犯罪案件的诉讼效率都得到了明显的提高，现在也主要是年轻人办案，统一业务系统用得熟，员额制改革后，逮捕、起诉的案件员额自己就可以决定了，不逮捕、不起诉的案件还需要主任、主管把下关，但是既然认罪认罚了，那么就不自觉地加快了案件的办理进程。(D-A-J-16)

在审判的时候，只要是认罪认罚的案件，能用简易程序的就用简易程序，未成年人犯罪案件也不例外，我们这个地方的案件比较多，每天每个员额就跟打仗一样，只想赶紧案结事了，不然后面的案件又堆过来了。

(D-A-F-19)

第一，提高了案件的诉讼效率。根据A、B、C三个市级单位2020—2022年来办理的724件未成年人犯罪案件（具有有罪判决）的统计，从受案到一审判决平均用时38.95天。适用认罪认罚从宽制度604件，平均用时36.20天。没有适用认罪认罚从宽制度120件，平均用时52.79天。可以看出认罪认罚从宽制度确实提高了未成年人犯罪案件的诉讼效率，一定程度上实现了制度本身所追求的效率价值。

认罪认罚从宽制度建立后，我们采用附条件不起诉的比率大幅提升，因为对于很多情节较为轻微的犯罪案件，如果不予处理总想着会放纵这些未成年人，哪怕是单处罚金的刑事处理又会断了这些孩子的前途，附条件不起诉是理想选择，给予他们一次机会，珍不珍惜就看他们的了，我所知道的案件还没有哪个孩子在附条件不起诉期间犯罪而被判刑的。(Z-B-J-17)

第二，提高了不起诉的适用比率。认罪认罚从宽制度实施以后，调研地区未成年人犯罪案件的不起诉比率由2019年的26.19%上升至2021年的39.58%，其中附条件不起诉总数占未成年人犯罪案件不起诉总数比率由2019年的54.18%上升至2021年的86.21%。实践中，不起诉是对未成年人轻刑案件最理想的处理方式，对未成年犯罪嫌疑人、被告人未来的发展影响最小。

在认罪认罚具结书签署时，我们辖区的检察官们一般都会告诉未成年犯罪嫌疑人、被告人及其法定代理人我的量刑建议，并告诉他为什么这样量刑建议。我会告诉他，他的行为本来的量刑建议应该是多少，如果他不认罪认罚会被判多少，为什么减，减少多少，建不建议缓刑等内容，我的量刑建议绝大部分犯罪嫌疑人、被告人都会接受，也有个别不满的，但是那些人都认为自己不构成犯罪。(D-A-J-16)

对于检察院提出的确定型量刑建议，前些年心里确实有点儿抵触情绪，之前都是幅度刑，或者不提量刑建议，现在每个案件都提，还几乎都是确定型的量刑建议，未成年人犯罪案件更甚，检察院都已经告知这些未成年人的量刑，感觉是对审判权的侵犯，有些案件确实在量刑上闹得有些不愉快。但是这些年，检察机关一般都会提前和我们就量刑情况进行沟

通，特别是在未成年人犯罪这一块，检察机关提前做了那么多工作，现在我们一般都会采纳他们的量刑建议。（Z-B-F-20）

第三，提升了确定型量刑建议比率和采纳率。调研地区未成年人犯罪案件的确定型量刑建议由2019年的49.32%上升至2021年的81.79%，确定型量刑建议的采纳率由2019年的98.32%上升至2021年的99.41%。在作出确定型量刑建议前，检察机关一般在具结书中载明了量刑内容，实际上是得到了未成年犯罪嫌疑人、被告人的认可，减少了双方的对抗，最大限度地消除了未成年犯罪嫌疑人、被告人的敌意和仇视。

大概是2018年底的时候，司法局征询我意见看想不想当值班律师，轮着在看守所等地方值班，我觉得是个好事，就答应了。我在看守所值班期间，有几个未成年犯罪嫌疑人咨询案件，我都如实告知认罪认罚从宽制度的好处，在我的见证下他们也都选择适用了认罪认罚从宽制度。因为值班律师的存在，未成年犯罪嫌疑人的家属委托律师的概率降低了。总体而言，认罪认罚从宽制度建立后，委托我办理刑事案件的数量大不如以前了。（Z-B-L-23）

第四，提高了值班律师的适用比例。调研地区未成年人犯罪案件的值班律师适用率由2019年的25.18%上升至2021年的35.11%。值班律师从无到有，从试点到普及极大地满足了未成年犯罪嫌疑人、被告人的法律咨询需求，可以随时随地了解法律困惑，减少心理焦虑，也减轻了未成年犯罪嫌疑人、被告人家庭的经济压力。

二、影响因素

理论上，认罪认罚从宽制度适用于一切未成年人犯罪案件，但是在其适用过程中的未成年人认罪情况、认罚情况、辩护人及值班律师建议、法定代理人意见、办案人员的态度等因素，会影响该制度的适用。

（一）认罪情况

在所调查地区45个未成年人犯罪未适用认罪认罚从宽制度案例中，有40个是不认罪的情况。

王某、靳某非法捕捞案是我们办理的案件，两个未成年人因为在禁渔期利用禁渔工具捕鱼而涉刑，感觉有点过重，有法律规定不合理的地方，为此我还专门写了一篇相关文章，准备发表在《人民司法》上。这个案件也凸显出在认罪认罚从宽框架下，从犯不认罪的后果是可能比认罪认罚主犯判得还要重，在未成年人犯罪领域也不例外。（D-E-F-31）

认罪是制度适用的首要前提，调研中发现未成年人犯罪没有适用认罪认罚从宽制度绝大部分原因都是没有认罪。如 E 县级单位小王（17 周岁）邀请小靳（17 周岁）一起利用地笼去水库捕鱼，下完地笼后被公安机关抓获，两人在禁渔期利用禁渔工具捕鱼，涉嫌非法捕捞水产品罪，但是小靳始终认为自己只是去帮忙且没有捕到鱼，不构成犯罪，因此一直不认为自己犯罪，始终没有适用认罪认罚从宽制度，最终被判处拘役 3 个月。小王因认罪认罚，被判处拘役 3 个月，缓刑 6 个月。二审维持原判后，小靳及其家人一直不服，开始长期上访。从上述例子中可以看出，如果未成年犯罪嫌疑人、被告人不认罪，那么制度本身是无法适用的，因此认罪是至关重要的一环，不认罪也就无所谓后续的认罚，只有未成年犯罪嫌疑人、被告人认罪，程序才能运行。

（二）认罚情况

在所调查地区 45 个未成年人犯罪未适用认罪认罚从宽制度案例中，有 5 个是认罪不认罚的情况。

我认为一些暴力犯罪未成年人更多的是因为性格原因，需要给他们一些教训，磨一磨他们的性子。如果他们只认罪而不认罚，那么等于说还是没有认罪认罚，并不能得到相应的从宽处理，认罪认罚是捆绑的，缺一不可。（Z-F-F-32）

认罚是要接受办案机关的处理，在未成年人犯罪适用认罪认罚从宽制度时，最主要的表现就是要接受量刑建议。如果不接受量刑建议，就不是完整的认罪认罚，只认罪不认罚的从宽幅度极小。如 F 县级单位小李（16 周岁）因琐事与他人争吵，使用棍棒殴打他人，造成 3 人轻微伤，并砸坏车窗玻璃，造成损失 5000 元，案发后其在逃，1 个月后因琐事再次伙同他人殴打一在校学生致其轻伤。检察官提出了 1 年半的量刑建议，但是小李认为没有建议宣告缓刑，量刑过重，拒绝签署认罪认罚具结书，只认罪不认罚，最终检察官提出了 2 年至 2 年半的量刑建议，后小李被法院判处有期徒刑 2 年。可以看出如果未成年人只认罪不认罚，最终依然不适用认罪认罚从宽制度，实际得不到从宽处罚。

（三）辩护人及值班律师建议

在所调查地区 90 个未成年人犯罪适用认罪认罚从宽制度的案例中，辩护人及值班律师全部同意适用认罪认罚从宽制度（其中有 15 人做的是无罪辩护并建议认罪认罚，不影响认罪认罚从宽制度的适用）。在所调查地区 45 个未成年人犯罪未适用认罪认罚从宽制度案例中，有 27 个是委托辩护（全部无罪辩护，并建议认罪认罚），有 16 个是指定辩护（其中 5 个是无罪辩护， 11 个是罪轻辩护，并建议认罪认罚），有 2 个是值班律师（建议认罪认罚）。

律师享有独立辩护权，当我和未成年人的法定代理人关于是否认罪认罚存在不同意见时，我会选择让当事人认罪认罚，我作无罪辩护，这样最大限度地维护当事人的合法权益。（D-L-10）

有些未成年当事人的父母犟得很，认为自己的孩子根本不构成犯罪，所以坚持不认罪认罚，但是这样的毕竟是少数。他们顾虑一旦认罪认罚就相当于不打自招，比较强势的父母的孩子一般较为软弱，听父母的，不认罪认罚，我也没有办法，只能作无罪辩护。（Z-F-L-35）

从以上可以看出，辩护人或者值班律师基本都建议当事人认罪认罚，因为认罪认罚本身并不影响无罪辩护，可以获得最大利益，但是在不适用认罪认罚从宽制度的未成年人犯罪案件中，辩护人或者值班律师的建议并不起作用。在访谈中，律师普遍认为主要是要听从当事人意见，因为刑事案件的无罪率极低，无罪辩护和认罪认罚从宽制度并不冲突，因此往往建议当事人认罪认罚，以换取最大利益。

我代理过一个未成年人寻衅滋事的犯罪案件，当事人选择了适用认罪认罚从宽制度，却要求我作无罪辩护，他们选择不签署具结书。因为孩子有前科被判处过缓刑，虽然构不成累犯，但是一审还是判决孩子有期徒刑 1 年半，他们就说我是无效代理，到律所闹，之前收了 3 万元的诉讼费，没办法我又退了 1 万元诉讼费。（Z-L-11）

根据《刑事诉讼法》第174条第2款第2项规定，未成年犯罪嫌疑人、被告人的辩护人对未成年人认罪认罚有异议，不需要签署具结书，但是未成年犯罪嫌疑人、被告人依然可以适用认罪认罚从宽制度。另外，《人民检察院刑事诉讼规则》第468条第3款规定，未成年犯罪嫌疑人的法定代理人、辩护人对认罪认罚有异议而不签署具结书的，不影响从宽处罚。对于未成年犯罪嫌疑人、被告人来说，法律明确说明辩护人不同意认罪认罚并不影响其适用认罪认罚从宽制度，因为如果仅仅因为辩护人不同意，就剥夺了未成年犯罪嫌疑人、被告人适用认罪认罚从宽制度的机会，则有失公允。[①] 因此实践中，辩护人及值班律师一般都倾向于适用认罪认罚从宽制度，即使是在无罪辩护的情况下也这样选择，因为如此可以获得最大利益。

（四）法定代理人意见

法定代理人的意见在认罪认罚从宽制度适用过程中确实很重要，但并不起决定性的作用。法定代理人不同意而犯罪嫌疑人、被告人同意适用认罪认罚从宽制度的情况较少，但在实践中也是存在的。

曾经有一个案件我印象比较深刻，是个多人殴打他人的案件，没有签认罪认罚具结书，因为该案的父母坚持无罪而不同意适用认罪认罚从宽制度，但是未成年人认罪。这是一个认识问题，尽管如此，父母的意见并不起主要作用，高检院有指导意见，如果有冲突，应当遵从未成年人的意愿。（X-G-F-33）

在所调查地区90个未成年人犯罪适用认罪认罚从宽制度的案例中，其中有1个法定代理人不同意适用认罪认罚从宽制度，最终没有签署具结书，但是适用了认罪认罚从宽制度。该案系G县小赵（16周岁）伙同他人殴打同班三名同学致其轻微伤，小赵有殴打行为，但是伤却不是他造成的，小赵父母坚持认为自己的孩子无罪，不同意认罪认罚，但是小赵认为自己动手了，就要承担责任，双方争吵数次，最终小赵适用了认罪认罚从

① 参见李缓、许晓冰:《辩护人意见能否影响犯罪嫌疑人认罪认罚》，载《检察日报》2020年12月2日，第3版。

宽程序，被判处拘役 1 个月，缓刑 2 个月。

除此之外，实践中还存在法定代理人同意但是未成年犯罪嫌疑人、被告人不同意适用认罪认罚从宽制度的情况，这种情况也较少。

对于诈骗、强奸、强制猥亵等一些证据很容易不足的罪名，在办理中确实挺令人头疼的。我们单位办理过一个上过检委会的案件，是一个强奸案。父母同意适用认罪认罚从宽制度，但是未成年犯罪嫌疑人、被告人否认案件事实，坚决不同意，后来确实没有按照认罪认罚从宽规定判，后来一审判了 5 年，二审予以维持了。（Z-F-F-32）

在所调查地区 45 个未成年人犯罪未适用认罪认罚从宽制度案例中，有 44 个是未成年人和其法定代理人都不同意认罪，有 1 个是法定代理人同意认罪认罚，但是未成年犯罪嫌疑人、被告人却坚持自己无罪，最终没有适用认罪认罚从宽制度。该案系 F 县小张（16 周岁）暑假期间到其表姐家玩，强奸其表姐家女儿（5 周岁），三月后，其表姐无意中听到女儿讲此事，遂报案。小张始终辩解自己没有强奸行为，是小女孩瞎说，不认罪。但是小张的父母从亲情的角度出发予以弥补，劝说小张认罪认罚以换取从轻处理，但是小张始终没有认罪，最终也没有适用认罪认罚从宽制度，小张终审被判处有期徒刑 5 年。

从上面案例可以看出，实际上法定代理人的意见只能影响是否签署具结书，并不能影响制度的选用，制度选用的最终决定权还是在未成年犯罪嫌疑人、被告人手中，因为未成年犯罪嫌疑人、被告人是 12—18 周岁的未成年人，对自己的决定有一定的分析判断能力，作为案件当事人，具有法定代理人所不具有的亲历性，因此制度的选用取决于未成年犯罪嫌疑人、被告人。

（五）办案人员的态度

通过与未成年人犯罪公、检、法办案人员的访谈，发现办案人员倾向于未成年犯罪嫌疑人、被告人选用该制度，因为这样可以大大加快办案速度。

我们省公安系统没有这方面的考评，主要是没有必要。虽然未成年犯罪嫌疑人、被告人认罪认罚后对案件的后续进展影响较大，能够有效加快侦查进程，能用则用。但是在侦查阶段告知后，该认罪的都认罪，该不认罪的也都不认罪，且从轻的手段有限，现在下面立案不能轻易撤案，否则我们会一直督查。我们更看重的案件的逮捕率和起诉率，这才能反映公安机关的办案水平和能力。（D-G-1）

认罪认罚从宽制度的适用率曾经是考评的重头戏，伴随着内设机构的改革，刑事检察部门按照职能分为不同部门，认罪认罚从宽制度的适用率由普通犯罪、重大犯罪、职务犯罪、经济犯罪、未成年人犯罪这五部分的认罪认罚适用情况共同决定，未成年人犯罪是其中的重要一环，刚开始几年考评得比较严格，但是近期的重视程度没有之前严格。（Z-J-5）

法院系统也重视认罪认罚从宽制度的适用率，但是在考评中的占比没有检察机关大，只是能起到鼓励的作用，一般到我们这个环节，该认罪认罚的也都认罪认罚了，反悔的毕竟是少数。（Z-F-8）

另外还有来自上级的考评压力，人为要求制度适用率必须达到一定的比率。调查地区公安机关在该方面没有考评任务，因为制度适用主要在检、法机关，公安机关重在侦查破案。调查地区的检察机关和法院都有考评任务，2020 年要求制度适用率不少于 80%，2021 年要求不少于 90%，部分地区甚至要求达到 100%（明显违反客观规律）。

自从认罪认罚从宽制度确立后，作为一名未检口的检察官，我个人总体觉得在办理未成年人犯罪案件时的程序更为复杂了，增加了不少诉讼文书，需要经过的程序更多了，对未检人员的专业化要求越来越高。现在办案主要是年轻人的工作了，对于五十多岁的老检察官来说，各种电脑操作也不熟练，也就是去提提审，感觉他们也落伍了。（Z-F-J-29）

当然这种考评是针对所有犯罪，未成年人犯罪是其中的一个重要部分，因此办案人员对未成年犯罪嫌疑人、被告人适用认罪认罚从宽制度的积极性较高。部分办案人员指出，公权力机关欢迎未成年犯罪嫌疑人、被告人认罪认罚，但是是否从宽掌握在公权力机关手中，“案－件比”等考评理论上倒逼未成年人犯罪案件的快速办理，实际上未成年人犯罪案件却越来越复杂，手续越来越烦琐，是否达到了提高诉讼效率的目的依然存疑。

三、调研中发现的问题

调研地区未成年人犯罪适用认罪认罚从宽制度也存在一些问题，对这些问题的挖掘可以为第四章、第五章中的个性问题和共性问题分析提供实践基础。

（一）工作不平衡

以 G 县级单位（省级工作薄弱基层院）为例，未成年人犯罪适用认罪认罚从宽制度工作与其他地区差距较大，存在“一高五低”的问题。

我们单位年年考评全市倒数第一，已经有 15 年的历史了，省里把我们列入全省薄弱基层院，力争今年脱薄。在未成年人检察方面也是如此，未成年人犯罪适用认罪认罚从宽制度的适用率全市倒数第一，与办案人员的能力水平有关，主要还是办案人员的责任心不强所导致的。（X-G-J-30）

以未成年人犯罪适用认罪认罚从宽制度工作最为薄弱的 G 县级单位为例，可以更为彻底地展现出不平衡的问题所在。

第一，延期退补程序多导致“案－件比”居高不下。据 G 县级单位所在的市级检察机关通报，2021 年全市未成年人犯罪适用认罪认罚从宽制度案件的平均退补率为 6.2%，二次退补率（二次退补占一次退补的比例）为 29.5%，刑事“案－件比”为 1.12。但 G 县级单位未成年人犯罪适用认罪认罚从宽制度案件退补率为 35.6%，二次退补率为 43.3%，“案－件比”为 2.14。究其原因主要在于，G 县级单位工作人员工作拖沓，对证据把握的能力不足，担当意识不强。如汤某某等人协助组织卖淫案，该案于 2020 年 9 月 29 日受理，适用认罪认罚从宽程序，之后二次退查、三次延期，于 2021 年 3 月 26 日起诉，同年 11 月 26 日后法院一审判决，此案的“案－件比”高达 5.0。

第二，认罪认罚适用率较低。2020 年 4 月 21 日最高人民检察院《关于加强新时代未成年人检察工作的意见》要求自 2020 年开始未成年人犯罪案件认罪认罚从宽制度总体适用率必须达到 80% 以上。2020 年以来，G 县级单位未成年人犯罪案件认罪认罚从宽制度总体适用率为 64.5%，低于最高人民检察院规定的最低标准 15.5 个百分点，低于其所在市级检察机关29.5个百分点。主要原因在于G县级单位工作人员在认罪认罚从宽制度普及的情况下依然按照老习惯、老办法办案，对一些可以适用认罪认罚从宽制度的案件不主动适用。如秦某某等三人盗窃案，秦某某等三人犯罪时未满18周岁，于2020年5月1日被公安机关取保候审，同年11月17日移送起诉至检察机关，公安机关在起诉意见书中明确建议检察机关适用认罪认罚程序办理。该案犯罪事实清楚，符合适用认罪认罚从宽制度条件，承办人虽然没有退查和延期，但也没有适用认罪认罚从宽制度，导致该案在检察机关滞留长达9个多月。

第三，提出确定型量刑建议率较低。根据G县级单位所在的市级检察机关统计数据，全市所有未成年人犯罪适用认罪认罚从宽制度案件起诉时提出的确定型量刑建议占比为92.1%。根据G县级单位数据显示，其未成年人犯罪适用认罪认罚从宽制度案件起诉时确定型量刑建议占比19.2%，低于全市平均值72.9个百分点。主要原因在于办案人员对确定型量刑建议认识不到位，具体的刑期确定是法院分内职责，认为幅度型量刑建议更为妥当。

第四，法院判决采纳率较低。根据G县级单位所在的市级检察机关统计数据显示，未成年人犯罪适用认罪认罚从宽制度案件起诉后法院量刑建议采纳率为95.8%。G县级单位数据显示，其法院的采纳率为50.0%，低于全市平均值45.8个百分点。主要原因在于办案人员与法官事前沟通协调不力，提出的量刑建议总是偏轻或者偏重，屡屡被法院否决。如唐某某、王某某等人开设赌场案，二人案发时均未满18周岁，本案于2020年10月25日审结，G县级单位对唐某某、王某某提出确定型量刑建议，均为有期徒刑6个月（缓刑1年），2020年12月10日，该县人民法院判处唐某某、王某某有期徒刑6个月，未采纳缓刑建议。

第五，不诉率偏低。根据G县级单位数据显示，近三年该院总体不诉率为23.9%，未成年人犯罪适用认罪认罚从宽制度案件不诉率为22.7%，低于全院平均不起诉率1.2个百分点。一般情况下，未成年人犯罪适用认罪认罚从宽制度的不诉率应该比总体不诉率偏高，G县级单位不诉率偏低的主要原因在于对未成年人的特殊性认识不到位，按照成年人的标准对待未成年人，没有凸显出从宽的效果。

第六，不捕率偏低。根据G县级单位数据显示，近三年该院总体不捕率为40.60%，未成年人犯罪适用认罪认罚从宽制度案件不捕率为37.25%，低于该院平均不捕率3.35个百分点。如果未成年人犯罪适用认罪认罚从宽制度不起诉率高，而不捕率偏低则是因为不起诉分流了大量的轻刑案件，剩余的重刑案件被批准逮捕，但是G县级单位在不诉率偏低的情况下，不捕率也偏低主要原因在于“宽严相济”刑事政策贯彻落实不到位，存在够罪即捕的思想，将部分可捕可不捕的未成年人予以逮捕。

（二）是否从宽存疑

早在认罪认罚从宽制度确立之前，我国刑事立法已经确立了适用较轻的刑罚、限制刑罚适用种类、免除刑事责任等一系列专门针对未成年犯罪嫌疑人、被告人从宽处罚的规定。除此之外，满足条件的未成年人还可以享受其他从宽制度，如自首、坦白、缓刑、减刑、假释等。当从轻、减轻已经是未成年人犯罪的常态适用规定，实践中要如何区分认罪认罚从宽的独立价值是一个值得探讨的问题。因此，在对未成年犯罪嫌疑人、被告人特殊保护的基础上合理确立从宽幅度，就成为未成年犯罪嫌疑人、被告人适用认罪认罚从宽制度的重点。

认罪认罚从宽处罚制度是对所有犯罪嫌疑人、被告人设定的一项法律制度，不是针对未成年犯罪嫌疑人专设的。该项法律制度对成年犯罪嫌疑人从宽处罚的效果较为明显，因为法律针对未成年犯罪已经设定了法定减轻、从轻或免除处罚，在对未成年犯罪嫌疑人适用认罪认罚从宽制度时，首先要适用的是其未成年人这一特殊法定量刑期间，其次才适用该制度，故较以前相比从宽处罚的幅度并不明显。对没有认罪认罚的未成年犯罪嫌疑人、被告人，同样必须首先适用其未成年人这一法定量刑情节，即必须对其减轻、从轻处罚，不能因其不认罪认罚而从重处罚。（D-J-4）

对未成年人犯罪认罪认罚的从宽，既体现在实体上又体现在程序上，即实体上从宽处罚，程序上从简处理。但是程序上的从简处理不是盲目地从简，而是根据具体情况从简处理。

政法队伍教育整顿前后的一段时间大家对公安机关送过来的未成年人案件，无论是否认罪认罚，只要够罪一律先起诉到法院再说。现在最高人民检察院对轻罪案件提倡宽严相济，就是在这种背景下提出的，我觉得只要有一颗公心，永远不要拿案件做交易，就不会出事，所以对未成年人犯罪适用认罪认罚从宽案件还是该有一点担当，当宽则宽，当严则严。（X-J-6）

一是宽严相济，即当宽则宽，当严则严。对于法院可能适用缓刑、免予刑事处罚的案件，一般应不起诉。符合附条件不起诉的，依法适用附条件不起诉。[①] 对于已批捕的未成年犯罪嫌疑人、被告人，经审查没有继续羁押必要的，应及时建议释放或者变更强制措施。

在未成年人犯罪适用认罪认罚从宽制度时从快处理这个问题值得探讨。个人认为未成年人犯罪案件其实是应当从快办理的，这样有利于未成年人更快地融入社会。目前法律规定不适用速裁程序是考虑到未成年人案件的特殊性，不可能在法定的10日内办结，但是一些轻微案件完全可以的，没有必要拖那么长时间。今后建议立法可以考虑予以修改。（D-F-7）

二是办案时间从快（此观点有争议，后文还将详细论述）。在落实好办理未成年人犯罪案件特殊要求的前提下减少刑事诉讼对未成年犯罪嫌疑人、被告人的不利影响，使其早日健康地回归社会，但是这种快不是一味从快，须达到一定的教育目的，不能避免再犯前提下的“快”将变成“慢”，因为其未教育改造好，很有可能再犯。

未成年人犯罪适用认罪认罚从宽制度后的处理一定要比之前轻得多，才能体现出认罪认罚从宽制度在未成年人犯罪领域的独特价值。我觉得对一些轻罪认罪认罚后要轻得让未成年认罪嫌疑人、被告人“无法想象”，超出他们的预期。对一些重罪认罪认罚后要轻得让未成年认罪嫌疑人、被告人能够坦然接受，这才应该是认罪认罚从宽制度能够给未成年认罪嫌疑人、被告人带来的最好的“礼物”。（D-A-F-19）

三是刑罚适用从轻。对确需提起公诉的未成年犯罪嫌疑人、被告人，

---

① 参见史卫忠、王佳:《未成年人刑事案件适用认罪认罚从宽制度的思考》，载《人民检察》2017年第22期。

提出从轻或者减轻处罚的量刑建议，法院作出从轻处理的判决。[①] 这种从轻处理的判决理应是与认罪认罚从宽制度建立之前的判决相比较而言，所以这种从轻最终表现为所有案件普遍上的从轻，应该能够让未成年犯罪嫌疑人、被告人感受得到。

对未成年人犯罪适用认罪认罚从宽制度后在判决时肯定比之前从轻了，但是具体从轻多少标准很模糊，不同的案件从轻的幅度不同吧，大体有20%左右的样子。(Z-B-F-20)

对未成年人犯罪适用认罪认罚从宽制度后的从宽处理有一个致命的问题，就是“宽”的标准无法衡量。我们只能从总体上感觉出对认罪认罚未成年犯罪嫌疑人、被告人的处理比之前更轻了，但是就具体个案而言也许并没有轻，很有可能与之前持平。(X-F-9)

在所调查地区90个未成年人犯罪适用认罪认罚从宽制度的案例中，适用相对不起诉12人，附条件不起诉18人，这种情况可以看出是从宽处理，因为最后刑事程序都终结在检察机关，未经法院审判。其中，批准逮捕28人，该28人中有24人最终都被判处有期徒刑实刑，有4人被宣告有期徒刑缓刑。剩余未被羁押的32人中有28人被宣告缓刑（含拘役缓刑），2人被判处管制，1人被单处罚金，1人被判处拘役收监（系第二次无证醉驾被抓，血液酒精含量为198mg/100ml）。在访谈中，7名办案人员认为如果没有认罪认罚从宽制度，对这些案件依然将会如此从轻处理。有20名办案人员认为认罪认罚提高了不起诉、附条件不起诉、缓刑的适用比率。在判处刑罚上，10名办案人员认为未成年人认罪认罚后在原有刑期上减少了20%左右，5名办案人员认为减少了10%左右，1名办案人员认为减少了30%以上，1人认为没有太大变化。

总体来说，未成年人犯罪适用认罪认罚从宽制度只是一个比较时髦的提法。之前办案时，只要未成年人态度好，配合调查讯问，我们也都能从轻处理，未成年犯罪嫌疑人、被告人是否真正认罪认罚贯穿办案的全过程，而不是口头表示认罪认罚就代表心里也认罪认罚。(Z-F-G-26)

---

① 参见史卫忠、王佳:《未成年人刑事案件适用认罪认罚从宽制度的思考》，载《人民检察》2017年第22期。

我们在处理未成年人犯罪案件的时候还是主要考虑到他的身份，要第一时间通知合适成年人过来，在问明案件事实后问一句："你认罪不认？"一般他们都会考虑一会儿，回答："我认。"或者反问："我这构成什么罪了？不就是……我不认为这就是犯罪。"如果真够罪，我们也真没有啥最终处罚的权力，只能决定刑拘与否，然后移交检察院。(X-G-G-27)

在对未成年人犯罪适用认罪认罚从宽制度总体评价方面，办案人员普遍认为认罪认罚从宽制度使未成年人犯罪案件的处理更加复杂化，认为认罪认罚相当于制度确立之前的"坦白+态度好"，对未成年犯罪嫌疑人、被告人的从轻处理主要是基于未成年人的身份，而非认罪认罚本身。

我们是先告诉未成年犯罪嫌疑人、被告人应该被判处的刑罚，然后适用认罪认罚从宽制度后减少的刑罚，以此确定最终可能的刑罚，当然这个结果一般需要法院的最终认同，但是一般问题不大。等于说认罪认罚未成年犯罪嫌疑人、被告人能够提前知道自己可能判处的大致刑罚。(D-E-J-28)

如果未成年犯罪嫌疑人、被告人认罪认罚，凭感觉去减少一定的刑罚，这点经验还是有的。另外有检察机关的量刑建议，他们都提前帮我们计算好了，很多案件我们只要认可就可以了，不用那么麻烦。(X-G-F-33)

到审判环节了，如果未成年犯罪嫌疑人、被告人还不认罪认罚，我感觉是态度问题，一定要体现出认罪认罚与不认罪认罚的区别，比之前下手就肯定会重了点儿。(Z-F-F-32)

在处理时，先凭自己的感觉确定刑期、是否适用缓刑等事项，然后再按照减少刑期的算法确定自由裁量幅度，实际上是该怎么处理还怎么处理。反倒是没有适用认罪认罚从宽制度的未成年犯罪嫌疑人、被告人，判刑往往偏重。访谈中，共有24名办案人员承认为了凸显认罪认罚的从宽处理，对没有认罪认罚的未成年人进行了刻意的从重处理。

从中可以看出，实践中未成年人犯罪适用认罪认罚从宽制度有时是让程序更为复杂，同一案件实际的判决结果如果放在认罪认罚从宽制度确立之前依然可以实现，办案人员对同一案件判决结果的心理预期是恒定的，在认罪认罚的大环境下，如果未成年人认罪认罚，则办案人员还将按照自己正常的心理预期处理，如果不认罪认罚，在办案人员看来态度不好，反而利用认罪认罚从宽制度加重了这类人员的刑罚。我国不同程度地存在同案不同判的问题，再加上附条件不起诉的广泛适用，笼统地以某几项数据就确定未成年人犯罪适用认罪认罚从宽制度后的刑罚一定轻于或者重于之前过于武断。但是从具体个案和访谈中可以看出，认罪认罚从宽制度加重了一些不认罪认罚未成年犯罪嫌疑人、被告人的刑罚，可能并没有减轻部分认罪认罚未成年犯罪嫌疑人、被告人的刑罚，这与认罪认罚从宽制度“从宽”的标准模糊有一定的关系。

（三）存在反悔现象

在调查的135个案件中，存在4个未成年犯罪嫌疑人、被告人反悔的情况。1人在侦查阶段认罪认罚，在起诉阶段不认罪认罚，但在审判阶段又认罪认罚（归类为适用该制度）。1人在侦查阶段及审查逮捕阶段认罪认罚，在起诉阶段“翻供”，不再认罪认罚（归类为不适用该制度）。1人在检察阶段认罪认罚，在审判阶段“反悔”（归类为不适用该制度）。1人在一审程序中认罪认罚，但是在上诉二审中不再认罪认罚（归类为适用该制度，因为上诉不加刑，未成年犯罪嫌疑人、被告人在一审已经充分从宽）。

“反悔”是未成年犯罪嫌疑人、被告人的权利，法律并不禁止，所以应当充分予以保障，并加以规范。（Z-G-2）

1.未成年犯罪嫌疑人、被告人认罪认罚后反悔的种类

在不同的诉讼阶段，认罪认罚反悔的表现各有特点，在侦查、检察、审判三个环节中，表现为在上一个环节中认罪认罚，而在下一个环节中则予以反悔。

在侦查阶段认罪认罚后，在后面阶段反悔的情形相对其他情形的反悔而言比较多，主要是侦查阶段是各种证据形成时期，变化因素比较多。（X-G-3）

第一，未成年犯罪嫌疑人、被告人在侦查阶段认罪认罚，在检察阶段反悔的。侦查阶段主要以讯问笔录作为认罪认罚的证明。侦查阶段认罪认罚的反悔主要是因为犯罪嫌疑人在接受第一次讯问后律师的引导，通过在看守所内与其他犯罪嫌疑人交流，自身的无罪辩护，公安机关刑讯逼供和以威胁、引诱、欺骗及其他非法方法获取的供述等，导致在检察机关审查

逮捕、审查起诉阶段时出现认罪认罚反悔情况。

如果未成年犯罪嫌疑人、被告人当庭反悔，那么可以当庭发问，查明反悔的原因。如坚持反悔，而审理查明的证据非常充分，那么可以积极释明，未成年被告人坚持不适用认罪认罚从宽制度，那么依法判处。（X-C-F-21）

第二，未成年犯罪嫌疑人、被告人在审查起诉阶段认罪认罚，签署认罪认罚具结书后，当庭反悔。未成年人在法定代理人、辩护人的见证下签署认罪认罚具结书，在审查起诉阶段讯问中，同意量刑建议，也同意适用简易程序，但是在开庭审理中，对案件事实或者部分事实表示异议。

有些未成年犯罪嫌疑人、被告人认罪认罚后在一审获得了从轻判决，但是依然觉得判得比较重，又提起了上诉，我们遇到过很多这样的案例，这样其实是违背了认罪认罚具结书精神的。但是毕竟上诉不加刑，有时候我们提出了抗诉，想让法院判得重一点。（X-C-J-18）

第三，未成年犯罪嫌疑人、被告人在审查起诉阶段认罪认罚，签署认罪认罚具结书后，一审宣判后反悔的。在未成年犯罪嫌疑人、被告人同意检察机关量刑建议且一审后法官作出最低判决，之后未成年犯罪嫌疑人、被告人对案件事实、量刑提出异议的。控辩双方就认罪认罚具结书达成协议后反悔的，认罪认罚具结书是否仍具有效力，从宽量刑是否能继续适用，需要总结探讨。

2. 未成年犯罪嫌疑人、被告人认罪认罚反悔的原因

上述认罪认罚反悔情况的出现均能导致在各个诉讼阶段出现程序的相互排斥，导致认罪认罚控辩双方出现异议，影响定罪量刑。而认罪认罚反悔的原因主要包括认罪认罚时非自愿、对审判结果不满意、技术性上诉（留所服刑）、法律帮助有限以及未成年犯罪嫌疑人、被告人的其他自身原因等。

不可否认，一些未成年犯罪嫌疑人、被告人在侦查环节的认罪认罚比较仓促，虽然没有经过深思熟虑，但是更多的是出自本心，当受一些外界的干扰后，情况就不同了……这也是为什么在侦查环节，侦查人员不想让律师介入的原因。（D-A-G-13）

未成年犯罪嫌疑人、被告人相对成年人都比较老实，讲的大部分都是

实话，但是他们的父母就不一样了，考虑事情都是以理性选择为主，趋利避害明显，如果他们的父母介入过多的话，对案件的侦办会造成负面影响。(Z-B-G-14)

一些人认为我们还是传统的那种刑讯逼供、指供、诱供的侦查手段，其实不是这样的，如果刑讯逼供、指供、诱供，把自己牵连进去的话还不如不办案呢。我们对未成年犯罪嫌疑人、被告人态度是非常好的，除非一些有扎实证据证明案件事实，但是他们又拒不承认的话，那么我们的态度相对就不那么友好了。(X-C-G-15)

“自愿性”是建立在事实清楚，证据确实、充分的案件基础上的，也是建立在犯罪嫌疑人对认罪认罚从宽制度的充分理解的基础之上的。未成年人的父母虽然是未成年人的法定监护人和法定代理人，但对于刑事犯罪，未成年犯罪嫌疑人、被告人是承担刑事责任的主体，其父母不能代替承担相应的刑事责任。故在认罪认罚时，最终的决定权是未成年犯罪嫌疑人、被告人。(D-E-G-25)

第一，未成年犯罪嫌疑人、被告人在作出认罪认罚时的自愿性难以保证。在审查未成年犯罪嫌疑人、被告人认罪认罚时的自愿性程度时，未成年犯罪嫌疑人、被告人被胁迫、威胁或心存侥幸认罪，但是办案人员没有审查出来，评估悔罪的真诚性具有一定的难度。① 部分人员在侦查阶段出于对法律的敬畏、司法的震慑，往往是一开始认罪，但进入看守所后，因为心智的不成熟，会受同所人员影响而不认罪，即“翻供”。还有的未成年犯罪嫌疑人、被告人一开始在侦查或者检察环节认罪，但其法定代理人坚持认为其无罪，且不同意未成年犯罪嫌疑人、被告人签署认罪认罚具结书，未成年犯罪嫌疑人、被告人在下一阶段不认罪。调研发现，这类情形多集中在强奸领域，强奸罪因为其本身的特殊性，基本发生于隐蔽或者私密空间，证据收集难度大，更多依赖于言词证据，若嫌疑人不认罪或翻供，则要补充调取其他证据予以佐证，不利于司法资源的优化配置，影响办案人员的判断。

---

① 参见闫召华:《虚假的忏悔：技术性认罪认罚的隐忧及其应对》，载《法制与社会发展》2020 年第 4 期。

一些一点儿法律知识都不懂的人往往认为律师无所不能，在刑事案件中对律师寄托的希望比较大，对刑事法律知识一知半解的人往往认为绝大部分刑事律师是无用的，对刑事法律知识比较熟悉的人才会对刑辩律师有一个比较清醒的认识。说实话，作为刑事委托律师肯定会比作为法律援助律师上心一些，但是也就是多会见几次，多进行一些心理安慰，提出的辩护意见几乎都一样。对于法律援助案件，我其实并不太喜欢做，毕竟费用比较低。对未成年人当然鼓励他们认罪认罚，如果他们反悔，我也并不介意，但是我会提前告诉他们反悔的后果。（X-L-12）

应当建立强制辩护制度。因为未成年人的认知和对于犯罪概念的理解深度存在差异，并不能准确地判断犯罪行为。建立强制辩护制度有利于帮助未成年人全方位的辩护，在惩戒犯罪的同时，也更好地保护了未成年人的合法权益。而且未成年人年龄特点，容易冲动，这样能够更好地还原案件本身，帮助检察官和法官了解未成年人在事发时的真实的动机和案件的全貌。（X-G-L-36）

我认为只要接了委托就必须全心全意地去办，因为他们的年纪都很小，也许我们的一点小帮助，就能够让他们感受到温暖。尽量地多做思想疏导，这样能够更好地帮助未成年人改过自新。（Z-F-L-35）

第二，委托辩护人及法律援助帮助的有效性差。未成年人认罪认罚案件多数是轻微刑事案件，且自行委托辩护人占比很小，多数为法律援助律师，而法援律师工作量较大，分散对未成年案件的关注精力，只能给一些表面的建议。在整个诉讼期间，未成年人获得的法律帮助很少，被追诉未成年人不能依靠自身认识认罪认罚的实质，容易出现认罪认罚反悔行为。

我代理过一个案件，未成年人选择认罪认罚从宽程序了，本来在检察机关建议判处缓刑，但是法院感觉量刑过轻，判了实刑，当事人很不满意，直接选择上诉了，但是最终还是维持原判，感觉检察机关的量刑建议也不那么可靠。（D-A-L-22）

第三，认罪认罚后的量刑从宽激励不足，未满足未成年犯罪嫌疑人、被告人认罪协商心理预期。若审判机关作出量刑建议外的判决，没有达到未成年犯罪嫌疑人、被告人的量刑期望，即期望值过高，公诉机关不能履行约定，未成年犯罪嫌疑人、被告人便否定认罪认罚以期通过上诉来救济自身的权利。

我曾经问过我的未成年当事人，为什么之前认罪认罚，在上诉后却不再认罪认罚，他告诉是因为看守所里其他人的律师说的上诉期间也可以待在看守所，他被判刑 1 年半，如果不认同原判决上诉了，拖个两三个月，正好不用移送监狱，所以他就上诉了。（X-C-L-24）

有些未成年当事人认罪认罚后反悔上诉纯粹是基于“侥幸”的心理，认为二审可以改判，判得更轻，上诉其实代表不再认罪认罚，但是在二审当事人依然认罪，只是觉得判处得比较重了，这种情况也比较多见，感觉要把权利用尽，哪怕是维持也就走一遍程序。还有少数未成年当事人之前都不认罪认罚，一审判决后他们又后悔，上诉时候选择认罪认罚，希望可以从轻处理，但是这个时候认罪认罚从轻的幅度不大，法院相对会将刑期减少一点。（D-E-L-34）

第四，未成年犯罪嫌疑人、被告人基于留所服刑等诉讼利益的追求。在诉讼中认罪认罚的未成年犯罪嫌疑人、被告人在羁押期间通过与其他犯罪嫌疑人形成“交叉感染”，建立对认罪认罚的错误认知，出于对自身利益的追求提起“技术性”上诉，以期延长羁押期限抵消判处的刑期，从而达到留所服刑的目的。[①] 还有的充分利用上诉不加刑的规则，在享受了认罪认罚从宽制度“红利”后，在二审中不认罪，争取事实不清、证据不足而被判处无罪的可能。虽然在这种情况下检察机关可以提起抗诉，但是调查中的检察机关并没有全部提起抗诉，检察机关认为已经对未成年犯罪嫌疑人、被告人起到了一定的惩罚作用，继续加重刑罚没有必要。访谈中，全部办案人员认为这违反了诚实信用的原则，检察机关应当依法提起抗诉。

（四）帮教机制欠缺

帮教应当贯穿未成年人犯罪适用认罪认罚从宽制度的全过程，但是在调研中发现司法工作人员对未成年犯罪嫌疑人、被告人的帮教措施普遍落

---

① 参见董坤：《认罪认罚案件中留所上诉问题研究》，载《内蒙古社会科学（汉文版）》2019 年第 3 期。

实不到位，没有实现“从宽”的预期效果，其中有个人的问题，也有制度的问题。

案件都办不完了，太多了，办一个来一个，现在的未成年犯罪案件的程序还很烦琐，哪有时间进行帮教啊。最多开庭的时候教育几句而已，至于听不听那是他的事情了。（X-G-F-33）

帮教应该是未成年人父母的义务吧，我们没有这个义务，我们只负责抓人、侦查、移送，其他也没有什么特别的措施了，最多告诉他们这样是不对的，责令他们的父母好好管教。（Z-F-G-26）

第一，司法工作人员对帮教工作的认识不到位，重视度不够。部分司法工作人员认为帮教是未成年人父母的职责，他们没有帮教的义务，更多的是被动帮教，很少主动帮教。访谈中部分司法工作人员对这一问题直言不讳，他们更多关注的是案件本身，潜意识认为未成年犯罪嫌疑人、被告人是麻烦的制造者。同时在案多人少的情况下，办理未成年人犯罪案件比成年人犯罪案件多了社会调查、讯问时合适成年人在场、认罪认罚征求法定代理人意见等程序，一些司法工作者认为履行了这些程序就等于帮教到位了。

我办理的异地未成年人犯罪案件，采取非羁押诉讼措施及作出附条件不起诉决定后一般会联系他们当地的检察机关进行后续跟踪教育，别的地方也会联系我，但是我也没有时间进行帮教，第一次进行一次圆桌会谈，以后的都是每个月给我送一份书面的近期状况，其他也没啥帮教的措施了。（D-E-J-28）

第二，帮教措施重形式，轻实质。对认罪认罚未成年犯罪嫌疑人、被告人从宽处罚后，司法工作人员很少进行跟踪了解，对于附条件不起诉期限内的帮教多采用书面思想汇报等方式了解其基本动态。没有深入认罪认罚未成年犯罪嫌疑人、被告人的内心深处，没有了解犯罪本身对其心性的影响，对未成年犯罪嫌疑人、被告人心理变化过程把握不到位，没有对其未来的发展实施规划性帮扶，存在“一放了之、一宽了之”的现象。

学生出事后，学校一般就会直接开除，把学生推给社会，找谁说情学校就是不要这学生了，初中、高中、技校都是这样。所以，未成年人犯罪后受社会的歧视是必然的，无论法律如何修改，现实都是这样，没有人愿

意沾惹麻烦。(Z-B-F-20)

我们这里一个地级市没有一所专门学校，以前叫作工读学校，整个省好像就三所专门教育学校，两所在省会，想送也没有地方送啊，学生犯事了一般都是转学，听说过东部地区有观护教育基地，但是我们这里没有。(Z-B-J-17)

我们这里有观护教育场所，但是会收取一定的费用，所以真正送到这里的人比较少，也是家庭条件比较好的吧。(D-E-F-31)

第三，帮教的专门场所建设与实际需求脱钩。正常学校不愿意接纳未成年犯罪嫌疑人、被告人，很多未成年犯罪嫌疑人、被告人直接辍学，流入社会，成为社会的风险隐患。同时，国家对专门教育的重视程度不够，建设专门学校的数量少，远跟不上实际需求。观护教育场所数量也较少，中西部几乎为零，对观护教育的宣传不到位，收费模式使得经济条件一般的家庭不愿意让未成年犯罪嫌疑人、被告人接受观护教育。

我们这里发生了一个不满 14 周岁的女性未成年人（小学六年级辍学）杀了一个 78 岁老头儿的案件。起因是去年夏天这个女孩找隔壁村一个同学玩，该村一 78 岁老头儿诱骗她进屋然后强奸了她，她感觉很屈辱，有自杀想法。今年感觉体力上能打过这个老头儿，于是到他家用石头块、棍子等将这个老头儿打死了。现在村里、公安机关都一致要追究这个小女孩的刑事责任，该县检察院检委会委员也一致同意该意见，市检察院不同意追究，我们也不同意追究，现在已经报送最高人民检察院了，最高人民检察院一般坚持的是以追究为例外，所以很大可能是不追究。案件刚发生时，这个小女孩在看守所被关了 14 天，目前她是在家被监视居住，她母亲死得早，只有一个 62 岁的父亲相依为命。目前大家对她都是避之不及，哪有什么帮教，也就是看着不让逃跑。如果不追究她的刑事责任，即使她认罪认罚，也不能适用认罪认罚从宽制度。那么这个小女孩最后可能会被送到专门学校收容教养，也有可能会继续待在家里，过着之前的生活，等到一定年龄直接出嫁。(Z-J-5)

未成年人保护法和预防未成年人犯罪法修改后加大了对罪错未成年人的帮扶教育，但是现在还没有落实到位，具体操作中限于各地的经费、人员素质等，执行都打了折扣，现实是未成年人出了事故，各个部门只是履

行自身的职责，都不愿对其帮扶教育，除了专门学校和观护中心，其他机构都认为帮扶教育不是他们的职责。(X-C-J-18)

一些大学设立了社会工作专业，针对未成年人的帮扶教育是其中的一项重要内容，很多学校这方面专业的大学生实习都是从事对涉罪未成年人的帮扶教育，如果这些未成年人认罪认罚，那么帮扶教育就顺利得多。暑假期间有湖北文理学院、河南财政金融学院的社会工作专业的大学生、硕士研究生同我们联系，一边对涉罪未成年人进行帮扶教育，一边撰写毕业论文，由于疫情限制，多数是通过线上进行的，我想这是一个很好的模式，方便快捷，效果还好，值得推广。(Z-F-8)

第四，社会帮教力度还需要进一步予以提高。对涉罪未成年人的帮教并不仅仅是司法机关的职责，而是全社会的职责。但是在调研中发现对于未成年犯罪嫌疑人、被告人以及一些不够刑事责任年龄的恶性行为者，社会各界往往采取远离、歧视的态度，无论行为者如何反悔、认罪认罚都不能改变这种处境。未成年人只能通过转学、去外地打工的方式逃避这种歧视的氛围，客观上也增加了帮教的难度。财政上也没有或者很少对这方面有投入，机关单位人员不愿帮教，社会专业帮教人员欠缺，亟须国家在人力、物力、财力方面予以充分保障。“大学生＋互联网”的帮扶教育模式优势明显，但是目前处于自发态势，规模较小，没有得到广泛推广。

第四章

未成年人犯罪适用认罪认罚从宽制度个性问题分析

面对未成年犯罪嫌疑人、被告人这一特殊的犯罪群体，在适用认罪认罚从宽制度时依然存在不少问题。如何实现制度适用的自愿性、与特别程序的契合性、刑罚的适当性、审理方式的合理化等将是实践中要准确把握的关键点。同时，这些问题可以分为未成年人犯罪适用认罪认罚从宽制度的个性问题和共性问题。个性问题主要是指未成年人犯罪适用认罪认罚从宽制度过程中所独有的，成年人适用认罪认罚程序所没有的问题。共性问题则不仅存在于未成年人犯罪适用认罪认罚从宽制度过程中，而且在成年人适用认罪认罚从宽制度过程中也存在此类问题。共性问题存在于未成年人犯罪适用认罪认罚从宽制度中是不可回避的事实，如果仅对个性问题进行研究则有失偏颇，不能全面研究制度适用过程中的问题，难免以偏概全，故应对个性问题和共性问题进行全面研究。

未成年人犯罪适用认罪认罚从宽制度的个性问题主要包括制度选择适用决定权的归属不明晰，与附条件不起诉制度关系不明确，与从快办理的目的有冲突等。这些问题充分体现了未成年人犯罪适用认罪认罚从宽制度中国家－个人层面的二元互动理论，即在互动中凸显出的问题。其中，制度选择适用决定权的归属问题凸显更多的是国家－个人层面二元互动中个人层面的问题，与附条件不起诉制度关系问题、与从快办理的目的冲突问题凸显更多的都是国家层面的问题。

第一节　制度选择适用决定权的归属不明晰

未成年人犯罪适用认罪认罚从宽制度的决定权涉及未成年人家庭的诸多人员，是“家庭模式”运行的一项重要内容。毋庸置疑，成年人当然具有决定适用认罪认罚从宽制度的资格，但是未成年犯罪嫌疑人、被告人能否独立决定依然存在争论。从目前规定上看，法定代理人和辩护人具有否决权，也表明了未成年犯罪嫌疑人、被告人不能独立决定。[①] 从主观意愿上看，制度选择适用决定权的归属主要在于未成年犯罪嫌疑人、被告人本身意愿以及法定代理人、辩护人的相关异议影响，都属于个人层面的问题，在理论上个人应该作出道德选择，实际上的一些选择并不道德，侦查人员、检察人员、审判人员、值班律师等国家层面的力量在一定程度上会助力个人的道德选择。

一、未成年犯罪嫌疑人、被告人的同意限制

对未成年犯罪嫌疑人、被告人的同意进行限制是为了实现道德选择的结果，未成年犯罪嫌疑人、被告人的同意意愿是认罪认罚从宽制度适用的基本前提，但是实践中其自愿性难以保证，对其同意的限制也并不能够完全实现道德选择的目的。

（一）分类规定不完整

未成年犯罪嫌疑人、被告人由于认知水平较低、处世能力较差、人生阅历较浅等，在适用认罪认罚从宽制度时具有一定的自身特殊性。未成年人身心智力发育不成熟导致诉讼行为能力不足，相应造成未成年犯罪嫌疑人、被告人在刑事诉讼中存在行为能力受限制的情况。具体来说，未成年犯罪嫌疑人、被告人大多缺少基础的法律知识，对法律知识欠缺和对刑事诉讼活动程序不了解，在进行刑事诉讼活动中可能会因为其不了解自己做

---

① 参见秦宗文:《认罪认罚从宽制度实施疑难问题研究》，载《中国刑事法杂志》2017 年第 3 期。

出的某一个具体的诉讼行为会导致什么样的结果，需要为其诉讼行为承担什么样的后果或者放弃了什么样的权利，而在刑事诉讼活动中无法合理地维护自己的正当权益。① 我国在进行刑事诉讼活动中对未成年犯罪嫌疑人、被告人的行为能力限制体现在以下两个方面：（1）在刑事司法程序上对未成年犯罪嫌疑人、被告人适用放弃或者减损权利性质的程序制度时有严格限制，比如明确规定未成年人犯罪案件不适用速裁程序，这属于对未成年犯罪嫌疑人、被告人的外部保障。（2）否认未成年犯罪嫌疑人、被告人单独做出的诉讼行为在法律上的效力，同时在进行刑事诉讼活动中要求必须有法定代理人、辩护人等辅助人员的帮助。就未成年犯罪嫌疑人、被告人选择适用认罪认罚从宽制度时候存在两类限制：一类是在未成年人同意适用下的限制，即未成年人同意适用而其法定代理人或者辩护人不同意适用；另一类是未成年人不同意适用下的限制，即未成年人不同意适用而其法定代理人或者辩护人同意适用。这样从理论上来讲，未成年人犯罪适用认罪认罚从宽制度就存在了八种同意类型，因为在未成年人、法定代理人、辩护人都同意选择适用和都不同意选择适用的情况下不存在相关限制，故其中六种情况存在限制（见表1）。

表1　未成年人犯罪适用认罪认罚从宽制度同意限制情况表

类型	1	2	3	4	5	6	7	8
未成年人	同意	同意	同意	同意	不同意	不同意	不同意	不同意
法定代理人	同意	不同意	不同意	同意	不同意	不同意	同意	同意
辩护人	同意	同意	不同意	不同意	不同意	同意	不同意	同意

目前，我国的法律仅规定未成年人犯罪在适用认罪认罚从宽制度时如果其法定代理人、辩护人提出异议的可以不适用，提出异议主要是不同意的意思表示（有不同观点，下文还将予以论述），可以概括为“同意的正向限制”。这里的法定代理人和辩护人提出的异议是“或者”的关系，即只要有一方提出异议就可以不适用该制度（类型2—4）。但是却没有对

① 参见赵冠男、赫思广：《目标、困境与突围：未成年人认罪认罚“自愿性”之实现》，载《太原理工大学学报（社会科学版）》2022年第1期。

明确说明未成年人如果不同意适用情况下法定代理人和辩护人异议的作用（类型6—8），可以概括为“同意的负向限制”。即在未成年人不同意适用，但是其法定代理人、辩护人同意适用的情况下该如何定夺，从目前的规定上，制度适用框架下“同意的负向限制”规定阙如。

另外，在未成年犯罪嫌疑人、被告人适用认罪认罚从宽制度时，未成年人法定代理人、辩护人等辅助人员的帮助对未成年犯罪嫌疑人、被告人的限制行为能力来说是有效的补充，在法定代理人、辩护人等辅助人员的帮助下，未成年犯罪嫌疑人、被告人的刑事诉讼行为能力得到了相对完整的提高，能够帮助其提高自身对诉讼程序活动的认识，切实加强未成年犯罪嫌疑人、被告人应对刑事诉讼活动的能力，充分全面地保障未成年犯罪嫌疑人、被告人在法律上应有的权利。但是这种“帮助”有时也会“误导”未成年犯罪嫌疑人、被告人违背自己的真实意愿而作出适用或者不适用认罪认罚从宽制度的选择。同时，法院在开庭时还不同程度地存在对未成年人认罪认罚自愿性审查不到位的现象，如法庭更多的是进行教育和挽救，忽视了审查其是否具有认罪认罚意思表示的认知能力。

（二）年龄分层规定阙如

如上所述，未成年犯罪嫌疑人、被告人拥有选择适用认罪认罚从宽诉讼权利是一种限制性权利，即未成年犯罪嫌疑人、被告人对该项制度拥有不完全的选择权。保障未成年犯罪嫌疑人、被告人认罪认罚的自愿性，这是适用认罪认罚从宽制度的必要前提。是否行使认罪认罚权利意味着未成年人需要选择是否以减损或放弃部分权利来换取更大的诉讼利益，[①] 这是一个权衡与博弈的过程，未成年犯罪嫌疑人、被告人是否有足够的能力来恰当合理地行使自身权利，最大限度地保障自身利益，是一个非常值得关注的问题。未成年人犯罪认罪认罚的限制性选择权实质上也是对未成年人的保护，是考虑到其诉讼能力，或者说是担忧其作出不利于自身权益的选择而进行的限制性措施。由此可见，诉讼能力是认罪认罚从宽制度的一个

---

① 参见毛泽金:《基于诉讼行为能力分析视角下的未成年人认罪认罚研究》，载《预防青少年犯罪研究》2019 年第 5 期。

重要衡量标准。那么，所有未成年犯罪嫌疑人、被告人的诉讼能力是否都在同一水平？不同水平诉讼能力的未成年人是否需要区别适用认罪认罚从宽制度？如何区别？这些问题在目前的认罪认罚从宽制度中没有细节性的说明，如何保障未成年犯罪嫌疑人、被告人的利益最大化，仍然需要探索（该问题在后文完善建议的章节中有专门的分析探讨）。

同时，目前立法并没有针对认罪认罚自愿性设定特殊判断标准及进行精细化程序保障，学者们基于未成年人诉讼能力提出解决上述问题的路径不一。有的学者提出要确立连续辩护制度，要求公安机关采取强制措施指派法律援助律师，且法律援助律师应尽快介入、全程跟进案件，在公诉及审判阶段依法进行阅卷、会见、取证，全面掌握案件信息。[①] 有的学者提出要确保合适成年人的到场权和知情权，办案人员应当告知合适成年人未成年犯罪嫌疑人、被告人认罪认罚可能导致的法律后果，没有合适成年人到场的，不得启动认罪认罚从宽程序，签署具结书时，合适成年人必须知情并同意。[②] 这些路径可以作为未成年人诉讼能力的外在补充，但并没有回答"不同水平诉讼能力的未成年人是否需要区别适用认罪认罚从宽制度"的问题以及解决方案。

二、法定代理人、辩护人异议的模糊规定

法律上对法定代理人和辩护人的异议有两种不同的理解，各地的做法也不同，同时对异议的处理规定也较为笼统，没有具体的标准分类，在面临一些情况时各地的处理方法也不统一，一定程度上减损了未成年人犯罪适用认罪认罚从宽制度的公正价值。

（一）对异议的认识观点不一

未成年犯罪嫌疑人、被告人认罪认罚的基本要求是需要保证自愿而非因某种原因使其受到胁迫。基于未成年犯罪嫌疑人、被告人特殊性的考

① 参见颜柳：《未成年人重罪案件中认罪认罚从宽的适用》，载《检察调研与指导》2018 年第 5 辑。

② 参见高强、张洋：《未成年人刑事案件认罪认罚从宽制度的适用》，载《人民检察》2018 年第 5 期。

虑，认罪认罚还要考虑其法定代理人、辩护人的意见。未成年犯罪嫌疑人、被告人有独立的诉讼地位，其法定代理人和辩护人主要作用在于帮助未成年人作出道德选择，而不能完全取代未成年人的法律地位。

未成年犯罪嫌疑人、被告人的法定代理人、辩护人有异议的，不需要签署认罪认罚具结书。[①] 立法上始终没有直接对成年犯罪嫌疑人、被告人的法定代理人或者辩护人不同意适用认罪认罚从宽制度进行规范，这种间接的规定造成对异议有两种不同的理解：一种是完全不得适用认罪认罚程序；另一种是可以适用认罪认罚程序，仅是不用签署认罪认罚具结书。两种意见尚未完全统一，实践中两种做法均有，尚没有明确的法律规定来解决这一具体情形。这样造成的结果就是同种情况在各地的适用混乱，司法实务部门都对此作出符合自己意愿的理解和适用，制度适用与否的随意性太强，不利于制度功能效用的发挥。

（二）异议的具体处理不明

我国未成年人刑事责任年龄是按照年龄段划分的，即不同年龄段的未成年犯罪嫌疑人、被告人刑事责任能力各不相同。如果对未成年犯罪嫌疑人、被告人适用认罪认罚从宽制度时适用的标准没有任何差异，则其科学性应当存疑。不同年龄阶段的未成年犯罪嫌疑人、被告人与法定代理人、辩护人意见发生冲突的情况应如何认定尚无明确法律规定。根据我国现行法律规定，在未成年人刑事案件处理过程中，诉讼参加人除未成年人外还包括其法定代理人、辩护人等。如果缺乏法定代理人或者合适成年人到场听取意见程序，那么认罪认罚从宽制度适用的效果将会大打折扣。[②] 其与成年人相比的特殊地方在于多了法定代理人的意愿，当未成年犯罪嫌疑人、被告人与其法定代理人意见矛盾时的最终处理标准需要予以确定。虽然法律倾向于以未成年犯罪嫌疑人、被告人的意见为主，但是在实践中很多时候并不利于维护亲子关系，可能会引发家庭矛盾。

同样，辩护人只是在法律层面帮助未成年犯罪嫌疑人、被告人，具有

---

① 《刑事诉讼法》第174条第1款、第2款第2项。

② 参见陶朗逍：《未成年人自主性辩护权行使问题研究》，载《北方法学》2019年第13期。

认罪认罚从宽制度适用的建议权。但是当辩护人提出异议，不需要签订认罪认罚具结书，可能影响认罪认罚从宽制度适用则不妥。辩护人的一切行为应当是以保障未成年犯罪嫌疑人、被告人合法权益为目的，其提出的异议如果导致未成年犯罪嫌疑人、被告人不能适用认罪认罚从宽制度，那么在一定程度上可能会损害未成年犯罪嫌疑人、被告人的合法权益。赋予辩护人异议权最直接的结果就是将选用制度的压力转移至辩护人，特别是律师辩护人如果持有异议，可能会受到办案人员的不公平对待。[①] 另外，如果未成年犯罪嫌疑人、被告人的辩护人和法定代理人意见不一，那么应该如何处理？法律并没有明确规定。辩护人的法律地位毕竟与法定代理人不同，这种法律上的实然授权可能会超越辩护人权利的应然范围。

第二节　与附条件不起诉制度关系不明确

附条件不起诉是未成年人犯罪适用认罪认罚从宽制度国家－个人层面二元互动理论中合作共赢的表现和结果。不起诉是指人民检察院在审查起诉后作出不将案件移送人民法院审判而终止诉讼的决定。对认罪认罚的未成年犯罪嫌疑人、被告人适用不起诉程序是从宽的体现，[②] 是对未成年犯罪嫌疑人、被告人选择适用认罪认罚从宽制度最大的“奖赏”。

我国对未成年犯罪嫌疑人、被告人的不起诉可以分为四种：法定不起诉、酌定不起诉、附条件不起诉、特殊不起诉。法定不起诉是行为本身就不构成犯罪或者是法律发生了变化等，与认罪认罚从宽制度之间不存在适用的交集。特殊不起诉是指犯罪嫌疑人自愿如实供述涉嫌犯罪的事实，有重大立功或者案件涉及国家重大利益的，经最高人民检察院核准，公安机关可以撤销案件，人民检察院可以作出不起诉决定，也可以对涉嫌数罪中的一项或者多项不起诉。特殊不起诉对于未成年犯罪嫌疑人、被告人来说适用的概率极低，也没有探讨的必要。只有酌定不起诉、附条件不起诉与

---

① 如某地法院设置了认罪认罚案件律师专用车位，以示区别对待。

② 参见周莹莹、金彦宇:《未成年认罪认罚“从宽”问题研究》，载《三明学院学报》2019 年第 3 期。

认罪认罚从宽制度的交集较多。酌定不起诉同时适用于成年人，也与附条件不起诉有很大的相似点。附条件不起诉是不起诉的一种特殊形式，本质是在起诉和不起诉之间设立了一个缓冲的期限，适用附条件不起诉不代表案件的终结，而是规定一定考验期限（6个月至1年），属于附条件的暂时停止起诉的程序。认罪认罚也同样适用于附条件不起诉案件，需要未成年犯罪嫌疑人、被告人对检察机关指控的主要犯罪事实没有异议，自愿如实供述自己所犯的罪行。[①] 附条件不起诉目前是未成年人刑事案件诉讼程序中比较重要的制度，有必要讨论附条件不起诉与认罪认罚从宽制度之间的关系。因为附条件不起诉制度确立在前，认罪认罚从宽制度确立在后，两者之间并非始终协调统一，集中表现在认罪认罚与悔罪的关系上，此问题在下文还将论及。

虽然我国刑事诉讼立法可能会将附条件不起诉的范围扩大，但是就目前而言附条件不起诉的适用范围仅能适用于未成年人，因此制度的适用与附条件不起诉的关系问题就可以归类为个性问题。附条件不起诉是认罪认罚未成年犯罪嫌疑人、被告人较为理想的选择和归宿，有了认罪认罚从宽制度的加持，未成年犯罪嫌疑人、被告人被作出附条件不起诉决定人数大幅提升，有一定的合理性，但也有被滥用的嫌疑。附条件不起诉制度本身“有异议即起诉”的规定过于绝对化，认罪认罚从宽制度只是摒弃了无罪的情况，并不能从根本上改变规定模糊的现状。另外，如果未成年犯罪嫌疑人、被告人在考验期内再次犯罪不能适用附条件不起诉制度，却可以适用认罪认罚从宽制度，使认罪认罚从宽制度“内卷化”，减弱了制度本身的教育改造功能。

一、附条件不起诉缺失认罪认罚要素

由于附条件不起诉可以被涵盖在“认罚”中“罚”的内容之中，且适用附条件不起诉具有从宽的效果，所以附条件不起诉当然应该包括在认罪认罚从宽制度的运行程序之中。那么认罪认罚应当是附条件不起诉的必要

---

① 参见廖斌、何显兵：《论恢复性司法理念在量刑协商中的运用》，载《西南民族大学学报（人文社会科学版）》2022年第3期。

条件之一。但是现实却并非如此，这与附条件不起诉制度的建立早于认罪认罚从宽制度有关。在认罪认罚从宽制度建立之前，附条件不起诉制度是以“悔罪”为其适用的必要条件，但是认罪认罚并不代表悔罪，悔罪代表认罪却并不代表认罚。

未成年犯罪嫌疑人、被告人认罪并不代表具有悔罪心理，实践中会存在认罪但是表示不悔罪的现象。未成年犯罪嫌疑人、被告人的悔罪心理需要借助于一定的外在表现才能被外人所感知。① “认罚”的“罚”中包含了非刑罚处罚措施，当未成年犯罪嫌疑人、被告人接受非刑罚处罚措施，并付诸实际行动，积极对被害人进行心理安慰和经济赔偿，这些客观行为从一定程度上可以反映出未成年犯罪嫌疑人、被告人内心意识到自己的错误并真诚忏悔，综合判断其已经具有悔罪心理。综合“认罪”“认罚”这两个要素，可以判断出未成年犯罪嫌疑人、被告人的内心里已经对自己犯下的罪行感到悔恨，如果认罪认罚，则适用附条件不起诉的概率将会大幅提高。那么当未成年犯罪嫌疑人、被告人认罪认罚，是否意味着其已经悔罪呢？这涉及认罪认罚与悔罪的关系，需要进一步予以分析。

虽然未成年犯罪嫌疑人、被告人认罪，并不一定意味着悔罪，但是悔罪一定是以认罪为前提。只有一个人认识到自己的行为是错误的，是不被法律许可的，他才会产生一种忏悔、痛恨的心理。悔罪是在认罪的基础上对自己行为更深层次的否定性评价。如果一个人都没有认识到自己的错误，那么何谈对错误的真诚忏悔？认罪是悔罪的基础，但认罪并不代表已经悔罪。② 因此，未成年犯罪嫌疑人、被告人认罪，其并不必然满足具有悔罪表现的条件。

通常来说，当犯罪嫌疑人愿意接受处罚，是由于在心理上对自己的行为感到悔恨，从而愿意为行为作出弥补，付出代价。但是并不必然都是这样，认罚可能出于各种各样的心态，如为了减轻刑罚，或是认罚但不悔

---

① 参见周莹莹、金彦宇:《未成年认罪认罚“从宽”问题研究》，载《三明学院学报》2019 年第 3 期。

② 参见张驰、夏素峰:《认罪认罚“形式化”的逻辑、甄别与防范》，载《广西警察学院学报》2021 年第 4 期。

罪。认罪认罚从宽制度在适用中不仅需要在形式上满足认罪认罚的要件，更要在实质上考察犯罪分子是否具有悔罪心理，否则就会出现一种情形，即某些犯罪嫌疑人表示认罪认罚，并接受量刑建议，但同时表示不后悔自己的所作所为。[①] 此时已然满足认罪认罚形式上的要件，可以适用该制度，但是如此一来，未成年犯罪嫌疑人、被告人的危险性没有降低，再犯的可能性极高，对其适用该制度没有任何意义，也没有做到宽严相济。对于是否具有悔罪心理，主要是通过“认罚”这一要素判定。人的内心是一个极其私密的空间，如果当事人没有表达出内心的想法，任何人无法窥探到他人心里在想什么。在司法程序中亦是如此，办案人员难以直接感知到犯罪者内心的真实状态，因此，就需要借助于未成年犯罪嫌疑人、被告人外在的表现来判定是否具有悔罪、悔恨的心理状态。

因此，认罪认罚不等于悔罪。认罪认罚并不是附条件不起诉的必要条件，悔罪才是。虽然“认罪”这一个因素并不能完全被认定为具有悔罪心理，但满足“认罪”“认罚”两个要素的，可以认为已经具有了悔罪外在表现，而悔罪更多关注的是内心的实然状态。

那么，认罪认罚和悔罪关系如何在法律上进行有效对接？认罪认罚从宽制度又如何从法律上引入附条件不起诉制度？需要进一步予以研究。

二、附条件不起诉的标准不明确

附条件不起诉将适用对象缩小至未成年人，而且附带考验期及条件，但都不具有惩罚性，这是一种在特殊预防理念指导下的教育、挽救措施。认罪认罚从宽制度并非仅仅是一个总体上的规定，其包含了实体上和程序上的诸多规定。具体来讲，未成年犯罪嫌疑人、被告人认罪认罚从而引发实体上量刑的减轻及程序的简化，其愿意接受的处罚中自然包括附条件不起诉。因为不起诉从字面上看似乎并不带有惩罚的意思，即便是附条件不起诉附加了条件，所附加的条件也带有“教育、感化及挽救”的目的，符合未成年人刑事案件处理政策，并不带有惩罚的意思。因此，此时“认

① 参见闫召华:《虚假的忏悔：技术性认罪认罚的隐忧及其应对》，载《法制与社会发展》2020 年第 3 期。

罪”“认罚”的内涵不同于在有罪判决案件中的含义。由于检察机关决定附条件不起诉，因而就没有指控的犯罪事实，“认罪”在此时就不包括接受指控。如果“认罚”中的“罚”涵盖了不起诉这种案件处理方式，那么附条件不起诉便可作为认罪认罚从宽制度在未成年人刑事案件中的运行程序。既然是从宽，那么无论是刑罚减轻还是不处以刑罚都是从宽处罚的方式。《适用制度指导意见》第 8 条在对“从宽”的理解中规定了犯罪情节轻微的，可以以附条件不起诉的方式结案。附条件不起诉可以作为适用制度的处理方式，“认罚”中的“罚”包括了附条件不起诉。但是，附条件不起诉并不具有惩罚的意思，何以成为“罚”字中应有之义？事实上，附条件不起诉并不意味着没有任何的处罚。根据《人民检察院刑事诉讼规则》的规定，对于附条件不起诉的案件，检察机关在作出不起诉决定时会附加一些非刑罚处罚措施，这些措施可以理解为广义上的处罚。[①]未成年犯罪嫌疑人、被告人所接受的处罚中包括附条件不起诉及非刑罚处罚措施。

相对于酌定不起诉来说，附条件不起诉风险性较小，对犯罪嫌疑人的教育挽救功能较容易达成。酌定不起诉是在起诉与不起诉之间直接作出选择，并不存在缓冲地带，一旦作出，即无施加刑罚的可能，未成年犯罪嫌疑人、被告人所受到的惩罚几乎可以忽略不计。附条件不起诉则存在一个考验期，在考验期内接受教育、遵守规定并达到要求才能真正实现不被起诉，如果在考验期内发现存在不适宜再用不起诉的方式对案件进行处理的，可以重新起诉。在实践中，对于未成年犯罪嫌疑人、被告人而言，适用附条件不起诉的要多。因此，附条件不起诉理应作为认罪认罚从宽制度的适用程序之一，且为一种较为合适的选择。但也要防止认罪认罚后附条件不起诉的滥用。滥用可能会使原本认罪认罚从宽制度带来的福音转化为灾难。[②] 这主要表现为对一些应作出存疑不诉、酌定不诉甚至法定不诉的

---

①《人民检察院刑事诉讼规则》第 373 条第 1 款规定，人民检察院决定不起诉的案件，可以根据案件的不同情况，对被不起诉人予以训诫或者责令具结悔过、赔礼道歉、赔偿损失。

② 参见朱孝清:《认罪认罚从宽制度的几个问题》，载《法治研究》2016 年第 5 期。

未成年人犯罪案件，在未成年犯罪嫌疑人、被告人认罪认罚的情况下，为了降低风险，一律按照附条件不起诉进行处理，主要是附条件不起诉的标准不统一，实践中的操作空间较大。

第三节 与未成年人司法的价值追求有冲突

认罪认罚从宽制度主要价值追求在于提高诉讼效率和优化资源利用率，其制度设计以效率至上为价值优选项，因此其对提高诉讼效率的作用勿需证明。我国在认罪认罚从宽制度中的快速办理程序主要有速裁程序和简易程序。在办理未成年人犯罪案件中，教育、感化、挽救是基本原则，求快不是其最终目的，这是由未成年人的可塑性强的特点所决定的。在立法时，我国已经意识到了这一点，在刑事诉讼法中规定未成年人认罪认罚案件不适用速裁程序，但是依然可以适用简易程序。这其中就涉及了认罪认罚从宽制度本身蕴含的从快效率价值与未成年人的教育及案件本身实体公正的冲突。虽然成年人认罪认罚后可以适用快速办理程序，但是因快速办理程序中的部分程序（速裁程序）对未成年犯罪嫌疑人、被告人禁止适用，是未成年犯罪嫌疑人、被告人适用认罪认罚从宽制度所独有的，所以可以将制度适用中与未成年人司法的价值冲突问题归为个性问题进行研究。

同“双重从宽”类似，对认罪认罚未成年犯罪嫌疑人、被告人适用简易程序存在着“双重从快”的效果。第一重“从快”是指认罪认罚从宽制度本身就蕴含着“从快”处理本意，在侦查、检察、审判环节可以从快处理。第二重“从快”是指简易程序本身也蕴含着“从快”的立法原意，在诉讼、审判环节压缩时间限制，减少诉讼程序，以达到快速办理案件的目的。“双重从快”可以适用于认罪认罚的成年人，因为成年人的理解能力强，对自己犯罪事实的相关认识也清晰，对处理结果也有必要的思想准备。但是未成年人却不一样，随着年龄的递减，其理解能力水平逐渐减弱，对犯罪的认识趋于模糊，对处理结果的判断力也趋于丧失。“双重从快”对内不符合未成年人个人的身心特点，对外不利于国家教育功能的发挥，与国家－个人层面的二元互动理论相背离。

一、关于“双重从快”是否符合未成年人的身心特点

由于我国刑事诉讼法规定审判未成年犯罪嫌疑人、被告人不适用速裁程序，但是对简易程序的适用没有作出限制，所以在未成年犯罪嫌疑人、被告人认罪认罚后，只存在简易程序和普通程序的适用空间。对认罪认罚未成年犯罪嫌疑人、被告人适用简易程序所表现的“双重从快”，会造成未成年犯罪嫌疑人、被告人对犯罪事实认识不清、对刑罚结果预判不准的后果，有可能造成合法外表下的权利侵害。

成年人一般对自己的行为是否构成犯罪有清晰的认识，即便成年人的文化水平不高、法律知识欠缺，但是成年人有基本的理解能力，在辩护人等的帮助下会很快认识到自己的行为是否构成犯罪，不容易受到诱供的影响，因此认罪认罚后适用简易程序的风险并不大。但是对于认罪认罚后的未成年犯罪嫌疑人、被告人适用简易程序却蕴含着一定的风险，因为未成年犯罪嫌疑人、被告人对自己的行为是否构成犯罪始终存在怀疑，容易受到外界的干扰，即使感觉不妥，也会因为自己的弱小而放弃抗争。

另外，不同年龄段的未成年人的认识能力也不一。12—14 周岁的未成年人正处于初中时期，往往意识不到自己的行为构成犯罪，即使参与很严重的犯罪也单纯认为参与不构成犯罪，即使其他诉讼参与人对认罪认罚从宽制度进行详细解释说明，也只是一知半解，同意适用往往是在不明所以的情况下进行的。14—16 周岁的未成年人处于初中到高中的过渡时期，可以认识到自己的行为不妥，也能认识到一些常见的犯罪行为，在告知时对认罪认罚从宽制度能有一定的理解，能从字面意思上理解为只要态度好，就能从轻处理的基本认知。16—18 周岁的未成年人已经基本可以认识到适用认罪认罚从宽制度可能带来的后果，在详细讲解的情况下可以对其有较为正确而全面的认知，但是这一过程显然要比成年人所需更长的时间。另外，在实际的庭审中对相关环节的削减将导致未成年犯罪嫌疑人、被告人减少对有关定罪量刑提出意见的机会，也降低了出示新的证据、提出新的辩解的可能，这将对未成年犯罪嫌疑人、被告人的权

利造成减损，使其失去更多为自己进行辩解的机会和帮助，这对无罪案件的影响最为深远。①

上述特点也就决定了在办理未成年人刑事案件时不能单纯从快，认罪认罚从宽程序本身的“快”再加上简易程序的“快”可能会使对犯罪事实认识不清的未成年犯罪嫌疑人、被告人处境危险，因为单纯不分阶段的“双重从快”可能超越未成年犯罪嫌疑人、被告人的认知，虽然“从快”并不一定意味着一定会减损实体公正，但是在一些个案中正是因为“快”，可能会导致冤假错案丧失合适的纠正时间。在案件办理中，未成年人比成年人更容易受到引诱和强迫，办案机关为了促使未成年犯罪嫌疑人、被告人认罪认罚，可能对不主动认罪认罚的未成年人采取引诱等手段，使其作出违背事实、违背其本心的答辩。在这种情况下，如果采用简易程序办理，很可能造成冤假错案。

二、关于“双重从快”是否有利于教育功能的发挥

未成年犯罪嫌疑人、被告人认罪认罚后通常会引起审判程序的简化。未成年人刑事案件不适用速裁程序，原因在于速裁程序中位于首位的效率价值在办理未成年人刑事案件中却不是最重要的，未成年人刑事案件注重教育，而教育要求细致精办。在具体制度设计上，速裁程序省略了法庭调查和法庭辩论，审理时限极短，一般在10分钟左右，甚至仅3—5分钟，② 并且常采取集中审理、集中宣判的方式，大大限制了帮教工作的进行，不利于贯彻教育原则，因此未成年人刑事案件不能适用速裁程序。但是也有学者认为，庭审并没有承载太多的教育功能，完全可以通过其他途径保障特殊群体的合法权益，不应剥夺未成年人适用速裁程序的权利。③ 但是未成年犯罪嫌疑人、被告人不得适用速裁程序已经是共识，是认罪认罚从宽制度下的例外。

---

① 参见张丽霞：《未成年人刑事案件庭审方式改革探析》，载《河南科技学院学报》2011年第3期。

② 参见左卫民：《简易刑事程序研究》，法律出版社2020年版，第329页。

③ 参见李本森、戴紫君：《反思与重塑：刑事速裁程序适用范围研究》，载《学术界》2021年第12期。

对于简易程序来说，我国法律规定未成年犯罪嫌疑人、被告人如果符合适用简易程序条件的则可以适用，在认罪认罚从宽制度确立之前学术主流观点也认为如此。认罪认罚从宽制度确立后一些学者在对比简易程序和速裁程序后认为，速裁程序不利于帮教活动的进行，简易程序仍然具有帮教活动存在的空间，[①] 因此对未成年犯罪嫌疑人、被告人可以适用简易程序而不能适用速裁程序具有合理性。但是也存在认为未成年犯罪嫌疑人、被告人不应当适用简易程序的观点，认为庭审教育源于控、辩、裁三方，如果控方不参加庭审，那么就削弱了庭审教育的力量，而普通程序则可以有效强化庭审教育的效果。[②]

根据上文数据，简易程序依然占到了未成年犯罪嫌疑人、被告人认罪认罚后总量的2/3，说明大量可能判处3年以下有期徒刑的未成年人犯罪案件在认罪认罚后适用了简易程序。对于未成年人犯罪而言，有种观点认为从快可以让未成年犯罪嫌疑人、被告人迅速脱离刑事诉讼程序，尽快得到判决结果，最大限度降低刑事诉讼对未成年人心理的伤害。法国对未成年犯罪嫌疑人、被告人的快速办理程序即是基于此观点，但是刑罚的目的重在避免再犯，从快与避免未成年犯罪嫌疑人、被告人再犯之间并没有任何因果关系。其实由于未成年犯罪嫌疑人、被告人主体认知能力的不足，程序简化可能会导致庭审教育权利受损，有违未成年人案件的办理原则和方针。[③] 附条件不起诉制度确立后，大量可能判处1年以下有期徒刑的犯罪案件得到分流处理，走到法院庭审环节案件判处的结果与之前相比偏重，情况发生了变化，是否还要坚持之前未成年人犯罪案件可以适用简易程序的观点也需要重新审视。

① 参见李海斌:《我国未成年人刑事审判简易化可行性研究》，载《晋中学院学报》2020年第4期。

② 参见胡婧:《刑事审判程序分流研究》，中国政法大学2018年博士学位论文。

③ 参见徐肖闻:《未成年人刑事案件适用简易程序中存在的问题》，载《青少年犯罪问题》2003年第5期。

第四节　认罪认罚后的支持帮助机制不足

目前我国的未成年人支持帮助工作逐步步入正轨，未成年犯罪嫌疑人、被告人认罪认罚后基本得到了预期的“从宽”处理，但是在“从宽”处理的整个过程中的支持帮助机制并不完善，仍然存在不少问题，主要体现在管理不统一、具体适用标准还需完善、保障力度不够等方面。

一、管理不统一

在未成年人支持帮助方面，公、检、法、司各机关本应各司其职，分工负责，相互配合，但是在实践中却存在配合不力、职责履行不到位的情况。公安机关负责打击犯罪，处在处理未成年犯罪嫌疑人、被告人的第一线，职责本身的属性决定了公安机关在支持帮助未成年犯罪嫌疑人、被告人方面具有天然的优势地位，但是公安机关工作的繁杂性也决定了其不能集中精力单纯应对未成年人犯罪案件，因此公安机关更关注于破案过程，支持帮助工作相对显得并不那么重要。检察机关设立了独立的未成年人办案部门，在办案同时集中精力进行支持帮助教育，重点对其犯罪的原因进行总结分析，跟踪附条件不起诉未成年人的近期状况，了解认罪认罚未成年人的思想动态，对未成年人进行心理治疗，但是这些更多的是限于作出附条件不起诉的未成年人，对于其他不起诉未成年人以及移送法院审判的未成年人则支持帮助较少。审判机关设立专门的少年法庭，对未成年人与成年人的审理方式进行了区分，主要在庭审中对未成年人进行了帮扶教育，但是对于判决后的未成年人的支持帮扶做得不到位。司法机关对判处社区矫正的未成年人的支持教育措施有限，往往只是安排一定的社区劳动，监督未成年人不违背相关规则即可。从中也可以看出公、检、法、司在未成年人犯罪的支持帮助过程中各管一段，没有统一有效的配合协调机制。

政府机关中与之关联密切的妇联、共青团等机构工作的力度和主动性不够，职责不明晰。这些部门自身的能力有限，人员较少，经费较少，妇联更关注于女性未成年人的健康发展，共青团更关注于非未成年犯罪嫌疑人、被告人的健康成长。基层村委会、居委会更是没有精力与能力进行帮扶教育，村委会、居委会工作人员素质专业程度不够，对未成年犯罪嫌疑人、被告人的帮扶教育主要依赖于其父母。可以看出无论是政府相关部门还是基层组织都缺乏对未成年犯罪嫌疑人、被告人的支持教育，共同责任导致“共同”不承担责任。

二、具体适用标准还需完善

当前我国缺乏对认罪认罚后未成年人的支持帮助的具体适用标准，国家也注意到了这方面的问题，经过前期一系列的试点，民政部会同最高人民检察院、共青团中央组织完成了国家标准《未成年人司法社会工作服务规范》，于 2021 年 12 月 1 日正式在全国范围征求意见，2023 年 4 月予以颁行。在目前支持帮扶实践中，存在对未成年人认罪认罚与不认罪认罚情况不作区分、支持帮扶措施虚置等问题。在具体操作中缺乏支持帮扶的方向，帮扶的针对性不强，随意性帮扶现象严重，同时对支持帮扶跟踪了解不到位，对新出现的一些问题关注不够，缺少支持帮扶措施的监督机制，导致支持帮扶措施没有对未成年人起到应有的教育作用。《未成年人司法社会工作服务规范》实际上是未成年人“单向从宽”下的国家－个人二元积极性互动的产物，因为其中没有关于未成年犯罪嫌疑人、被告人认罪认罚的相关内容，特别是训诫教育服务、附条件不起诉的帮教考察、专门学校服务、观护教育中缺少认罪认罚从宽的制度内容，其中没有任何认罪认罚的元素，也没有对认罪认罚与不认罪认罚的支持教育措施进行区分。未成年人认罪认罚与不认罪认罚代表了主观上的一种心态，对不认罪认罚未成年人的支持帮扶措施显然要比认罪认罚未成年人的支持帮扶措施更为复杂，所以在支持帮扶过程中需要通过多方沟通，使其认识到自身的错误所在，这是针对不认罪认罚未成年人社会帮扶措施而言需要增加的步骤。

三、保障力度不够

认罪认罚未成年人支持帮助机制的正常运行离不开主要包括经费、场所、人力等方面的保障，但是我国在这方面还存在不少问题，始终困扰着制度的正常运行。

在经费保障方面，政府的划拨资金不充足，很多地区都规定要将未成年人支持帮助工作的经费纳入各级年度财政预算，坚持专款专用，但是因为具体的工作操作还主要在基层，其经费保障主体以地级市以下的财政部门为主，且受到辖区财政的限制，东部地区经济发达，财政保障相对充足，支持帮助机制落实较为到位，但是在广大的中西部地区，情况则不容乐观。同时支持帮助工作内容日益丰富，支出逐步增多，事关集中教育、心理咨询的支持帮助费用难以得到落实，很多支持帮扶措施由于资金短缺而无法开展。[①]

在场所保障方面，看守所、观护教育基地、专门学校的建设都较为滞后。看守所管理的弊端长期备受诟病，就未成年人而言，尽管法律明确规定应当与成年人有所区别，但是目前看守所羁押的状况并不乐观，有时甚至连分押分管的底线要求都无法做到。未成年犯罪嫌疑人、被告人在羁押期间的管理也与成年人的差异不大，未成年人身心的特殊性并没有得到应有的照顾。我国没有专门的未成年人看守所，在与成年人混押的看守所中，专门设立未成年人羁押室的也并不十分普遍，即使对未成年人实行分管分押的看守所，多数也只有一个专门的未成年人监室，无法满足对未成年共犯分管分押的需要。[②] 目前我国的观护教育基地建设工作还处于探索阶段，对于采取非羁押诉讼的未成年犯罪嫌疑人、被告人来说，真正可以受到观护教育的相对较少，能够在观护教育基地接受观护教育则少之又少。[③] 同时，当前已经建设的观护教育基地普遍规定接纳范围仅限于被采取非羁押措施和附条件不起诉的未成年人，对于判处非监禁刑罚的未成年人并没有观护教育的规定，该部分未成年人只能通过社区矫正措施进行教

---

① 未成年人检察专业委员会秘书处:《未成年人检察专业化——〈北京规则〉的中国实践》，中国检察出版社 2018 年版，第 319 页。

② 未成年人检察专业委员会秘书处:《未成年人检察专业化——〈北京规则〉的中国实践》，中国检察出版社 2018 年版，第 113—114 页。

③ 参见史立梅等:《未成年人刑事司法的社会支持机制研究》，中国政法大学出版社 2021 年版，第 296 页。

育改造。[①] 2020年我国工读学校（专门学校）数量只有95所（入校人数3036人），比2019年增加了1所，但入校人数减少了756人。[②] 可以看出，我国工读学校（专门学校）的入学人数偏低，且有减少的趋势。同样，我国工读学校（专门学校）目前主要关注于“升学率”，持续强化文化课的教育力度，对未成年人的支持帮扶措施较少，“去工读化”现象值得引起重视。[③]

在人力保障方面，可以分为专门办案力量和社会辅助力量两类。由于支持帮助工作具有一定的专业性和长期性，而专门办案人员的工作职位经常变动，具有不稳定性，难以专项持续开展未成年人的支持帮扶工作，且在案多人少的背景下，专门办案人员的精力有限，以单纯在编公职人员为主体难以完成这项庞大的系统工作。从社会辅助力量上看，协助性工作人员和志愿者占绝大多数比例，很多地方都向社会公开招募公益性岗位工作人员和社会工作者，协助办案人员专门进行支持帮扶工作，但是公益性岗位薪酬较低，人员工作热情不高，存在消极怠工现象。同时，在支持帮扶工作中，工作人员的缺口一直难以解决，尽管一些志愿者也参与到支持帮扶工作中，但是除了如律师、大学生、心理咨询师等具有专业知识外，很多志愿者在法律、社会学、心理学等方面的专业知识有所欠缺，尤其是在中西部一些不发达的地区，办案人员的水平素质有限，就算相互配合也难以完成支持帮扶工作任务。[④]

---

① 参见史立梅等:《未成年人刑事司法的社会支持机制研究》，中国政法大学出版社2021年版，第317页。

② 参见万桃红:《2020年中国工读学校发展现状分析：贵州工读学校数量全国排名第一》，载搜狐网，https://www.sohu.com/a/490260616_120956897。

③ 参见于辉:《我国工读学校的发展困境与未来出路》，载《少年儿童研究》2020年第4期。

④ 未成年人检察专业委员会秘书处:《未成年人检察专业化——〈北京规则〉的中国实践》，中国检察出版社2018年版，第319页。

第五章

未成年人犯罪适用认罪认罚从宽制度共性问题分析

除了个性问题外，在未成年人犯罪适用认罪认罚从宽制度时还存在同成年人一样的一些共性问题。这些共性问题具有一定的代表性，不能因为只研究个性问题而忽略这些共性问题。这些共性问题依然可以在国家－个人层面的二元互动理论下进行研究。

第一节　制度能否适用的其他影响因素

除了未成年犯罪嫌疑人、被告人的同意意愿的限制及法定代理人、辩护人异议的模糊规定这些个性问题外，影响未成年犯罪嫌疑人、被告人能否适用认罪认罚从宽制度的其他问题还包括够罪标准难以把握、反悔后的救济渠道缺乏及办案机关认识偏差等。

一、够罪标准难以把握

是否达到够罪标准是影响未成年犯罪嫌疑人、被告人能否适用认罪认罚从宽制度的客观因素。在国家层面，通过刑法对每类犯罪的够罪标准都作了比较明确的规定，并通过立法解释和司法解释将这种标准进一步细化，将其公布于众，使公民能够了解自身行为是否构成犯罪。在个人层面，公民要认识到自身的行为是否构成犯罪，其中最主要的就是犯罪的标准问题，如果未成年犯罪嫌疑人、被告人认识到错误，认为自己构成犯罪而选择适用认罪认罚从宽制度，但是结果却不构成犯罪，那么认罪认罚从宽制度自始至终都没有得到真正的适用。在够罪标准方面，国家－个人层面的二元互动理论表现为：国家应有明确的够罪标准，个人应认识到这种标准，只有在这种前提下认罪认罚从宽制度才有可以适用的空间。

因此未成年犯罪嫌疑人、被告人认罪认罚的前提是需要认识到自己的行为是否构成犯罪。这个问题看似简单，实际却有难度，对于未成年犯罪嫌疑人、被告人而言更是难上加难，因为未成年犯罪嫌疑人、被告人本身年龄较小，知识储备不足，再加之具体行为是否构成犯罪并非一目了然，即使专业的司法人员也会有不同的认识，比如盗窃罪、诈骗罪、抢夺罪、故意伤害罪等犯罪到底达到多少数额、达到多大程度、达到多大危害才算构成犯罪，非专业人士很难界定，其中主要涉及违法行为和犯罪行为的界限问题。一般数额在 1000—3000 元的盗窃，公安机关可以立案侦查，即若单次盗窃 1000 元以下，便属违法行为，不构成犯罪。对不构成犯罪的未成年人，公安机关一般会让其法定代理人代为退赃退赔，并对其批评教育罚款等。盗窃罪有可参考的价值数量范围，定罪相对较为容易，而诈骗罪、危害国家安全罪等犯罪并不好界定，对这些较为复杂的犯罪，未成年犯罪嫌疑人、被告人甚至其法定代理人也无法准确区分，需要专业律师的帮助。若未成年犯罪嫌疑人、被告人事实上只违法没有构成犯罪，但是其认为自己构成犯罪而认罪认罚，这也并不是真正的认罪认罚。只有未成年犯罪嫌疑人、被告人确实构成了犯罪，才能适用认罪认罚从宽制度。

二、反悔后救济渠道缺乏

反悔实际上是国家 - 个人层面二元互动过程中的对抗，是个人对国家的对抗性互动。具体表现为未成年犯罪嫌疑人、被告人基于自愿和办案机关达成一致合意，控辩双方受签署的认罪认罚告知书、认罪认罚具结书等法律文书的束缚，但实践中也存在着未成年犯罪嫌疑人、被告人突然反悔，拒不承认自己的罪行，否认检察机关的指控以及认罪认罚后又上诉等反悔行为。与成年人相比，是否应当对未成年人更加宽松？我国目前的法律规定是一视同仁。

对于认罪认罚中的“反悔”可理解为对曾经作出过的承诺予以否定，对认罪认罚反悔进行分类是对其研究的前提。在侦查阶段对认罪认罚的记录仅限于笔录，在起诉阶段不认可对签署认罪认罚具结书影响不大。在诉讼程序中可以理解为已经签署认罪认罚具结书后不认可具结书的内容。未成年犯罪嫌疑人、被告人原则上在任何时间都可以作出反悔的选择，其所带来的后果从未成年犯罪嫌疑人、被告人的角度来看，体现了对其自身权利的保护，也能彰显司法活动的公正性，但从诉讼效率的角度来看，认罪认罚的反悔给案件事实认定带来困难，严重影响诉讼效率，影响被害人权益实现和认罪认罚从宽制度的威严性。[①] 而目前来说，对于认罪认罚反悔后出现的问题并无相关的解决机制，因此探讨规范此类问题，减少认罪认罚反悔案件的出现变得十分有必要。

（一）立法规定操作性不强

未成年犯罪嫌疑人、被告人认罪认罚反悔后导致诉讼程序间的互相排斥，会带来对案件事实难以认定、降低诉讼效率、损害被害人权益等不利影响，对于预防认罪认罚反悔后出现诉讼程序间的排斥也要考虑相对应的应对措施，目前对于未成年犯罪嫌疑人、被告人认罪认罚反悔并无具体可操作的相关规定。在刑事诉讼法条文中，仅有两条间接体现了未成年犯罪嫌疑人、被告人反悔的内容。其中，《刑事诉讼法》第 201 条第 1 款第 2 项表明未成年犯罪嫌疑人、被告人认罪认罚非自愿时会影响诉讼程序的选择，也可能影响法官对检察机关的定罪与量刑建议的采纳与否；而第 226 条则规定不适用速裁程序的情形有“不自愿”和“否认指控犯罪事实”两种，但是对于未成年犯罪嫌疑人、被告人而言始终不适用。可以看出刑事诉讼法作为基本法并没有直接规定未成年犯罪嫌疑人、被告人反悔，也就没有明确赋予未成年犯罪嫌疑人、被告人反悔权。

《适用制度指导意见》中明确出现了“认罪认罚反悔”“认罪认罚的反悔和撤回”这一类概念，较为直观地对未成年犯罪嫌疑人、被告人“反悔”进行了某种程度的许可。未成年犯罪嫌疑人、被告人认罪认罚后反悔会影响程序的选择，且在每个诉讼阶段都不同程度地存在。《适用制度指导意见》真实提出了认罪认罚的反悔问题，开始关注未成年犯罪嫌疑人、

① 参见杨立新:《认罪认罚从宽制度理解与适用》，载《国家检察官学院学报》2019 年第 1 期。

被告人的“反悔权”，但其规定依然比较模糊，并不能完全解决未成年犯罪嫌疑人、被告人反悔权运行中所存在的诸多问题。

（二）反悔权本身存疑

反悔表明未成年犯罪嫌疑人、被告人对先前的允诺行为在之后又作出了否定性评价。反悔权能够让程序回转，未成年犯罪嫌疑人、被告人在认罪认罚之后如果发现有不当情形，可以通过行使反悔后的救济权来保障自己的诉讼权利。从国家层面来说，反悔权的存在严重扰乱了国家适用认罪认罚从宽制度的运行秩序。但是从个人层面而言，反悔权的存在关注于个案，能够充分尊重个人意见建议，最大限度保障未成年犯罪嫌疑人、被告人的合法权益。国家与个人在反悔权问题上的博弈也是一种互动，这种互动决定了目前反悔权的尴尬局面。

对于未成年犯罪嫌疑人、被告人来说，其认罪认罚与其后的反悔并不矛盾，因为认罪认罚的一个重要因素就是确保未成年犯罪嫌疑人、被告人的认罪认罚是自愿的。但是在实践中，办案机关对未成年犯罪嫌疑人、被告人认罪认罚反悔极度不满，会质问未成年犯罪嫌疑人、被告人为何反悔，指责其不诚实、不守信，向未成年犯罪嫌疑人、被告人施压。同时，反悔没有任何文书签署，只是在认罪认罚后表明不同意办案机关的处理意见即可。当然，还存在一些未成年犯罪嫌疑人、被告人二次反悔、三次反悔等情况，这种无限次反悔在理论上是可行的。

同时，是否应当赋予未成年犯罪嫌疑人、被告人认罪认罚反悔权是一个争议性很大的问题。事实上，无论是未成年犯罪嫌疑人、被告人接受认罪认罚的后果还是选择反悔，都应当被视为他们的自由。但是未成年犯罪嫌疑人、被告人反悔权的存在违背了诚实信用原则，同时不利于诉讼效率的提高，未成年人刑事犯罪案件在司法机关内部的正常程序会耗费70%的诉讼时间。[①] 如果未成年犯罪嫌疑人、被告人拥有反悔权，则案件的诉讼时间将会大幅增加，未成年犯罪嫌疑人、被告人认罪认罚后又反悔的案件

---

① 参见北京市海淀区人民法院课题组:《关于北京海淀全流程刑事案件速裁程序试点的调研》，载《法律适用》2016 年第 4 期。

诉讼时间多于没有反悔的案件，很多可以高达6倍。[①] 此外，除学界对未成年犯罪嫌疑人、被告人认罪认罚后的反悔权存有争议之外，在司法实践中及刑事诉讼法规定中，反悔权的存在都显得较为模糊。在《适用制度指导意见》中，分为提起公诉前反悔、在法院审理过程中反悔以及作出不起诉决定后反悔三种情况对认罪认罚后反悔案件的后续处理进行规定，但只是框架性的规定，笼统地要求办案机关视情况处理，更没有对未成年犯罪嫌疑人、被告人反悔后的救济渠道进行单独规定。

由此可以看出，我国未成年犯罪嫌疑人、被告人反悔权存在制度性缺失，并缺乏告知反悔权相关权利义务的规定，同时在反悔权没有被明确赋予的情况下，如果未成年犯罪嫌疑人、被告人反悔，这样很有可能会导致对其处罚更为严重，[②] 反悔权存在的负面效应明显，是否应该继续保留依然存疑。

三、办案机关认识偏差

在未成年犯罪嫌疑人、被告人及其法定代理人、辩护人的综合选择下，办案机关具有能否适用认罪认罚从宽制度的最终决定权。办案机关的最终决定重点体现了国家－个人层面二元互动理论中国家的作用，是制度能否适用的终局把控方。同时，办案机关应按照“家庭模式”的要求，对未成年人多一份关爱，在案件能否适用认罪认罚从宽制度方面重点研究，实现“能用尽用”的目标，但是实践中并非如此。

第一，存在该用而不用的情况。即使未成年犯罪嫌疑人、被告人认罪也认罚，其法定代理人也同意适用认罪认罚从宽制度，但是办案机关依然可以决定不适用该制度。其不当运用包括该用而不用、不该用而用两种情况。不该用而用这种情况较为少见，实践中更多的是该用而不用。在调研中发现，很多能够适用认罪认罚从宽制度的案件因为办案机关的疏忽导致

---

① 参见马明：《认罪认罚从宽制度中未成年犯罪嫌疑人、被告人反悔问题研究》，载《中国人民公安大学学报》2018年第4期。

② 参见谢小剑：《认罪认罚从宽制度中被追诉人反悔权研究》，载《江西社会科学》2022年第1期。

没有适用该制度。如E县级单位检察机关办理的一起案件，某未成年犯罪嫌疑人到案后如实供述自己罪行并退赃退赔愿意接受处罚，完全符合适用认罪认罚从宽制度条件，但因为承办人对法律认识和学习不到位而没有适用。这类情况主要出现在认罪认罚从宽制度适用早期，但是不排除今后偶然还会发生此类情况。

第二，侦查机关适用率较低。从上文统计数据中可以发现，侦查机关对未成年犯罪嫌疑人、被告人适用认罪认罚从宽制度的积极性远低于检察机关和审判机关。这与诉讼阶段有一定关系，更与公安机关的办案理念有关系。公安机关在办理未成年人犯罪案件时依然沿用的是1995年《公安机关办理未成年人违法犯罪案件的规定》，仅在2020年进行了一条修正：涉及收容教育的内容废止。其中没有提及任何认罪认罚从宽制度相关内容，而同时期的检察机关和审判机关将认罪认罚从宽制度列入未成年人案件办理的重要事项予以规范。同时，公安办案人员往往认为其工作重在固定案件事实和证据，认罪认罚从宽制度的诸多事项应在后续环节中由检察、审判机关予以落实，与其关系不大。当然这种办案理念是错误的，却普遍存在于办案实践中。

第二节　与其他程序的不契合问题

程序契合问题是指未成年犯罪嫌疑人、被告人在适用认罪认罚从宽制度时与其他程序衔接过程中所凸显出来的问题，除了在个性问题一章中提到的与附条件不起诉程序、快速办理程序不协调外，还与和解程序、量刑建议程序、上诉程序等有诸多不契合之处。

一、与和解程序衔接不顺畅

未成年人犯罪适用认罪认罚从宽制度与和解程序衔接不顺畅主要表现为和解程序过窄和被害人的作用发挥有限两个方面。该难题在试点时期实际上一直得到关注重视，但是在《刑事诉讼法》审议时却因种种原因始终没有得到正面回应。[①] 其反映出的是国家－个人层面二元互动理论中的对抗性互动，即国家所追求的效率价值可能会受到和解程序中被害人（个人）诉求的影响，故对此问题予以回避。未成年犯罪嫌疑人、被告人认罪认罚与和解表面看似没有关系，但在深层次两者之间关系密切，和解是体现未成年犯罪嫌疑人、被告人认罪认罚的最主要途径。在未成年人认罪认罚中的刑事和解与一般的刑事和解存在矛盾，二者追求的利益有相同之处，又有不同之处，前者主要追求合作性司法下的效率，后者主要追求恢复性司法下的效率，目标一样但是路径不同，显然后者的效率要低于前者的效率。

（一）和解程序的范围过窄

刑事和解程序适用的案件范围是涉及公民人身权利、财产权利的过失性犯罪等轻罪案件，即司法机关对被告人批评教育，再让其向被害人赔礼道歉、赔偿损失，取得被害人的谅解、和解，再相应地从宽处罚。未成年人犯罪适用认罪认罚从宽制度的案件适用范围要比和解程序案件的范围更为广泛，特别是对较为严重的犯罪案件，两者处理方式不一样。在未成年人犯罪适用认罪认罚从宽制度下，未成年犯罪嫌疑人、被告人只需认罪认罚就可获得从宽处理结果，是否能赔礼道歉、退赃退赔，是否与被害人达成谅解或和解协议，仅是作为量刑时的减刑因素之一。这样就存在一些未成年人犯罪案件可以适用认罪认罚从宽制度却无法适用和解程序，主要是一些重罪案件和被害人不同意和解的案件。同时，办案机关主动寻求适用认罪认罚从宽程序的积极性要高于和解程序，这也是和解程序在符合条件案件中适用率不高的原因之一。

鉴于和解程序正式确定于 2012 年，在认罪认罚从宽制度确立前已运行 7 年，是否能在适用认罪认罚从宽制度时适当扩大适用范围，体现认罪认罚从宽制度的特有价值值得探讨。同时，如果是犯罪嫌疑人、被告人是未成年人，能否将其和解范围进一步扩大是立法下一阶段需要重点考

---

① 参见赵恒:《认罪认罚与刑事和解的衔接适用研究》，载《环球法律评论》2019 年第 3 期。

虑的问题。

（二）被害人的作用发挥有限

未成年人犯罪案件中的和解本身较为敏感，增加了被害人对诉讼程序的影响，但是被害人对未成年人犯罪适用认罪认罚从宽制度的影响较小，被害人无法加入未成年犯罪嫌疑人、被告人方同办案机关的协商，即使对未成年人犯罪适用认罪认罚从宽制度有异议也不能直接影响制度的适用。这与未成年人犯罪案件和解程序截然不同，后者被害人如若有异议则可以直接决定程序适用与否。未成年犯罪嫌疑人、被告人如果能同时适用两种程序，还可以起到“三重从宽”的效果，[①] 这当然是最理想的情况。但是也会出现因被害人不同意和解而仅适用认罪认罚从宽制度的情况，或者在达成和解后因量刑问题而不适用认罪认罚从宽制度的情况。上述情况凸显出被害人在未成年人犯罪适用认罪认罚从宽制度与和解程序衔接时的主要问题有：

第一，被害人的知情权无法保障，知情权是被害人进行权利保护的一项前提权利，是行使其他诉讼权利的基础。但是目前的情况是未成年认罪嫌疑人、被告人涉嫌犯罪后，公权力机关的精力主要放在应对未成年犯罪嫌疑人、被告人上，在侦查阶段询问被害人固定好证据后，被害人几乎从刑事诉讼中“退出”，很多被害人对刑事诉讼的进展情况一无所知，这样很容易造成一些误解，进而产生纠纷，甚至会发生极端性案事件，危害社会正常运行秩序，也可能会同时损害未成年犯罪嫌疑人、被告人和被害人的合法权利。

第二，被害人法律帮助权被忽视。刑事诉讼法规定，公安机关、检察机关、审判机关在办理认罪认罚从宽案件中，未成年犯罪嫌疑人、被告人没有委托辩护人的，可以由法律援助机构指派值班律师为其提供法律帮助，可是更需法律服务的被害人却没有同样的权利。虽然根据《法律援助条例》规定，因为经济困难没有委托诉讼代理人的公诉案件可以向法律援助机构申请法律援助，但法律援助的重点是参与诉讼，法律帮助偏向于相关法律

① “三重从宽”指未成年人“从宽”、认罪认罚“从宽”以及和解“从宽”。

咨询，解答当事人的困惑。虽然理论上被害人在刑事诉讼中的利益诉求大部分由检察官代替，但两者并不完全相同，检察官更多关注社会公众利益，很难兼顾每个被害人的利益，被害人群体中兼具法律专业知识的人较少，被害人无论在精神层面还是物质层面上受到的伤害要比未成年犯罪嫌疑人、被告人更大，经济困难的被害人也不想花钱聘请专业律师予以帮助，但是这些被害人需要了解认罪认罚从宽制度，需要参与量刑建议协商，需要表达自己的诉求，因此对其提供法律帮助显得十分必要。

当然，上述问题不仅存在于未成年人犯罪适用认罪认罚从宽制度及和解程序中，也是被害人保护中普遍较易忽视的问题，如何进一步更好地保护被害人，尤其是未成年被害人，是一个值得予以关注并继续解决的问题。

二、与量刑建议程序不匹配

量刑建议是检察机关对未成年犯罪嫌疑人、被告人所适用刑罚种类、幅度等内容对法院提出的具体建议。这种建议具有很强的精准性，在前期沟通的前提下法院一般都会采纳。虽然“两高三部”《关于规范量刑程序若干问题的意见》对诉讼参与人参与量刑作出明确规定，但是目前我国对未成年犯罪嫌疑人、被告人及其法定代理人、辩护律师，被害人及其辩护律师，检察官等各方在协商量刑建议时所起到的作用大小方面尚没有明确规定。

第一，未成年犯罪嫌疑人、被告人认罪认罚量刑建议程序不完善。我国未成年犯罪嫌疑人、被告人认罪认罚后的量刑建议内容多是原则性的规定，不成体系，不够具体，针对性不强，在具体的量刑时没有规范的可参考标准。如被害人的量刑建议权没有得到有效行使。我国刑事诉讼法规定被害人享有一定的量刑建议权，“两高三部”《关于规范量刑程序若干问题的意见》中对被害人参与量刑又作出明确规定，但是实际被告人及其辩护律师、被害人及其辩护律师、检察官各方在协商量刑建议时，被害人作为主要当事方其意见占多大分量，这个问题没有确切的答案。

第二，我国适用的“协商从宽”模式弊端明显。这种模式是检察机关与未成年犯罪嫌疑人、被告人及其法定代理人协商，检察机关先提出量刑建议，未成年犯罪嫌疑人、被告人及其法定代理人作出是否同意的决定。

但是“协商从宽”模式赋予未成年犯罪嫌疑人、被告人方较大“议价”权，据此讨价还价的情况较为常见，削弱了未成年犯罪嫌疑人、被告人对国家司法公权力的敬畏，影响帮教的成效。

第三，没有考虑到认罪认罚从宽制度适用中未成年人的特殊性。未成年人犯罪适用认罪认罚从宽制度的量刑参考“两高”《常见犯罪量刑指导意见》中未成年人量刑的内容，但是对于认罪认罚从宽的量刑规定没有诠释未成年人的特殊性。具有代表性的是“认罚”应否以具备履行能力为前提。[①] 例如，一些未成年人犯罪的罚金较多，未成年犯罪嫌疑人、被告人接受了罚金的量刑建议并愿意退赔但无相应履行能力，这样未成年犯罪嫌疑人、被告人认罪认罚只是为了从宽，与制度预设目的不符。

三、与上诉程序有矛盾

未成年人犯罪适用认罪认罚从宽制度与上诉程序有一定的矛盾，这种矛盾普遍存在于认罪认罚从宽制度中，但是依然具有未成年人一些特有的属性，即在上诉权的归属方面有其法定代理人和律师的影响，在共性问题中最明显的表现就是上诉权的滥用，也是反悔的一种表现形式。从总体上来看，上述问题在成年人犯罪适用认罪认罚从宽制度中也不同程度地存在，因此未成年人犯罪适用认罪认罚从宽制度与上诉程序的矛盾属于共性问题。

第一，认罪认罚从宽案件中未成年犯罪嫌疑人、被告人的上诉权保护仍有制度空白。未成年犯罪嫌疑人、被告人适用认罪认罚从宽工作开展以来，对于未成年人自愿认罪认罚后，是否还应当适用“上诉不加刑”这一原则也是理论与实践争论的热点问题。在实践中，未成年犯罪嫌疑人、被告人如果认罪认罚，审判人员经审查无其他特殊情形即会按照检察机关量刑建议作出判决，但如果该未成年犯罪嫌疑人、被告人在获得从宽后又提起上诉，在检察机关未提起抗诉的情况下有“上诉不加刑”原则的限制。但是，实践中存在“上诉加刑”情形，因此，应当探讨未成年犯罪嫌疑

---

① 参见李艳霞、孙延杰：《未成年认罪认罚案件量刑协商中的三个法律问题》，载《鲁东大学学报（哲学社会科学版）》2020 年第 1 期。

人、被告人适用认罪认罚从宽后上诉权的问题。此外，还要考虑未成年被告人行使上诉权时与其法定代理人意见不一致的情形。

第二，上诉权容易被滥用。上诉权是反悔权的进一步延伸，上诉程序追求司法公正，通过二审对一审的裁判错误进行纠正，其目的在于为未成年犯罪嫌疑人、被告人提供救济途径。上诉原因可分为四类：其一，认为一审法院判处刑罚过重，超过心理预期；其二，为延长羁押期限以避免去监狱服刑；其三，在一审审结后出现新的事实和证据，如存在自首、立功情节等；其四，认为一审法院的判决事实不清、证据不足。通过分类可以发现，一部分未成年犯罪嫌疑人、被告人提出上诉的原因是原审裁判有错误或案件审结后出现了新的事实和证据，另一部分未成年犯罪嫌疑人、被告人行使上诉权则是为了逃避监狱服刑的策略性反悔。为了杜绝这种策略性反悔现象，对未成年犯罪嫌疑人、被告人的上诉权应作一定限制。

第三节　强制措施及刑罚适用问题

当今世界大多数国家都认为监禁并非改造未成年犯罪嫌疑人、被告人的良策，未成年犯罪嫌疑人、被告人选用非监禁刑已成为国际社会的普遍倾向，非监禁刑也是“家庭模式”适用时的首选措施。我国的未成年犯罪嫌疑人、被告人适用认罪认罚从宽制度后的强制措施及刑罚适用依然存在着诸多的问题，比如适用理念依然相对落后、适用的具体规定尚不够明确、调查机制不够完善等等。对认罪认罚未成年犯罪嫌疑人、被告人适用合适的强制措施和刑罚是国家主导、个人配合的刑事诉讼活动，处理的决定权在国家，与被处理的个人持续互动，尽力让个人满意，以达到共赢的社会效果。

一、审前拘留、逮捕问题

在审前采取拘留、逮捕措施限制了未成年人的人身自由，是最严重的强制措施，也是国家与个人最为激烈的对抗性互动。如果未成年犯罪嫌疑人、被告人本应该被采取这些措施，但因认罪认罚而被采取非监禁措施，那么认罪认罚才有其独立的从宽价值。[①] 认罪认罚从宽制度下的审前采取拘留、逮捕措施存在以下问题：

第一，审前拘留、逮捕的标准一成不变。在未成年人法领域，《北京规则》将“pretrial detention”一词译为“审前拘留”，我国学者大多将其译为“审前羁押”。[②] 在我国刑事诉讼中，审前羁押涵盖拘留、逮捕等刑事强制措施，亦贯穿侦查、审查起诉到审判三个不同阶段。[③] 其中审前拘留、逮捕与未成年犯罪嫌疑人、被告人最为密切，但是认罪认罚从宽制度确立后，未成年犯罪嫌疑人、被告人拘留和逮捕的适用标准依然按照原来成年人标准，特别是逮捕中“可能判处徒刑以上刑罚”的标准始终没有变化，没有体现“从宽”的价值。

第二，审前拘留、逮捕后的羁押期限过长，缺乏特殊规定。依据我国刑事诉讼法的规定，对未成年犯罪嫌疑人、被告人拘留最长为 37 日，在身份不明的情况下甚至可以无限期羁押，加之与逮捕（逮捕后的羁押期限一般为 2 个月，一般延长侦查羁押期限后可达 3—7 个月，特殊的没有时间限制）的并行使用，加大了羁押期限的不确定性。这不利于未成年人的特殊保护，其在看守所时间越长，接受犯罪交叉感染的概率越高。即使是未成年犯罪嫌疑人、被告人认罪认罚，依然是按照上面规定的时间进行关押，容易造成认罪认罚没有实际意义。

第三，审前拘留、逮捕容易成为强迫未成年人选择认罪认罚从宽制度的恐吓手段。在未成年犯罪嫌疑人、被告人考虑是否认罪认罚时，为了考评需要，提高认罪认罚从宽制度的适用率，部分办案人员会告知未成年犯罪嫌疑人、被告人及其法定代理人在某一时间点前如果不认罪认罚将予以关押（审前拘留、逮捕），一些对适用认罪认罚从宽制度有异议的未成年犯罪嫌疑人、被告人及其法定代理人为了不被采取审前拘留、逮捕措施，

---

① 参见周莹莹、金彦宇：《未成年认罪认罚“从宽”问题研究》，载《三明学院学报》2019 年第 3 期。

② 参见孙长永：《侦查程序与人权——比较法考察》，中国方正出版社 2020 年版，第 191 页。

③ 参见北京市海淀区人民检察院课题组：《未成年人审前羁押状况调查》，载《国家检察官学院学报》2010 年第 4 期。

违心选用认罪认罚从宽制度。

二、缓刑适用问题

根据上文的分析，缓刑是对未成年人犯罪适用认罪认罚从宽制度后非监禁刑的主要刑罚手段，是国家层面与个人层面二元一致性互动的具体表现形式之一。我国目前的刑罚制度中，除了缓刑这一适用于未成年犯罪嫌疑人、被告人的轻缓化刑罚方法外，尚未有专门针对未成年人的非监禁化的刑罚制度（罚金、剥夺政治权利、没收财产作为附加刑单独适用较少，在此不作讨论）。一些国家有多种针对未成年犯罪嫌疑人、被告人的轻缓刑罚方法，比如在英国，对少年犯的非监禁刑罚达十一种之多，包括罚金、缓刑、社区服务、复合命令（将缓刑和社区服务结合）、电子监控、赔偿、有条件的解除指控、完全解除指控、责令犯罪人行为平和守规矩、判决暂不生效、警察警告等。[①] 我国的未成年犯罪嫌疑人、被告人认罪认罚后的可选择非监禁刑的范围相对较窄。

在审判阶段，能否适用缓刑是是否“从宽”的直接体现。如果是一次性犯罪行为（偶犯），采取缓刑等非监禁化的刑罚方法适用之，对未成年犯罪嫌疑人、被告人进行教育和帮助，可以达到塑造其适应社会的人格的改造目的。[②] 理论上同样的犯罪行为如果之前不适用缓刑，但是在认罪认罚从宽制度确立后，未成年犯罪嫌疑人、被告人在选择了认罪认罚从宽制度进而适用了缓刑，那么在缓刑领域就体现出了认罪认罚从宽制度的独特价值。但是实践中并不是这种情况，存在的主要问题有：

第一，未成年犯罪嫌疑人、被告人认罪认罚后的缓刑适用率较低。我国当前对未成年犯罪嫌疑人、被告人认罪认罚后宣告缓刑（含拘役缓刑）的适用率还有待进一步提高。其原因除了附条件不起诉的扩大适用分流外，还有为了加大惩罚力度、避免缓刑期间重新犯罪、担心扩大缓刑的适

① 参见王运生、严军兴:《英国刑事司法与替刑制度》，中国法制出版社1991年版，第73—75页。

② 参见高铭暄:《刑法学原理》（三卷），中国人民大学出版社1994年版，第32—44页。

用比例及过分在意被害人的情绪等因素，许多法官、检察官对未成年犯罪嫌疑人、被告人宁可少判实体刑也不适用缓刑，或者尽可能少地适用缓刑，这些做法与缓刑的价值背道而驰。而在德国，大部分未成年犯罪嫌疑人、被告人被宣告缓期，其中刑期在 2 年以下的未成年犯罪嫌疑人、被告人只有 6% 被关押在少年监狱内。[①]

第二，未成年犯罪嫌疑人、被告人认罪认罚后的缓刑适用不规范。实践中对未成年犯罪嫌疑人、被告人认罪认罚后的缓刑适用随意性较大，如有的更关注于未成年犯罪嫌疑人、被告人的性别，倾向于对女性适用缓刑等。

第三，对认罪认罚未成年犯罪嫌疑人、被告人的社会调查缺失或者过于表面化。在我国的司法实践中，法官、检察官制作的社会调查报告很多仅是为了完成任务，在公安机关材料的基础上完善而成，没有深入直接调查，在未成年犯罪嫌疑人、被告人认罪认罚后简化甚至省略这一步骤。美国的社会调查制度较为完善，设立了专门的缓刑官，在"辩诉交易"程序中，缓刑官的详细调查涵盖了未成年犯罪嫌疑人、被告人的成长、生活及犯罪的方方面面，缓刑官作用较大，甚至能够决定未成年犯罪嫌疑人、被告人是否适用缓刑。[②]

第四，认罪认罚未成年犯罪嫌疑人、被告人的缓刑适用范围较窄。很多缓刑的适用要求和解，但是未成年犯罪嫌疑人、被告人与被害人和解的基本条件是"涉嫌刑法分则第四章、第五章规定的犯罪案件，可能判处三年有期徒刑以下刑罚的"，限制了办案机关在办理未成年犯罪嫌疑人、被告人认罪认罚从宽案件中适用缓刑的范围和力度。[③] 未成年人具有特殊性，在认罪认罚后的和解规定和成年人一样则没有凸显出对未成年人的特殊保护，刑法分则第四章、第五章限制也许对成年人比较合理，但是对于未成

---

① 参见胡春莉:《未成年人刑罚制度研究》，武汉大学出版社 2012 年版，第 152 页。

② Minaudo, & Nicholas.（2019）. Reporting that matters: a comparative law study on probation officers in the juvenile justice systems of the united states and the republic of ireland. *Indiana Journal of Law and Social Equality*, 7（2）, 3–3.

③ 参见张寒玉、盛常红:《未成年人刑事案件如何适用认罪认罚从宽制度》，载《人民检察》2019 年第 24 期。

年人并不一定合理，其范围较窄。特别是对于判处 3 年以上的未成年犯罪嫌疑人、被告人不得适用缓刑这一规定限制了很多认罪认罚未成年犯罪嫌疑人、被告人的从轻处理。当然，这是之前的一般规定，对于未成年犯罪嫌疑人、被告人适用认罪认罚从宽制度后，缓刑是否可以适用到某些重刑犯之中值得进一步探讨。

三、监禁刑的适用问题

宽严相济与刑事诉讼“家庭模式”的要求一脉相承，都要求对于未成年人轻刑犯罪适用认罪认罚从宽制度时尽量少用监禁刑。因此，未成年犯罪嫌疑人、被告人认罪认罚后的“监禁刑”适用问题是衡量未成年犯罪适用认罪认罚从宽制度中的一项重要内容，[①] 也是国家层面和个人层面二元对抗性互动的表现形式。

我国的监禁刑包括拘役、有期徒刑和无期徒刑，根据上文分析，我国未成年犯罪嫌疑人、被告人认罪认罚后被判处拘役、有期徒刑刑罚的较多。目前由于缺乏有效的替代措施，司法实践中对未成年犯罪嫌疑人、被告人认罪认罚后适用有期徒刑成为最主要的刑罚方式，而且对未成年犯罪嫌疑人、被告人认罪认罚后判处无期徒刑的现象也存在，这些状况不利于对未成年犯罪嫌疑人、被告人认罪认罚后的教育和改造。造成未成年犯罪嫌疑人、被告人认罪认罚后监禁刑适用率高的原因除了上文提到的酌定不起诉、附条件不起诉的分流外，还有以下原因：

第一，对未成年犯罪嫌疑人、被告人认罪认罚后适用非监禁刑呈犹豫、谨慎态度。当前民众对法律的认知依然有限，对非监禁刑的真实含义不能正确理解，认为非监禁刑是“有罪不罚”或“只要交了钱就没事了”等。因此部分受害人在未成年犯罪嫌疑人、被告人被判处管制、罚金或者适用缓刑的非监禁刑后，想当然地认为是枉法裁判，出现涉诉信访、缠访、闹访的情况。另外，由于监管机制不健全，监管措施不到位，被判处非监禁刑人员存在再犯的可能性，必然引起外界对非监禁刑裁判质量的质

---

① 参见张寒玉、盛常红:《未成年人刑事案件如何适用认罪认罚从宽制度》，载《人民检察》2019 年第 24 期。

疑等。受此种社会舆论的压力，办案法官、检察官不同程度地存在适用非监禁刑的消极态度和谨慎、保守思想，出现了司法机关内部审理案件之间非监禁刑适用的不平衡和适用标准不一的现象。这种情况在未成年犯罪嫌疑人、被告人适用认罪认罚从宽制度后并没有改观。如何让被害人在未成年犯罪嫌疑人、被告人适用认罪认罚从宽制度中同意适用非监禁刑，并加强跟踪联系，有效降低未成年犯罪嫌疑人、被告人再犯风险是以后司法工作人员的工作重点。

第二，是否赔偿到位成为认罪认罚未成年犯罪嫌疑人、被告人是否适用监禁刑的关键因素。我国目前的刑罚体系是基于成年人构建的，在未成年人刑罚领域缺乏科学、完善、系统的规定。被害人谅解的积极作用明显，但若其影响力过大，甚至能够决定未成年犯罪嫌疑人、被告人适用监禁刑与否，就易产生“花钱买刑”现象，导致司法不公正。当未成年犯罪嫌疑人、被告人为了取得被害人谅解而积极赔偿，被害人却漫天要价、执意不接受，这时过分考虑被害人谅解可能会损害对认罪认罚未成年犯罪嫌疑人、被告人的合法利益。[①] 有相当部分的被害人提出了不切实际的赔偿金额，严重的物质导向导致当事方的地位不等，形成非理性交涉，[②] 这样未成年犯罪嫌疑人、被告人的认罪认罚就可能显得无意义。实践中常会对部分符合非监禁刑条件的认罪认罚未成年犯罪嫌疑人、被告人判处短期监禁刑，有损对认罪认罚未成年犯罪嫌疑人、被告人从宽处罚的精神。[③] 以故意伤害（轻伤）案件为例，未成年犯罪嫌疑人、被告人是否赔偿了被害人的各种经济损失，是对其是否适用非监禁刑的主要条件。同时，一些未成年人犯罪情节轻微，认罪态度较好，由于家庭经济困难，无法赔偿被害人的经济损失，得不到被害人及其家属的谅解，虽然认罪认罚但是依然未被适用非监禁刑。

---

① 参见周莹莹、金彦宇:《未成年认罪认罚“从宽”问题研究》，载《三明学院学报》2019 年第 3 期。

② 参见张建宇:《未成年人刑事和解的实践风险与制度保障》，载《广西政法管理干部学院学报》2021 年第 1 期。

③ 参见周莹莹、金彦宇:《未成年认罪认罚“从宽”问题研究》，载《三明学院学报》2019 年第 3 期。

第三，与认罪认罚的对比效应导致对不认罪认罚未成年犯罪嫌疑人、被告人判处监禁刑。为了凸显认罪认罚的“从宽”效应，一些办案人员认为如果未成年犯罪嫌疑人、被告人不认罪认罚，那么说明其态度不端正，理应罪加一等，甚至罪加数等，导致一些案件中的未成年犯罪嫌疑人、被告人被不合理地加重处罚，判处监禁刑即是加重处罚的常用手段。

第四，不合理的考评因素导致办案人员倾向于对逮捕后的认罪认罚未成年犯罪嫌疑人、被告人适用监禁刑。实践中，司法机关自上到下设置了捕后轻刑率、捕后缓刑率[①]等考评指标。合理的考评指标在一定程度上能够促进整体案件质量的提升，不合理的考评指标则可能会产生一些负面效果，如甲省级单位设置年度捕后轻刑率不得超过8%，捕后缓刑率不得超过15%。捕后轻刑率每超过一个百分点扣除1分，捕后缓刑率每超过一个百分点扣除0.5分。这种考评指标的本意是为了倒逼办案人员慎重适用逮捕措施，但是这种考评也造成被逮捕后的认罪认罚未成年犯罪嫌疑人、被告人几乎没有被判处轻刑、缓刑的机会，与其本身是否认罪认罚并无关系。

① 考评中的轻刑包括免刑、管制、拘役（包括拘役缓刑）、单处罚金，缓刑特指有期徒刑缓刑。

第六章

未成年人犯罪适用认罪认罚从宽制度的完善路径

未成年人犯罪适用认罪认罚从宽制度完善路径的大方向把握上，当前需要在国家－个人层面二元持续互动的理论指导下，强化一致性互动，弱化对抗性互动，扩大合作范围，实现共赢的目的。具体对策要针对第四章和第五章的问题，在“家庭模式”下进行制度的逐步完善，有些可能还涉及规则的变更。在对策的完善中，因未成年人犯罪适用认罪认罚从宽制度完善的目的指向性比较强，没有必要再区分为个性对策和共性对策，因此不用像分析问题一样分为个性问题和共性问题，可以将其按照不同的规则方法进行分类归纳。

在未成年犯罪嫌疑人、被告人自愿性路径选择方面，可以依照刑事责任年龄建立分层选用机制，在反悔权完善方面可以基于反悔的种类和原因进行评估，然后作出合理决策，并在立法上构建完整的反悔权行使制度。在程序衔接方面，需要完善不起诉制度、摒弃快速办理程序、健全量刑建议程序，这三项对认罪认罚从宽制度适用的动态影响深远。在合适强制措施及刑罚确立方面，需要采取以风险预判为前提的非监禁措施及刑罚适用方法，重点在于提高缓刑适用率，还需要严格拘留、逮捕的适用标准，全力降低监禁刑的适用比率。

第一节　保证自愿性的路径选择

确定未成年犯罪嫌疑人、被告人认罪认罚的自愿性是决定对其启动认罪认罚从宽制度的关键步骤，只有保证未成年犯罪嫌疑人、被告人认罪认罚时的自愿性，才能确保认罪认罚从宽制度实施的基础稳固。自愿性是以个人为主、国家确认的国家和个人的互动关系，这种一致性互动关系使得完善的途径更多的是以个人为主。国家层面对自愿性进行了反向规定，即最高人民法院《关于建立健全防范刑事冤假错案工作机制的意见》将“冻、饿、晒、烤、疲劳审讯等非法方法”等同于刑讯逼供。[①] 根据该规定，可以将未成年犯罪嫌疑人、被告人认罪认罚时的自愿性概括为在充分了解犯罪行为、所涉罪名以及法律后果，同时没有遭受肉体上的摧残、精神上的折磨、心理上的压迫以及没有被引诱、欺骗等情况下的认罪表示。

未成年人适用认罪认罚从宽制度的自愿性应依据年龄进行分层选用，因为不同年龄层的未成年人其诉讼能力水平也是不同的。我国刑法对刑事责任年龄的划分将未成年人群体分为四个阶段，即“已满十六周岁”“已满十四周岁不满十六周岁”“已满十二周岁不满十四周岁”和“不满十二周岁”，这无疑反映出未成年人的行为能力处于一个动态变化的过程，而12周岁以后以每两年为一个划分阶段，更体现出该年龄段未成年人行为能力的发展变化之快和幅度之大。很明显，未成年人年龄与刑事责任的大小成正比，并形成这样一个刑事责任链：年龄→辨认能力和控制能力→自由意志→刑事责任。[②] 也就是说，年龄是决定刑事责任大小的根本因素，因为年龄的大小关系到辨认能力和控制能力的强弱以及意志的把控程度。马克思也曾说过：“在他握有意志的完全自由去行动时，他才能对他的这些行为负完全责任。”根据刑事责任年龄的划分，16周岁以上为完全负刑事责任年龄阶段，14周岁至16周岁为相对限制刑事责任年龄阶段，只对八种严重犯罪行为负刑事责任，12周岁至14周岁为严格限制刑事责任年龄阶段，只在特别严重的罪行下经过特别严格的程序才负刑事责任，不满12周岁为完全不负刑事责任年龄阶段。由此我们可以推断，未成年人不同年龄层的辨认能力和控制能力是不完全相同的，甚至可以说是相差较大的，因此承担的刑事责任大小也不同。而认罪认罚从宽制度的适用是以未成年

---

① 参见黄鸣鹤：《人命重于泰山——最高人民法院〈关于建立健全防范刑事冤假错案工作机制的意见〉解析》，载《民主与法制》2014年第2期。

② 参见熊立荣、郭慧英：《我国刑事责任年龄规定之反思》，载《中国刑事法杂志》2003年第6期。

犯罪嫌疑人、被告人的认罪认罚为前提，未成年人认罪认罚能力可以归为两个维度，即“对认罪认罚的认知能力”和“对诉讼权利的处分能力”。[①]认知能力既包括对认罪认罚行为本身的认识，如对其概念的理解和过程的清楚，也包括对认罪认罚行为后果的明白程度，该维度对应前文所述责任链中的辨认能力；处分能力是在认知能力的前提下合理行使自身诉讼权利并能够独立作出判断与选择的能力，该维度属于责任链中的控制能力。总而言之，未成年犯罪嫌疑人、被告人对认罪认罚概念和结果的认知程度以及对认罪认罚权利的处分能力，也是基于其辨认能力和控制能力的大小，那么根据我国刑法中对刑事责任年龄的分层，未成年人适用认罪认罚从宽制度也应依据不同年龄阶段进行分层选用。

一、基于刑事责任年龄建立分层选用机制

分层选用机制是刑事诉讼“家庭模式”的体现，针对不同年龄段未成年犯罪嫌疑人、被告人的特点规定不同的选用标准，在充分尊重未成年犯罪嫌疑人、被告人意见的前提下发挥法定代理人、辩护人的引导作用。据此，办案机关在关爱教育的同时作出是否选用认罪人从宽制度的正确决定。分层选用机制充分发挥了国家的作用，为个人的选择提供更好的平台，没有改变国家与个人一致性互动过程中以个人为主的诉讼现状，符合国家的理性选择和个人的道德选择。

（一）严格限制刑事责任年龄下的选用

虽然我国负严格限制刑事责任的未成年犯罪嫌疑人极少，但是因其年龄较小，比起其他未成年人，其自主意识较弱，因此在确定其选择适用认罪认罚从宽制度决定权的过程中要比其他未成年人更为慎重。

1. 选用的合适时间

认罪认罚从宽制度贯穿刑事诉讼全过程，这一举措最大化地赋予了犯罪嫌疑人、被告人人权保障。认罪认罚从宽制度作为一种协商性司法，犯

---

① 参见毛泽金：《基于诉讼行为能力分析视角下的未成年人认罪认罚研究》，载《预防青少年犯罪研究》2019 年第 5 期。

罪嫌疑人、被告人在自愿的前提下可以在任一诉讼阶段启用该制度。学者们针对认罪认罚从宽的启动阶段也提出了不同的看法，有的学者认为未成年犯罪嫌疑人、被告人尽早认罪可以大大提高司法效率，优化司法资源配置，并提出在侦查阶段认罪的可以从宽适用强制措施；[①] 也有的学者提出要在不同阶段的适用后果上进行区分，如在侦查阶段的适用主要体现在程序上的从宽，在审查起诉和审判阶段的适用主要体现在实体上的从宽。[②] 前一种观点以诉讼效率为出发点有一定道理，与认罪认罚从宽的初衷是一致的，但是提高诉讼效率并不能作为该制度的唯一目的，维护当事人的合法权益，确保无罪的人不受刑事追究，有罪的人受到公正惩罚，这才是刑事司法的主要价值目标。《适用制度指导意见》中也将“准确及时惩罚犯罪、强化人权司法保障”放在了“推动刑事案件繁简分流、节约司法资源”的前面。如果过于追求速度之快而鼓励未成年犯罪嫌疑人、被告人在侦查阶段认罪认罚，可能带来罪责刑不匹配的后果，有失司法公正性，对未成年犯罪嫌疑人、被告人权益带来损害，或者使其没有得到应有的惩罚。后一种观点对于在侦查阶段认罪认罚的未成年犯罪嫌疑人、被告人有失公正，因为无论哪一个阶段认罪认罚的未成年犯罪嫌疑人、被告人，都应该拥有在程序和实体两方面从宽的机会。办理认罪认罚案件，应当区别认罪认罚的不同诉讼阶段，但从宽结果的判定应当依据的是犯罪事实、性质、情节和对社会的危害程度，应当考虑未成年犯罪嫌疑人、被告人的悔罪态度和表现。[③] 以上两种观点更不适用于未成年人犯罪，尤其与我国未成年人司法中“教育为主，惩罚为辅”的原则不符，办理未成年人犯罪案件，应当重点关注对未成年犯罪嫌疑人、被告人的思想教育，帮助他们形成正确的价值观和是非观，使其意识到自身行为不当的情况下，帮助他们重返社会，让他们能够正确处理人与人、人与社会、人与自然的关系。总

---

① 参见王艺超，涂龙科:《未成年人犯罪适用认罪认罚从宽制度研究》，载《青少年犯罪问题》2017 年第 6 期。

② 参见康赞:《认罪认罚从宽制度的适用范围和适用阶段》，载《天津检察》2019 年第 4 期。

③ 详见 2019 年“两高三部”发布的《关于适用认罪认罚从宽制度的指导意见》第三部分对认罪认罚后“从宽”的把握。

之，有关认罪认罚从宽制度适用阶段的规定中并未体现出对未成年人犯罪和成年人犯罪的差异性对待，如果将二者等量齐观难免会在实施过程中出现自相矛盾的情况，未体现出我国司法对未成年人的保护理念，也没有将未成年人的心智发育情况这一重要因素考虑在内，因为正是这一因素决定了未成年犯罪嫌疑人、被告人的特殊性，使得未成年人刑事案件与普通刑事案件要区分办理，并更注重对未成年犯罪嫌疑人、被告人的教育与矫治。

基于未成年人司法的帮教作用以及儿童利益最大化原则，严格限制刑事责任下的未成年人适用认罪认罚从宽的合适时间应在最高人民检察院核准追诉后。

首先，在侦查阶段，认罪认罚从理论层面的适用是可以的。“认罪”是指犯罪嫌疑人、被告人自愿如实供述自己的罪行，对指控的犯罪事实没有异议，“认罚”在侦查阶段表现为表示愿意接受处罚。在实际操作中，它存在一定的矛盾性，办理认罪认罚案件应当坚持证据裁判原则，若在证据不充分、事实不清晰的情况下适用认罪认罚，有悖认罪认罚从宽制度的原则，可能出现未成年犯罪嫌疑人、被告人钻空子，造成司法混乱，从犯罪者心理角度看，有一些惯犯，主观恶性很深的犯罪嫌疑人、被告人，如果没有充分的事实证据，不到他们心目中的“最后一刻”，不会“缴械投降”。[①] 且未成年犯罪嫌疑人、被告人心智尚未成熟，辨认能力和控制能力不足，易受到外界的压迫和影响，占据强势一方的侦查机关可能会威逼利诱未成年犯罪嫌疑人、被告人认罪认罚从而获取口供。[②] 因此，严格限制刑事责任下的未成年犯罪嫌疑人、被告人在侦查阶段认罪认罚不是最佳选择。

其次，相较于审判阶段的认罪认罚，在核准追诉后认罪认罚可以获得最大限度上的从宽处理。最高人民检察院核准追诉即表明已查明犯罪事实

---

① 参见《侦查阶段认罪认罚怎么做、量刑建议如何做到规范精准？首席大检察官答疑解惑》，载 https://baijiahao.baidu.com/s?id=1692345117696793784&wfr=spider&for=pc［2021-11-12］。

② 参见王艺超、涂龙科：《未成年人犯罪适用认罪认罚从宽制度研究》，载《青少年犯罪问题》2017 年第 6 期。

清楚或犯罪证据充分，犯罪已成既定事实，《适用制度指导意见》中关于从宽幅度的把握中规定，“在刑罚评价上，早认罪优于晚认罪”，早认罪认罚体现出未成年犯罪嫌疑人、被告人积极的悔罪态度，也意味着其社会危险性的降低，应该得到更大的从宽幅度。例如C省级单位《关于适用认罪认罚从宽制度实施细则（试行）》中规定：“侦查阶段认罪认罚的，可以在法定幅度范围内减让基准刑30%以内提出量刑建议；审查起诉阶段认罪认罚的，可以在法定幅度范围内减让基准刑20%以内提出量刑建议；审判阶段认罪认罚的，可以在法定幅度范围内减让基准刑10%以内提出量刑建议。”未成年人因其身心发育不成熟而具有可塑性强的特点，其犯罪原因大多也是因为自身价值观的偏离，对未成年犯罪嫌疑人、被告人采取有效的帮教措施，助其形成正确的是非观是办理未成年犯罪案件的首要价值取向。

2. 选用的决定人

《刑法修正案（十一）》将已满12周岁不满14周岁的人由完全不负刑事责任人转变为严格限制刑事责任人，并不代表着这一年龄段未成年人的刑事责任能力的提高，自然也不意味着其诉讼能力的提高，它是国家出于预防未成年人犯罪的目的，并顺应新时代背景下部分未成年人生理和心理趋向早熟而引起的代际冲突现象所作出的一项举措。[①] 基于我国的国情，12周岁至14周岁的未成年人还属于儿童范畴，其所接受的教育程度一般在初中水平，无论是知识层面还是心智能力层面，都未能达到独立作出认罪认罚决定的能力水平，具体来说，就是不能全面理解认罪认罚从宽的概念、适用认罪认罚从宽的程序步骤，以及不能清晰地判断认罪认罚从宽的适用后果，且基于他们不成熟的判断和控制能力，其思想和行为易受周围环境的影响，有时作出的决定并不能代表他们的真实意愿。法定代理人有必要且有权利和义务保障未成年人认罪认罚适用中的权益和最大化利益，比如在侦查阶段，法定代理人可以知悉未成年犯罪嫌疑人、被告人的认罪认罚权利；在审查起诉阶段，法定代理人可以判断接受人民检察院拟作出

---

① 参见刘浩：《未成年人认罪认罚具结的反思与重构》，载《四川警察学院学报》2019年第5期。

的起诉或不起诉决定，是否认可人民检察院的量刑建议等；在审判阶段，法定代理人可以判断是否适用简易程序，是否愿意接受刑罚处罚。我国法律中也赋予了法定代理人在未成年犯罪案件中的诉讼权利，法定代理人拥有与未成年犯罪嫌疑人、被告人同等的诉讼权利，其在诉讼过程中作出的所有决定都具有同等的法律效力。因此，无论从未成年犯罪嫌疑人、被告人的诉讼能力方面，还是法定代理人的法定权利方面，对于严格限制刑事责任的未成年人，都应当由其法定代理人决定是否选用认罪认罚。

未成年犯罪嫌疑人、被告人认罪认罚应当经过其法定代理人同意，《适用制度指导意见》赋予了法定代理人异议权。但是未成年犯罪嫌疑人、被告人是适用认罪认罚从宽制度未成年人犯罪案件的主体，当未成年犯罪嫌疑人、被告人与其法定代理人意见出现分歧时，应当由谁来作出最终决定？法律中未作出明确规定。对于严格限制刑事责任的未成年人，是否选用认罪认罚，由其法定代理人拥有最终决定权。关于未成年犯罪嫌疑人、被告人是否需要签署认罪认罚具结书问题，从立法精神上看，这种认罪认罚具结书的不签署并不意味着直接不对该未成年犯罪嫌疑人、被告人适用认罪认罚从宽制度，在法院审查后根据情况作出合理决定，在其异议不成立的情况下依然可以适用。所以，在有异议的情况下，认罪部分可以由未成年犯罪嫌疑人、被告人自主决定，以未成年犯罪嫌疑人、被告人意见为准，认罚部分可以以法定代理人意见为准。因为只有未成年犯罪嫌疑人、被告人是当事人，对其内心的真实想法最为了解，这种意愿具有不可替代性，但考虑到量刑方面的复杂性，不是12—14周岁的未成年人能够理解的，认罚部分以法定代理人意见为准更具有合理性。

（二）相对限制刑事责任年龄下的选用

相对限制刑事责任年龄的未成年人虽然有一定的自主意识，但依然不如16周岁以上未成年人的心智成熟，其选用认罪认罚从宽制度的决定权也应当有一定的限制。

1. 选用的相对决定人

相较于严格限制刑事责任的未成年人，14—16周岁的未成年犯罪嫌疑人、被告人承担了更大的刑事责任，意味着其刑事责任能力的提高，也反映出其诉讼能力的提高，因为刑事责任能力与诉讼能力具有关联性，二者都是以辨认和控制能力为基础。基于他们在诉讼中的主体性，相对限制刑事责任的未成年人应在诉讼过程中占据更高的地位和更大的作用，司法人员应当听取并考虑他们的个人意愿。但由于其心智发育尚未完全成熟，诉讼能力依然具有相对限制性，所以需要其法定代理人的辅佐作为其诉讼能力的补充，这也是我国法定代理人制度的建立缘由。因此，未成年犯罪嫌疑人、被告人是认罪认罚选用的相对决定人，即不再由法定代理人行使完全决定权，未成年犯罪嫌疑人、被告人和法定代理人的意见具有共同参考价值。

（1）诉讼能力的具备

汉语中对“责任”的理解通常可以分为两个意义。一是指个体分内应做的事，来自对他人的承诺、职业要求、道德规范和法律法规等；二是指没有做好自己工作，而应承担的不利后果或强制性义务。“刑事责任”中的“责任”应取第二层含义，那么刑事责任能力应是指承担其犯罪行为后果的能力，而犯罪行为的后果不仅包括对应的刑罚和执行方式，也包括诉讼过程的体验。由此可以推断出，刑法规定14—16周岁未成年人需承担部分刑事责任即认定了该年龄段的未成年犯罪嫌疑人、被告人具备了承担诉讼过程这一后果的能力，也就是说具备了一定的诉讼能力。此外，刑事诉讼法要求未成年犯罪嫌疑人、被告人在诉讼中一定要独立地行使一些人身性的自主辩护权，就是认定未成年犯罪嫌疑人、被告人有能力做出有效的诉讼行为。[①] 例如《刑事诉讼法》第281条规定“审判未成年人刑事案件，未成年犯罪嫌疑人、被告人最后陈述后，其法定代理人可以进行补充陈述”，说明未成年犯罪嫌疑人、被告人拥有最终的陈述权且需要独立做出这一行为。

目前，很多国家都规定了最低刑事责任年龄，多数国家为14周岁，早在罗马法时期就有这样的说法：对于14周岁及以上的未成年人，认为

① 参见陶郎逍：《未成年人自主性辩护权行使问题研究》，载《北方法学》2019年第5期。

其与成年人一样具有形成犯罪意识要素的能力。[①] 意识因素指行为人对自己行为及其结果的社会危害性的认识，以及行为人对犯罪的基本事实情况的认识，包括了对危害行为、危害结果和两者之间的因果关系的认识。这恰恰也说明了 14 周岁以上的未成年人具有诉讼行为中所需要的认知能力，以及对诉讼行为和诉讼结果之间的因果关系的认知。

（2）诉讼能力的相对性

相对限制刑事责任的未成年犯罪嫌疑人、被告人所具备的诉讼能力是不完整的，这也是我国法定代理人制度存在的根源。法定代理人制度是对未成年犯罪嫌疑人、被告人的一种特殊保护性措施，是基于其心智发展程度而对其诉讼能力的补充，以保障未成年犯罪嫌疑人、被告人的诉讼权益。如《刑事诉讼法》第 281 条提出的未成年犯罪嫌疑人、被告人的法定代理人的到场权和代为行使诉讼权，第 282 条提出的法定代理人对附条件不起诉的异议权;《适用制度指导意见》第 56 条提出的未成年犯罪嫌疑人、被告人签署认罪认罚具结书时，其法定代理人的到场权和异议权等。

（3）法定代理人权限的相对性

如前文所述，责任的大小与意志的自由是相对应的，14—16 周岁的未成年人作为相对限制刑事责任人，已经有了意志的相对自由，那么其意志就应该得到尊重。首先，未成年人是独立的个体，而不是成年人的附属品和财产，他们应该被赋予自由表达意愿的权利和机会。其次，未成年犯罪嫌疑人、被告人才是犯罪行为的亲历者，比法定代理人更为清楚犯罪事实，因此其对于是否“认罪”，尤其是“承认犯罪事实”方面的意见具有很大的参考价值，而法定代理人可能会因为信息获取的间接性或不确定性导致作出片面判断。[②] 再次，未成年犯罪嫌疑人、被告人在认罪认罚中的自身表现和悔罪态度对于“从宽”的把握具有重要意义。例如，《适用制度指导意见》关于认罪认罚从宽制度的基本原则中第 1 条规定，“对因

---

① Frederick Woodbridge, *Physical and Mental Infancy in the Criminal Law*, University of Pennsylvania Law Review, Vol. 87, 1939, p. 434. 转引自陶郎逍:《未成年人自主性辩护权行使问题研究》，载《北方法学》2019 年第 5 期。

② 未成年人检察专业委员会秘书处:《检察视角下的未成年人司法保护》，中国检察出版社 2020 年版，第 83—84 页。

民间矛盾引发的犯罪，犯罪嫌疑人、被告人自愿认罪、真诚悔罪并取得谅解、达成和解、尚未严重影响人民群众安全感的，要积极适用认罪认罚从宽制度……”；关于认罪认罚从宽制度的适用范围和适用条件中第7条规定，“认罚”考察的重点是犯罪嫌疑人、被告人的悔罪态度和悔罪表现，应当结合退赃退赔、赔偿损失、赔礼道歉等因素来考量；关于认罪认罚后“从宽”的把握中第9条规定，“应当区别认罪认罚的不同诉讼阶段、对查明案件事实的价值和意义、是否确有悔罪表现，以及罪行严重程度等，综合考量确定从宽的限度和幅度”以及“主动认罪优于被动认罪”等。未成年犯罪嫌疑人、被告人对于认罪认罚的个人意愿更有利于司法机关对其悔罪态度和悔罪表现作出准确判断，进而判断其人身危险性，作出更合理准确的“从宽”决定。最后，未成年人司法的原则之一是“教育”，教育的实施可以贯穿诉讼的全过程，当然也适用于认罪认罚的过程。未成年人承担刑事责任的最终目的并不是其承担刑事处罚的多少，而是对其进行帮教、感化、矫正，助其形成正确的是非观、价值观，顺利回归社会，这些原则在认罪认罚过程中都可以得到实施和运用，如宣传教育视频、讲座等。未成年犯罪案件的核心应该是未成年犯罪嫌疑人、被告人而非法定代理人，如果事事都由法定代理人代为处理，削弱了未成年犯罪嫌疑人、被告人在诉讼过程中的参与感，则背离了未成年人司法的初衷。

因此，相对限制刑事责任下的未成年认罪认罚案件中，其法定代理人应当具有到场权和异议权，以保障未成年犯罪嫌疑人、被告人的合法诉讼权益，但法定代理人的意见并非决定性的，未成年犯罪嫌疑人、被告人也应有表达自己意愿的权利和机会，并得到尊重，由办案机关决定如何选用。

2. 异议的决定机关

相对限制刑事责任年龄下的认罪认罚案件中，未成年犯罪嫌疑人、被告人和法定代理人的意见都不应具有单方面完全决定性，而是共同决定。当二者意见一致时，司法机关应遵从其意愿选择是否适用认罪认罚从宽制度。当二者意见出现分歧时，如果以未成年犯罪嫌疑人、被告人的意见为准，则否定了法定代理人的异议权，与法律规定相矛盾。而由于未成年犯罪嫌疑人、被告人心智尚未完全成熟，这种做法具有一定的风险性。如果以法定代理人的意见为准，则未成年犯罪嫌疑人、被告人的意愿表达只是流于形式，并未发挥真正作用，而且刑事案件中的刑罚后果是施于犯罪当事人个人的，通常为生命的剥夺或自由的限制，与法定代理人的利益无直接关联，法定代理人不以未成年犯罪嫌疑人、被告人的切身利益为出发点作出认罪认罚决定的情况也是有可能的。

因此，无论以二者任何一方的意愿为认罪认罚的最终决定，都不是最佳办法，此时应当由司法机关代表国家行使“家长”权力，综合考虑未成年犯罪嫌疑人、被告人和其法定代理人双方的意见，最后作出有利于未成年犯罪嫌疑人、被告人的决定。

（三）完全刑事责任年龄下的选用

根据刑法规定，已满 16 周岁的人犯罪，应当负刑事责任。完全限制刑事责任下的未成年犯罪嫌疑人、被告人是否选用认罪认罚程序，应该由未成年犯罪嫌疑人、被告人本人作最终决定。完全民事责任年龄和完全刑事责任年龄哪个应该更高一些？实践中民事更高一些，年满 16 周岁以自己劳动为收入来源的视为有完全民事行为能力，其他的则为 18 周岁。完全刑事责任年龄则为 16 周岁，过低不利于未成年人的保护。同时由于我国刑事法律中没有明确的关于法律代理制度的适用范围规定，根据我国民法典中的相关规定，16 周岁以上的未成年人作为完全民事行为能力人，虽然有监护人，却没有法定代理人。[①] 再考虑到前文所述的未成年犯罪嫌疑人、被告人的悔罪态度和表现在认罪认罚中的重要意义，可以认定完全限制刑事责任下的未成年犯罪嫌疑人、被告人有能力且有必要对是否认罪认罚作出独立判断。

如若未成年犯罪嫌疑人、被告人愿意认罪认罚而其法定代理人持有异议的，应当鼓励未成年犯罪嫌疑人、被告人的悔罪态度，因为意识到自身的错误行为和后果的危害性是正确的价值取向，也是未成年司法中“教育”的目的所在，故而应遵从未成年犯罪嫌疑人、被告人的认罪认罚意

---

① 参见陶郎道:《未成年人自主性辩护权行使问题研究》，载《北方法学》2019 年第 5 期。

愿。如若未成年犯罪嫌疑人、被告人不愿意认罪认罚而其法定代理人持有异议的，一方面，应当保护未成年犯罪嫌疑人、被告人的尊严，且强硬地迫使其认罪认罚有可能引起逆反或仇恨情绪的产生而造成负面效果；另一方面，由于我国未成年人犯罪中的大部分是16—18周岁的未成年人所为，本着责任与福利兼顾的理念处理未成年犯罪嫌疑人、被告人，应当将责任主义纳入其中。①

二、反悔权探索

反悔是国家－个人层面二元互动中的对抗性互动，是个人对国家的对抗，这种对抗一定程度上影响了认罪认罚从宽制度的正常运行。未成年人犯罪适用认罪认罚从宽制度在侦查、起诉、审判的刑事诉讼每一个阶段均可适用，在侦查阶段主要以笔录来表现，在起诉阶段以签署认罪认罚具结书为主。在司法实践中会出现在侦查阶段认罪认罚后，但在起诉阶段不认罪认罚的情况；也会出现在起诉阶段签署认罪认罚具结书后，在审判阶段撤回认罪认罚意见的情况；还会出现在一审作出判决后，未成年犯罪嫌疑人、被告人上诉的情况。未成年犯罪嫌疑人、被告人撤回之前的认罪认罚意思表示行为会导致诉讼程序出现是否适用认罪认罚从宽制度的相互排斥，未成年犯罪嫌疑人、被告人背离诚信原则，容易使得认罪认罚从宽制度失去其威严性。

但是反悔权的行使与救济也是坚守公正，保护未成年犯罪嫌疑人、被告人权益的一道防线。有必要厘清认罪认罚后反悔的实践情况，完善认罪认罚后的制度选择，尤其是因未成年犯罪嫌疑人、被告人身心发展不成熟、缺乏有效辩护、未能认真了解认罪认罚从宽制度等原因，导致其选择适用认罪认罚从宽制度后的反悔。因此，如何界定未成年犯罪嫌疑人、被告人的反悔具体情形，如何保障未成年人认罪认罚后反悔的救济权，如何处理认罪认罚后反悔导致诉讼程序的相互排斥等问题需要予以妥善解决。

① 参见史立梅:《未成年犯罪嫌疑人、被告人机构化处遇问题思考》，载《检察日报》2020年12月10日，第7版。

（一）赋予与放弃

可以在立法上优先明确赋予未成年犯罪嫌疑人、被告人以认罪认罚反悔权，特别是要明确规范认罪认罚后反悔导致的程序排斥的处理方式和为反悔人提供相应的救济权，进而建立认罪认罚具结书的撤回程序。[①] 优先赋予未成年犯罪嫌疑人、被告人以认罪认罚反悔权实际上是国家权力的让渡，通过将国家权力让渡于个人的方式使对抗性的互动趋于理性，合乎正当程序。

还可以参考西方"米兰达规则"，对未成年犯罪嫌疑人、被告人建立反悔权的告知规则："你可以选择认罪认罚从宽制度，也可以反悔，但是反悔后将不再从宽处理。"并规定反悔权可以提出放弃，一旦放弃反悔权，在以后诉讼中则不得反悔（包括不能提起上诉）。[②] 美国绝大部分犯罪嫌疑人在审讯中放弃了"米兰达规则"，[③] 可以想象如果建立这种规则，那么很可能大多数的未成年犯罪嫌疑人、被告人将提前声明放弃反悔权以求更大程度的从宽。

（二）分类与评估

要对未成年犯罪嫌疑人、被告人认罪认罚反悔所导致的程序排斥进行评估，就要分析在司法实践中未成年犯罪嫌疑人、被告人认罪认罚的具体情况及影响。认罪认罚后的反悔在实践中客观存在，要正确行使未成年犯罪嫌疑人、被告人的反悔权就要对反悔的种类进行评估，看具体反悔属于

---

① 参见王瑞君、陈禹衡：《未成年人适用认罪认罚从宽制度争议问题辨析》，载《青少年犯罪问题》2019年第5期。

② 关于"认罪认罚从宽后是否可以上诉的问题"学界有不同观点，目前主流观点和实践中的做法都是可以上诉，但是认罪认罚从宽后以不构成犯罪或者量刑过重为由上诉始终与诚信原则不符，不允许上诉又违背了二审终审制。其实在认罪认罚视野下，上诉机制也应当予以改革，参考美国"辩诉交易"下上诉权的放弃机制建立认罪认罚从宽下的上诉权放弃机制是可行举措。如果未成年犯罪嫌疑人、被告人不适用简易程序和速裁程序，那么一审完全可以保证其各项诉讼权利的行使，且起到完全的教育帮扶效果，因此为保守起见可以先规定未成年犯罪嫌疑人、被告人适用认罪认罚从宽制度时可以放弃上诉权。

③ 参见郭松：《被追诉人的权利处分：基础规范与制度构建》，载《法学研究》2019年第1期。

哪种情形，对反悔的种类和原因进行评估后（反悔的种类和原因在本书前文“反悔严重”部分已有详细介绍），可以分为对认罪的反悔和对认罚的反悔两类，也分别有不一样的结果。

对认罪的反悔主要体现为未成年犯罪嫌疑人、被告人对自己主要犯罪事实、罪名以及犯罪表述的异议，如果未成年犯罪嫌疑人、被告人对认罪反悔，代表着具结书的撤回，也代表其作的是无罪答辩，认为不存在相关犯罪事实和证据，之前所作的有罪供述的言词证据效力待定。[①] 对认罚的反悔主要表现在未成年犯罪嫌疑人、被告人撤回之前所达成的量刑协议或者以特定程序间接反悔（上诉），对认罚的反悔并不代表对认罪的反悔。对认罚的反悔可能会导致量刑协议的重新达成，这种结果较为理想，也可能导致检察机关的抗诉致使认罪认罚从宽制度对未成年犯罪嫌疑人、被告人禁用，可能会加重刑罚，这种结果并不理想。

（三）限制与规范

在赋予未成年犯罪嫌疑人、被告人认罪认罚反悔权利时，要明确规定可以行使反悔权的主体、时间、理由等因素，同时也要对认罪认罚反悔权利加以限制，防止权利滥用。一是保障诉讼效率。未成年犯罪嫌疑人、被告人反悔权是一把“双刃剑”，可以有效保护未成年犯罪嫌疑人、被告人的合法权益，但不可避免地是降低了司法效率，因此有必要对其予以相应的限制。二是维护司法权威。如果未成年犯罪嫌疑人、被告人的反悔权没有任何限制，那么基于认罪认罚从宽制度下的随意性反悔会导致司法机关的权威和公信力下降，进而损害真正需要反悔权保障其合法权益的未成年犯罪嫌疑人、被告人。因此，立法上规定认罪认罚后的未成年犯罪嫌疑人、被告人反悔权可以包括以下几个方面的内容：

1. 认罪认罚反悔权行使主体

未成年犯罪嫌疑人、被告人享有撤回认罪认罚承诺书的权利，同时未成年犯罪嫌疑人、被告人的法定代理人也可以享有这一权利，辩护人则不

---

① 参见谢小剑:《认罪认罚从宽制度中被追诉人反悔权研究》，载《江西社会科学》2022 年第 1 期。

可以。根据权利对等原则，检察机关也可以撤回认罪认罚承诺书。

2. 认罪认罚反悔权行使时间

在侦查阶段、认罪认罚具结书签署之时，法院审查之前，未成年犯罪嫌疑人、被告人提出反悔的，则在量刑时不能从宽。一审后未成年犯罪嫌疑人、被告人提出上诉，则间接表明其反悔，法院需要建议检察院重新提出量刑建议。在二审判决生效之后，不允许被告人撤销认罪认罚具结书，除非有“公正且合理”的理由证明该协议导致了“明显不正义”。

3. 认罪认罚反悔权行使理由

在一审判决前行使认罪认罚反悔权不应当设置理由，因为目前我国未成年犯罪嫌疑人、被告人认罪认罚自愿性缺乏完善的审查机制和必要保障制度，过多限制不利于保障其合法权利。一审判决后未成年犯罪嫌疑人、被告人上诉的，可对未成年犯罪嫌疑人、被告人的上诉理由进行核查，对有正当理由的予以支持，对“恶意反悔”的可以维持原判。

4. 认罪认罚反悔权行使次数与撤回方式

未成年犯罪嫌疑人、被告人行使认罪认罚反悔权增加了诉累，致使“案 – 件比”攀升，为了尽量降低这种负面影响，应只允许被告人行使一次认罪认罚反悔权，行使后不再适用认罪认罚程序。反悔权的行使方式应当以书面申请为主，口头申请的可以做无效处理。

5. 认罪认罚反悔权的救济

如果办案机关拒绝未成年犯罪嫌疑人、被告人行使反悔权的，未成年犯罪嫌疑人、被告人可以向作出拒绝决定机关的上一级机关申请复核，如果上一级机关 15 日内没有答复的，视为同意撤回。

6. 认罪认罚反悔权行使后的效果

未成年犯罪嫌疑人、被告人行使认罪认罚反悔权后，对案件全部事实或部分事实予以否认的，否认的有罪供述应当排除。对于部分事实否定的，其余事实依旧有效，检察机关可根据未成年犯罪嫌疑人、被告人承认的事实进行认罪认罚从宽量刑。一审后未成年犯罪嫌疑人、被告人行使认罪认罚反悔权导致量刑加重的，检察机关要出具详细量刑对比说明，并向未成年犯罪嫌疑人、被告人进行释法说理。对于非基于案件全部事实或部分事实予以否认而行使认罪认罚反悔权的，针对案件事实的有罪供述等证据可不做排除。[①]

三、提高办案机关适用制度的积极性

提高办案机关适用制度的积极性是基于国家层面和个人层面一致性互动的直接体现，是国家和个人的共同追求。虽然未成年人犯罪适用认罪认罚从宽制度普及率在法检机关总体上已经达到95%以上，但是在侦查机关的适用率偏低，且内部不平衡，这与各地工作的积极性有关，要按照刑事诉讼“家庭模式”的理念积极落实认罪认罚从宽制度，在办案中关爱、保护未成年人。

第一，要加强未成年人公安、检察、审判机关建设。公安机关应及时修改《公安机关办理未成年人违法犯罪案件的规定》，将认罪认罚从宽制度的规定精准纳入，为未成年犯罪嫌疑人、被告人在侦查阶段适用认罪认罚从宽制度提供具体法规遵循。检察机关要适应新时代未检工作要求，按照最高人民检察院《关于加强新时代未成年人检察工作的意见》的规定，紧跟新时代未检工作前进的步伐，整合各项涉及未成年人的检察职能，交由未成年人检察部门统一集中办理，并及时充实、调配人员力量，优化办案机构设置，为全面推开未成年人检察业务统一集中办理提供组织保障，同时也为今后对未成年人犯罪准确适用认罪认罚从宽制度提供重要的组织保障。审判机关要把好未成年人犯罪适用认罪认罚从宽制度最后一关，对每一个案件进行认罪认罚审视，确保“能用尽用”，实现认罪认罚从宽制度在未成年人领域的“兜底性”全覆盖。

第二，发挥刑事诉讼“家庭模式”优势，争取主动认罪认罚。一方面，要用符合未成年人认知能力的语言，阐明相关法律规定，让未成年犯罪嫌疑人、被告人真正了解和接受；另一方面，要发挥法定代理人和辩护人作用，帮助其作出道德选择。还要以未成年人利益最大化理念为指引，加强公检法司各职能部门协调联动，吸收基层组织人员和监护人一起参与，多层次全方位进行帮教。通过多种综合管理措施，最大限度地保护未

① 参见闫召华:《认罪认罚后“反悔”的保障与规制》，载《中国刑事法杂志》2021年第4期。

成年人的合法权益，帮助未成年犯罪嫌疑人、被告人主动认罪认罚，争取从宽处罚，真正把认罪认罚从宽制度落实到每一起未成年人犯罪案件中。

第三，大力开展未成年人法治宣传教育工作。要认真落实警官、检察官、法官兼任法治副校长工作，常态化开展“法治进校园”活动。通过学习、宣传发布的未成年人犯罪典型案例，充分发挥典型案例的宣示、警醒、引领、示范作用，通过以案释法，向社会公布办理未成年人犯罪适用认罪认罚从宽制度的经验和做法，营造爱护未成年人的良好社会氛围。使未成年犯罪嫌疑人、被告人充分了解认罪认罚从宽制度，主动选择适用，从而不断提高案件的办理质效，最大限度起到“惩前毖后、治病救人”的目的。

第二节　程序衔接的完善

从理论上来说，程序衔接的完善主要是对国家层面和个人层面的一致性互动进行补充，对国家层面和个人层面的对抗性互动进行降低，从而实现未成年人犯罪适用认罪认罚从宽制度更好的发展。如前所述，未成年人犯罪适用认罪认罚从宽制度这一动态过程与其他相关程序同时存在契合和背离的情况，对于相互契合的地方可以进一步予以升华完善，对于相互背离的地方则可以在分析利弊的基础上，思考对策，逐步使之趋于契合。

一、优先适用不起诉制度

不起诉制度的理念与认罪认罚从宽制度中的“宽严相济”原则以及我国未成年人司法制度中“教育、感化、挽救”的方针和“预防为主，减少司法干预”的理念相一致，且有“逐步扩大相对不起诉在认罪认罚案件中的适用”的政策指引，在未成年人犯罪适用认罪认罚从宽制度的案件中应鼓励不起诉的优先适用。

（一）不起诉优先适用的应然性

1979 年的《刑事诉讼法》中所规定的免予起诉制度和不起诉条款通常被认为是我国刑事案件中不起诉制度的开源，有着重要的意义。但当时的免予起诉制度忽略了对被告人辩护权的保障，也缺乏对被告人申诉权的救济，违反无罪推定原则，分割法院的定罪权，于 1996 年的《刑事诉讼法》中废除。

经过二十多年的发展与成熟，我国现行的刑事不起诉制度是在我国宽严相济的刑事政策下，赋予检察机关自由裁量权，为达到司法公正与效率统一的一种方式，以维护和保障人权，落实教育感化方针，维护社会稳定，实现审前分流。优先适用不起诉程序可以帮助简单案件尽快化解矛盾纠纷，司法机关进行准确快速处理，切实提升司法效率，让案件事实清楚、证据确实充分的简单案件在送往法庭审理前得到有效的分流处理，从而实现案件的高质量高效率审查处理。对于适用不起诉程序的未成年犯罪嫌疑人、被告人来说，其之所以涉嫌犯罪很大程度上是因为自身对于社会的认知不够健全，自己的身心发育尚不成熟，缺少对法律庄严和不可触犯的认知，缺少敬畏心。在对这样的涉嫌犯罪群体适用不起诉程序后，不仅能够帮助其对法律知识有一定程度的了解，同时也会提升其对法律的敬畏之心，让其深刻认识到自己的错误，认识到自己的行为对他人、社会的危害性，同时也给未成年犯罪嫌疑人、被告人改过自新的机会，不因自己的一时之错而彻底失去人生的机会，帮助挽救家庭，维护社会稳定和谐。

因此，无论从价值取向的一致性、法律规定的引导性，还是适用空间的广阔性，对未成年犯罪嫌疑人、被告人的保护上看，不起诉在未成年人认罪认罚案件中都有优先适用的应然性。

（二）不起诉优先适用的完善路径

在未成年犯罪嫌疑人、被告人认罪认罚后，满足酌定不起诉、附条件不起诉其他条件的，可以直接以酌定不起诉、附条件不起诉的方式处理案件。检察机关在这类案件中判断未成年犯罪嫌疑人、被告人是否具有认罪认罚的表现时，应当与一般案件区分处理。由于“认罚”与悔罪直接相关，检察机关通过考察未成年犯罪嫌疑人、被告人赔礼道歉、赔偿损失等非刑罚行为的做出程度和时间等，可以认定其内心的悔过程度，这将对酌定不起诉、附条件不起诉决定的作出产生影响。即使适用酌定不起诉、附条件不起诉时认罪认罚的内涵有所不同，也仍要注重保障未成年犯罪嫌疑人、被告人认罪认罚的自愿性，检察机关仍然要进行权利告知和听取意见，保证程序合法。

1. 细化酌定不起诉、附条件不起诉的适用标准

酌定不起诉因其标准的不确定性而适用率低下。附条件不起诉因其标准的不确定性，有滥用趋势。认罪认罚从宽制度确立后，实践中经常把认罪认罚当作是酌定不起诉和附条件不起诉的前提条件，需要在法律层面将这一规定确定下来。

另外酌定不起诉“犯罪情节轻微”并不是一个明确的执行标准，容易造成判断的不统一。该法条中“犯罪情节轻微”和“依照刑法规定不需要判处刑罚或者免除刑罚”是酌定不起诉适用的共同必要条件，而有的学者认为二者是选择性条件，造成适用范围上的偏差，且该法条中“可以”二字属于误用，应改为“应当”。为了体现认罪认罚从宽制度的特殊价值，可以对符合条件的认罪认罚未成年犯罪嫌疑人、被告人在符合酌定不起诉条件时“不起诉”。对于在附条件不起诉中，“可能判处一年有期徒刑以下刑罚”是宣告刑还是基准刑不明，且我国绝大部分罪名是以 3 年、5 年、7 年、10 年等为划分点，造成适用的混乱，应确定为基准刑，① 且提高至 3 年，体现认罪认罚从宽制度的独立价值。同时，不明确的法条规定为酌定不起诉、附条件不起诉的适用带来了阻力，应在实践中积极探索试用，深入研究探讨列出其细化标准，提高其可行性。如 B 市级单位制定了《关于对部分认罪认罚从宽案件适用不起诉的实施办法（试行）》，具体规定了故意伤害罪、非法拘禁罪、盗窃罪、交通肇事罪、危险驾驶罪等常见轻微刑事案件的不起诉标准，并将适用认罪认罚从宽制度列为适用不起诉的必要条件。

2. 扩大附条件不起诉适用范围

为了有效解决附条件不起诉的滥用问题，可以适度扩大其适用范围，尤其是在未成年犯罪嫌疑人、被告人认罪认罚的情况下。首先，未成年人多因自身价值观的偏离和自身行为约束力的不足而犯罪，具体如不恰当的

---

① 参见宋亭、顾豪娣：《酌定不起诉宜增强量化适用》，载《检察日报》2017 年 8 月 21 日，第 3 版。

利益观和不成熟的性观念、法律意识薄弱等。其次，未成年人犯罪多为一念之差或行为过失导致，预谋性较小，且多为轻微型犯罪。另外，预防未成年人犯罪和减少低龄化犯罪仍是司法工作中的重点。当未成年犯罪嫌疑人、被告人认罪认罚，有较好的悔罪态度和表现，检察机关在严格审查和决议的前提下，积极适用附条件不起诉，有助于纠正其行为认知和价值观，更大程度地发挥司法的帮教作用，实现未成年人利益的最大化。例如，E县级单位通过诉前品行严格调查、诉中程序严格审查、诉后表现严格考察，近年来作出附条件不起诉案件10余件，涉案人员均顺利回归社会，没有一个重新犯罪。①

在具体实践中，可以将适用的罪名扩大。最高人民检察院《未成年人检察工作白皮书（2020）》公布的未成年人犯罪类型中，居前七位的分别是盗窃、聚众斗殴、寻衅滋事、强奸、抢劫、故意伤害、诈骗，七类犯罪嫌疑人数量占全部犯罪人数的84.03%。可以看出，刑法分则第四、五、六章规定的犯罪类型可以覆盖大多数的未成年人犯罪类型。但随着社会的不断发展，未成年人所触犯的罪名开始向智能化、成人化方向发展，如涉嫌信用卡诈骗、编造虚假恐怖信息、非法侵入计算机系统、破坏计算机信息系统犯罪等，② 这些犯罪行为造成的社会危害可能并不十分严重，然而由于不在前述三章的犯罪类型中，失去了适用附条件不起诉的机会，可以将适用的罪名扩大适用到上述领域。

二、限制快速办理程序

如果同时摒弃了速裁程序和简易程序，那么对于认罪认罚的未成年犯罪嫌疑人、被告人和不认罪认罚的未成年犯罪嫌疑人、被告人而言，都适用的是普通程序，就与认罪认罚从宽制度的效率价值相悖，却有足够的时间按照刑事诉讼“家庭模式”的要求教育感化未成年犯罪嫌疑人、被告人。同时，相较于针对暴恐等严重刑事犯罪“从快从重”打击的一贯政

① 参见熊建中:《用好附条件不起诉》，载《检察日报》2014年5月20日，第11版。

② 参见刘祎铭:《守护未来：附条件不起诉制度的适用与完善》，载《湖北经济学院学报（人文社会科学版）》2021年第4期。

策，对未成年人的“从慢从轻”处理未尝不是对其最大利益的保护。但是使未成年人长期处于刑事诉讼严厉程序中，会增加其心理恐惧的程度，如何平衡教育和快办之间的矛盾应该是快速办理程序主要考虑的问题。

第一，完全摒弃速裁程序。认罪认罚未成年犯罪嫌疑人、被告人之所以不能适用速裁程序根源在于弱化了教育功能。基于未成年犯罪嫌疑人、被告人各类特殊处理程序，如果一味从简，会影响对未成年犯罪嫌疑人、被告人教育、矫治的效果，并与未成年人特别程序的精神相悖，程序从简不以牺牲对未成年人的教育为代价，因此对未成年犯罪嫌疑人、被告人不可以适用速裁程序。实际上，法国针对认罪认罚未成年人犯罪案件的快速办理程序也注意到了这个问题，针对不同年龄段的未成年人规定了不同的诉讼时间，以体现差别化教育。对于认罪认罚未成年犯罪嫌疑人、被告人采用法国的做法，按照上文所述的年龄分层确立认罪认罚未成年犯罪嫌疑人、被告人诉讼时间的跨度也是一种选择，但是这种做法过于复杂，容易造成操作上的混乱，在此不作详细探讨。

第二，一定程度上限制简易程序。简易程序相对于普通程序来说是一种简化了的审判程序，审判程序的简化意味着权利的压缩和减少。认罪后程序得以简化的本质就在于通过认罪承诺放弃一定的权利来交换程序上的适当快速处理。这种由程序简化导致的权利减损在正常成年人刑事案件中可能不会存在严重的后果，是成年犯罪嫌疑人、被告人道德选择的结果。而对于未成年犯罪嫌疑人、被告人来说，由于年龄和认识能力的不足，可能会造成更大的危害，甚至导致错案的发生。在未成年人犯罪案件中，由于未成年人具有特殊性，更强调正当程序，正当程序则更注重通过程序的精细化设置实现对未成年犯罪嫌疑人、被告人的权利保护。简易程序会简化案件的部分程序以加快案件的处理，减少了正当程序要求的一些内容，当程序的适用主体为未成年人时，由于认识能力的不足，这种省略将有违正当程序，可能损害实体正义。在具体过程中，可以对未成年人认罪认罚后适用简易程序进行一定程度的限制，如可能判处 1 年以上有期徒刑刑罚的未成年人则可以不适用简易程序，做到诉讼程序教育功能和保护功能良性衔接，实现未成年人的最大利益。

三、优化刑事和解程序

刑事和解程序的优化体现了国家与个人一致性互动的基本原理，国家优先扩大未成年人犯罪适用刑事和解程序的范围，增强被害人在量刑建议中的作用（在健全量刑建议程序部分中将详细论述），为被害人提供法律援助，真实有效实现未成年人犯罪适用认罪认罚从宽制度和刑事和解程序的无缝衔接。

（一）扩大刑事和解的范围

鉴于未成年犯罪嫌疑人、被告人的特殊性，可以在刑事和解程序中引入认罪认罚从宽制度，规定只有适用认罪认罚从宽制度的未成年人犯罪案件才能适用刑事和解程序，将认罪认罚从宽制度作为刑事和解程序的必要条件之一。同时规定对于认罪认罚未成年犯罪嫌疑人、被告人适用和解程序可以不受“民间纠纷”的限制，使未成年人犯罪案件的和解率先摆脱“熟人间纠纷”的限制，从限制条件上扩大刑事和解案件的适用范围。

最主要的是要规定未成年人重罪案件在适用认罪认罚从宽制度时也能适用和解程序，此处的重罪案件是专指故意犯罪后可能判处 3 年以上有期徒刑的案件。同时还需要对量刑进行一定的限制，规定对于重罪案件适用和解程序的可以在基准刑幅度下降一档执行，如果降为 3 年以下有期徒刑的则必须为实刑。既然故意犯罪重罪案件已经不受限制，对于认罪认罚后的过失犯罪当然也可以不受限制，那么实际上认罪认罚未成年犯罪嫌疑人、被告人适用刑事和解程序的案件范围可以囊括所有的犯罪。这样既对未成年犯罪嫌疑人、被告人进行了从宽处理，分别体现出未成年人本身和认罪认罚从宽制度本身的独特价值，也使未成年人犯罪和解程序和认罪认罚从宽制度的犯罪适用范围一致，使两者之间可以做到有序衔接。

（二）有效保障被害人的合法权益

注重保护未成年犯罪嫌疑人、被告人诉讼权利的同时，不应忽视对被害人合法权益的保障。国家作为公共利益的代言人与代表个人利益的被害人之间的利益并不完全重合，被害人由于没有正式参与刑事诉讼的法律路径，对案件不能上诉，极易导致其合理的法律诉求被遗忘忽视。如果未成年犯罪嫌疑人、被告人积极赔偿道歉得到被害人谅解，不仅可以减轻被害人的痛苦，也能让司法机关在和解的前提下，大胆适用认罪认罚从宽制度，从轻处理未成年犯罪嫌疑人、被告人。在具体保护被害人合法权益方面，可以从明确司法机关对被害人的告知义务以及对被害人进行法律帮助两个方面入手。

第一，要明确司法机关对被害人的告知义务。办案机关应当通知被害人在办案过程中应知晓的具体信息。一是案件信息，向被害人告知案件详情，如诉讼进程，犯罪嫌疑人、被告人经济状况、是否是精神病人等基本情况。二是诉讼地位，应向被害人说明其在刑事诉讼中当事人的地位，鼓励被害人学习相关法律法规，运用法律武器保护自己合法权益，有理有据惩罚犯罪嫌疑人、被告人。三是应告知被害人的全部诉讼权利，让被害人尽量准确表达受到伤害、伤情、困难，提出自己对案件的观点、意见、诉求。在审查起诉阶段，检察机关应告知被害人犯罪嫌疑人、被告人是否是未成年人，应告知对被告人指控的犯罪事实、罪名及适用认罪认罚从宽制度的意见、退赃退赔方式、量刑建议等，并签字记录在案。

第二，要对被害人进行法律帮助。被害人理应像犯罪嫌疑人、被告人一样获得法律帮助。法律帮助是被害人能够参与认罪认罚从宽制度实践的有力保障，能够充分彰显法律的公平公正。也有必要对被害人获得法律帮助的时间、申请条件等加以明确，以保证被害人获得法律帮助的便利性、规范性、有效性。提供法律帮助应综合考虑被害人的经济状况及案件自身性质，为使法律帮助起到应有作用。参考我国法律体系中与法律援助有关条件的规定，可以将被害人这一权利的行使条件分为以下三种情况：（1）因经济困难没有委托诉讼代理人的；（2）是限制行为能力的人或是无行为能力的人；（3）涉及案件的犯罪嫌疑人、被告人可能被判处无期徒刑、死刑的。如果被害人满足上述条件之一，值班律师应当为被害人提供法律咨询，发表有关赔偿、量刑建议等事项的意见，表达异议等事项的法律帮助。另外，可以将审查起诉阶段设为提供法律帮助的时间起点，因为在侦查阶段主要目的是查清案情，收集相关人证、物证等证据，而不做有关定罪量刑方面的工作，不向被害人提供法律帮助对其合法利益的影响不大，也能避免不必要的司法资源浪费。在侦查阶段，被害人可以收集、整理未成年犯罪嫌疑人、被告人的犯罪证据向侦查机关提供，并配合侦查人员的各类侦查措施。被害人在刑事诉讼中享有的各项权利主要集中在审查起诉阶段和审判阶段，法律帮助可为被害人在退赃退赔、赔礼道歉、经济补偿、伤残补偿及量刑建议等方面提供专业的参考，避免被害人陷入认知误区。

四、健全量刑建议程序

公正的程序才会有公正的结果。在未成年人刑事诉讼过程中，法官在量刑时要考虑各方的意见，包括当事人、法定代理人、辩护人以及公诉人等，法官完整地获取相关建议后再进行理性考量，确保最终量刑的公正性和客观性。量刑建议程序是以检察机关为主导，以服务法院准确量刑为目的的刑事诉讼程序，其与法院的量刑程序具有目的上的一致性（精准求刑），可以促使法官合法使用自由裁量权，保证判决结果的公平合理。

（一）参与各方的平衡

作为从“控辩对抗”到“控辩协商”转变的体现，认罪认罚从宽制度赋予了刑事案件中控辩双方更多的选择空间，最大限度地体现了司法人权保障。其中的量刑建议是在检察院和值班律师共同参与协商下的结果，经未成年犯罪嫌疑人、被告人同意后，由法院作出量刑决定。

1. 未成年犯罪嫌疑人、被告人及其法定代理人

未成年犯罪嫌疑人、被告人及其法定代理人不仅应该拥有检察院量刑建议的知情权，作为量刑建议的直接承受方，还可就最高可能刑罚进行协商，确定最高可能刑罚后，才能签署认罪认罚具结书。某些地方出现具结书中只有认罪内容，却无量刑建议，在犯罪嫌疑人签署之后再补充上去，这种做法是不规范的，因为它剥夺了未成年犯罪嫌疑人、被告人及其法定代理人、辩护律师对量刑建议的知情权，还剥夺了未成年犯罪嫌疑人、被告人及其法定代理人、辩护律师对可能判处最高刑罚的协商权。量刑建议是检察机关在公平正义、充分协商的基础上产生的，是权衡被告人、被害人、社会影响等多方利益而拟订的，经得起诉讼参与人评论。事后补充的做法极大影响了司法机关的公信力，可能会引发后续的上诉等，使结果适得其反。未成年犯罪嫌疑人、被告人及其法定代理人如何在量刑建议程序

中与检察机关协商，可以参照其决定认罪认罚从宽制度的适用做法，上文已有详细论述，在此不再赘述。

2. 值班律师

《适用制度指导意见》第 12 条规定值班律师应当为认罪认罚的犯罪嫌疑人、被告人提供对人民检察院认定罪名、量刑建议提出意见的法律帮助。应该保证值班律师在认罪认罚案件中的实质性参与、协商、帮助等。值班律师应保证其阅卷权的充分使用，熟悉案情，并对检察院认定的罪名和量刑建议提出专业意见，保障量刑协商的充分性，不能只在签署具结书时程序化地阅卷。正如某律师所言：见证的每个认罪认罚案件，都要提前一天到检察院阅卷、熟悉案情，不是单纯的程序见证，有的案子是要向当事人进行政策解释，提供法律援助和咨询，还有的案子要深度参与，进行实体量刑协商。①

3. 被害人

有学者主张在认罪认罚从宽制度中未成年犯罪嫌疑人、被告人对被害人的恢复性补偿很有必要，但是为了降低被害人对诉讼程序进程的影响，提高认罪认罚从宽制度适用效率，可以尽量降低被害人在制度适用过程中的影响。② 但被害人作为案件的亲历者，自身权益受到伤害，在维护自身权益的同时也希望被告人得到应有的惩罚。被害人对整个案件享有知情权，同时自身享有陈述权，对于案件的办理及对被告人的量刑能够发表自己的意见。因此在对未成年犯罪嫌疑人、被告人量刑时，也要参考被害人、被害人法定代理人及委托代理人的意见。

因未成年犯罪嫌疑人、被告人大多没有自身经济来源，只能依靠法定代理人代为赔偿，并且也确实存在法定代理人愿意赔偿但实在困难的情况，赔偿金额可能远远达不到被害人愿意接受的数额。如果被害人的谅解在量刑建议程序中的考量权重较大，对未成年犯罪嫌疑人、被告人而言显失公平，也可能会助长“花钱买刑”的不良风气。因此，在未成年人犯罪

---

① 参见陶强：《天津：200 名律师见证 4 万人签署具结书》，载《检察日报》2020 年 10 月 13 日，第 5 版。

② 参见陈卫东：《认罪认罚从宽制度研究》，载《中国法学》2016 年第 2 期。

适用认罪认罚从宽制度案件的和解中，更应当关注未成年犯罪嫌疑人、被告人悔过、赔偿的意愿和其对于被害人歉意的真实性，而非经济赔偿是否到位。[①] 限制被害人谅解在量刑建议程序中的权重并不是意味着抛弃被害人的合法权利，未成年人犯罪适用认罪认罚从宽制度应当在二者之间找到合适的平衡点，在对未成年犯罪嫌疑人、被告人进行合理从宽的同时，最大限度保障被害人（特别是未成年被害人）的合法权益。司法机关应当提前告知被害人案件适用认罪认罚从宽制度的情况，并做好释法说理工作，认真听取被害人一方的意见，结合案件具体情况理性分析，适当采纳合理意见。同时也应该督促未成年犯罪嫌疑人、被告人及其法定代理人积极赔偿损失，帮助指导受害人一方寻求工伤赔偿、保险赔付等社会救助方式，以弥补因犯罪而遭受的损失。

4. 检察机关

第一，检察机关不能唱“独角戏”，要摒弃“重定罪，轻量刑”的思想，加强和法院等其他部门间的沟通，建立公、检、法、司协商平台，通过协商听取各方从宽情节意见，形成推动认罪认罚从宽制度实施的合力，提高量刑建议的精准度和采纳率，使得量刑建议更有说服力，减少上诉率。

第二，要积极学习研究《常见犯罪量刑指导意见》，共同研究解决工作中出现的问题，协同制定具有地方特色的量刑实施细则。

第三，要强化与未成年犯罪嫌疑人、被告人及值班律师的协商，听取其量刑意见。在制作量刑建议书时要以尽可能多的数据作为量刑建议支撑，在确定法定刑、基准刑、宣告刑规范化步骤的基础上，细化量刑起点，具体量刑情节，定性、定量分析量刑情节，制作量刑建议表，确保量刑精准，也能让未成年犯罪嫌疑人、被告人及其辩护人、法定代理人清晰明了。

---

① 具有反省犯罪原因、向被害人赔偿或者道歉等表现的，可以认定为确有悔罪表现。对与被害人达成和解协议或者取得被害人谅解的，可以作为量刑时的重要考虑因素。未成年犯罪嫌疑人、被告人确无赔偿能力而未能达成和解协议的，一般不影响认罪后从宽政策的适用。

5. 法院

第一，要认识到法院拥有最终的量刑决定权，检察机关量刑建议不是对法院“量刑权”的侵蚀，更不是挑战“以审判为中心”的共识地位，而是对案件进行适度的分流，进一步强化“以审判为中心”的核心地位。①

第二，在平衡各方利益的同时，为了解决量刑“讨价还价”问题，可以参照英国的“最高可能刑罚”制度进行改革，这种相对确定的量刑建议不同于幅度刑，可以充分保障认罪认罚未成年犯罪嫌疑人、被告人的知情权，以平衡各方利益，确定合理量刑。

（二）采用分层量刑机制

《适用制度指导意见》未给出具体的量刑标准，在地方制定的认罪认罚实施细则中，较多采用的是“三二一”模式，具体是指在侦查阶段、审查起诉阶段、审判阶段等不同诉讼阶段认罪认罚的，分别可以在法定幅度范围内减让基准刑 30%、20%、10% 以内提出量刑建议，如乙省级单位。也有对从宽幅度作出更细致规定的，如 F 县级单位规定：侦查阶段被采取强制措施前认罪认罚且没有反悔的，减少 30% 基准刑；被采取强制措施后侦查终结前认罪认罚的，减少 20%—25% 基准刑；移送检察院前认罪认罚的，减少 15%—20% 基准刑。② 当然这些都是地方标准，实际上，《常见犯罪量刑指导意见》已有明确的量刑规定，但是可以再予以细化，并扩大适用到所有的犯罪。

第一，基于认罪认罚的分层。未成年犯罪嫌疑人、被告人在侦查、审查起诉、审判等不同阶段认罪认罚的，分别可以在法定幅度范围内减让基准刑 30%、20%、10% 以内提出量刑建议。对具有自首、坦白情节且认罪认罚的，可以增加 10% 以内的从宽幅度。未成年犯罪嫌疑人、被告人认罪认罚，且有道歉、退赃、赔偿被害人意愿及行为的，可以增加 10% 以

① 参见王东明:《“认罪认罚从宽制度”量刑建议精准化的困境与完善路径》，载《云南社会科学》2021 年第 4 期。

② 参见王东明:《“认罪认罚从宽制度”量刑建议精准化的困境与完善路径》，载《云南社会科学》2021 年第 4 期。

内的从宽量刑幅度。

第二，基于未成年犯罪嫌疑人、被告人年龄的分层。可以根据未成年人犯罪的年龄段，比照成年人犯罪分别适用不同的轻处比例。14—15 周岁轻处 60%，15—16 周岁轻处 50%，16—17 周岁轻处 30%，17—18 周岁轻处 20%。16—18 周岁犯其他罪的，再轻处 20%。当然这种轻处规定也可以融入认罪认罚从宽制度中，制定更有针对性的从宽幅度，在认罪认罚从宽具体标准适用于未成年人时将其中的“可以从宽”变更为“应当从宽”（可能判处无期徒刑的除外），以体现未成年人犯罪在适用认罪认罚从宽制度时的特殊性。

综上所述，未成年人认罪认罚应该首先根据所犯罪行和情节选择相应的法定刑，明确量刑起点，确定量刑基准，然后基于其年龄段、认罪认罚情节和悔罪表现提取量刑要素，最后根据量刑要素的比例，依照量刑规则，确定最终的宣告刑。

五、完善上诉程序

我国实行两审终审制度，二审程序是给予当事人充分维护自身权益有利条件的重要保障，有利于纠正判决错误，在一定程度上化解判决稳定性的僵化性，在最大限度上保证判决可以依法得到救济。

（一）上诉决定权的分层

未成年犯罪嫌疑人、被告人适用认罪认罚从宽后上诉，但同时检察机关抗诉，将会导致上诉后加刑。法院认为，已基于未成年犯罪嫌疑人、被告人认罪认罚而判决了较轻的刑罚，如在事实、证据未发生变化的情形下，仅仅因量刑较重提起上诉，则可认为其只构成认罪而不构成认罚。据此，检察机关即会根据未成年犯罪嫌疑人、被告人的上诉而提出抗诉，认为其已不可适用认罪认罚从宽制度，二审法院往往也最终会改判较重的刑罚。我国现行法律规定中并没有规定认罪认罚后不可以再进行上诉行为，因此仍旧应该贯彻上诉不加刑原则。

强化认罪认罚案件中未成年犯罪嫌疑人、被告人上诉权的保障，需要注意未成年人与其代理人意见不一致的情形。在此情形下，需要对上诉理由进行判断，在宣判后又上诉的，法院应当先进行形式审查，但要考虑不同的情形，如前所述，对有证据证实其认罪认罚非自愿、不合法、不真实而主张认罪认罚无效提起上诉的，可以以法定代理人意见为准进入实体审理以保障其上诉权的行使，但对于主张事实上无罪的应当以未成年犯罪嫌疑人、被告人的意见为准。而 12 周岁至 14 周岁的未成年犯罪嫌疑人、被告人无论是基于事实部分还是认罪认罚有效性问题，均应当以其法定代理人的意见为准，其他年龄段的则可以参照上述分层适用。

（二）上诉权的保护与限定

对于策略性上诉，应当推行有因上诉制度，同时配合适用损失时间指令制度。有因上诉制度是指法院在受理适用认罪认罚从宽的上诉案件，未成年犯罪嫌疑人、被告人应提出明确具体的上诉理由，法院审查上诉理由，若案件确实存在着定罪量刑等错误，有严重违反程序法的以及非自愿或受胁迫的认罪认罚情形，允许上诉。而对于上文所说的为了避免监狱服刑的策略性上诉，法院审查后直接驳回，不启动二审程序。损失时间指令源自英国，是在刑事诉讼中涉及上诉制度的一个特殊规则。在英国，除非有另外规定，上诉人从开始申请上诉的那一刻至上诉申请被通过，这期间被羁押的时长，都算作即将被判处羁押刑罚的一部分。损失时间指令就是另外规定，若上诉人的上诉理由毫不合理，纯粹浪费法院时间，那么上诉人上诉期间内被羁押的时间不再与他最终被判处的羁押刑期折抵。损失时间指令的惩罚性质，可以阻止一些策略性上诉。针对我国未成年人适用认罪认罚从宽刑事案件的上诉，可以采用损失时间指令制度，二审法官如果发现未成年犯罪嫌疑人、被告人认罪认罚后的上诉目的并不正当，可以驳回上诉，并不折抵羁押刑期。

第三节　合适强制措施及刑罚的确立

国家对于未成年犯罪嫌疑人、被告人认罪认罚后的从宽意味着在办理未成年人犯罪案件时要优先适用合适的强制措施及刑罚。[①] 未成年犯罪嫌疑人、被告人刑事案件特别程序的设立从根本上强调了与普通成年人刑事案件诉讼程序的不同，因此在选择刑罚方式时应充分发挥刑事诉讼“家庭模式”的优势，尽可能限制剥夺人身自由的强制措施和刑罚的使用，从而体现出国家、社会对于未成年人的“特殊保护”。

对于认罪认罚的未成年犯罪嫌疑人、被告人优先适用合适的强制措施及刑罚，一方面要体现必要性原则，另一方面要重点体现出预防再犯、帮助未成年人回归社会的目的。从这一点上来讲，刑法中罪责刑相适应原则在未成年人身上体现出了“特殊”的意义。在未成年犯罪嫌疑人、被告人认罪认罚案件诉讼过程中，可选用相对较为宽松的非监禁措施及刑罚，如取保候审、监视居住、管制、缓刑等措施。如何能够通过宽严相济的处遇措施，真正让认罪认罚未成年犯罪嫌疑人、被告人知错、认错、悔错、改错是本节探讨的重点内容，围绕非监禁措施及非监禁刑罚与社会帮教、亲职教育、法庭教育等多种形式的帮教相结合，讨论对未成年犯罪嫌疑人、被告人适用非监禁措施及刑罚的考察预判，降低监禁措施及刑罚的适用比例，不断探索形成可行的预判和帮教工作机制，让优先适用合适监禁措施及刑罚成为认罪认罚未成年犯罪嫌疑人、被告人的特殊保护。

一、非监禁措施及刑罚适用的合理化

非监禁措施主要包括取保候审和监视居住，非监禁刑罚主要包括管制、罚金、没收财产、剥夺政治权利和驱逐出境，也包括被判处缓刑接受社区矫正。如何理性分析对认罪认罚未成年犯罪嫌疑人、被告人适用非监禁措施及刑罚以降低人身危险性和再犯可能性，是本节讨论的主要内容。非监禁措施及刑罚在实现形式上既体现了从宽的目的，在承担相应刑事责任的同时又有助于修复与被害人之间的关系，在实现人道主义目的的同时节约了监禁成本，这种多赢的处理措施具有先天性优势。因此，办案机关在处理认罪认罚未成年犯罪嫌疑人、被告人时，应发挥认罪认罚从宽制度的独特价值，将监

---

① 参见张建宇:《未成年人刑事和解的实践风险与制度保障》，载《广西政法管理干部学院学报》2021 年第 1 期。

禁措施和刑罚作为一种最后的选择，优先适用非监禁措施及刑罚。

（一）非监禁措施及刑罚的风险预判

坚持教育和保护优先，为认罪认罚未成年犯罪嫌疑人、被告人重返社会创造机会，最大限度减少羁押措施、刑罚。多数未成年犯罪嫌疑人、被告人能够认罪认罚，在第一时间到案并积极与被害人达成和解而取得从宽处理。优先适用非监禁措施及刑罚，能够帮助处于身心发育尚不成熟阶段的未成年犯罪嫌疑人、被告人积极认错悔罪，同时感受到法律的庄严性。

在保证诉讼顺利进行的前提下可以对认罪认罚未成年犯罪嫌疑人、被告人适用合适的非监禁措施及刑罚，其中对案件社会危害性及未成年人监护情况等进行多方面考察，也可以协助非监禁措施及刑罚的顺利执行。要使非监禁措施及刑罚能够真正地体现出其应有的价值，保证认罪认罚未成年犯罪嫌疑人、被告人履行承诺，改过自新不再触犯法律，在作出非监禁措施及刑罚决定之前，理性地对认罪认罚未成年犯罪嫌疑人、被告人在犯罪动机、成长经历、监护条件等方面进行审查，感性地对未成年人心理健康情况、情绪变化、认罪悔罪态度进行预判就显得尤为重要。因此，为了体现认罪认罚从宽制度的独特价值，要建立完善对认罪认罚未成年犯罪嫌疑人、被告人实行非监禁措施及刑罚的风险评估预判机制，对低风险水平的未成年犯罪嫌疑人、被告人减少干预，[①] 提高非监禁措施及刑罚适用的精准度。

预判是为了防止再犯，保障非监禁措施及刑罚的有效可行性，实现有效惩处、有效挽救的目的。办理未成年犯罪嫌疑人、被告人认罪认罚犯罪案件，参与主体涉及公安机关、检察机关、审判机关、未成年人法定代理人、被害人、被害人法定代理人、社会调查服务机构等，对认罪认罚未成年犯罪嫌疑人、被告人进行非监禁措施及刑罚的预判应建立在各方参考意见之上，应基于客观事实，发挥家庭温情功能，努力创设"教育、感化、挽救"的积极举措，从多个方面对认罪认罚未成年犯罪嫌疑人、被告人适

---

① David Garland, The limits of the sovereign state-strategies of crime control in contemporary society, *British journal of criminology*, Autumn 1993（36）, p. 471.

用非监禁措施及刑罚进行合理预判。

未成年人的犯罪罪名体现了其处于青少年时期缺乏抵御外界诱惑的生理机制，自身对是非善恶的辨别与自控能力不足，如果在这个时期受到社会不良环境因素的影响，容易走上违法犯罪道路，因为所谓的兄弟朋友义气去结伙打架斗殴，缺乏收入来源去盗窃、抢劫，对异性的好奇心、缺乏正确的爱情观做出不正确的行为等，即使某些行为已经造成了严重的社会危害性，但对于未成年人来讲并未形成真实的犯罪人格。

未成年犯罪嫌疑人、被告人具备可塑造性强的特点，如果认罪认罚，说明其已经认识到了错误所在，在对其决定适用非监禁措施及刑罚时，要首先考虑犯罪情节的严重性是否符合非监禁措施及刑罚的法定条件。对于犯罪情节、犯罪后果的把控主要依靠客观的犯罪所造成的危害结果及犯罪手段恶劣性，考虑是否系暴力犯罪、主观是否存在明知故意等。

对于有悔罪表现的考察如果仅限于参考书面签署认罪认罚具结书和口头上认罪认罚，容易出现认罪认罚后反悔情况。此时对未成年犯罪嫌疑人、被告人的认罪认罚自愿性进行综合评判变得十分有意义。未成年犯罪嫌疑人、被告人被采取强制措施到审判前，一般都羁押在看守所，对于突然改变的生活环境和犯罪后所带来的恐慌和压力，特别是在审查逮捕阶段不能与法定代理人进行沟通，容易使未成年人出现极端行为和负面情绪，在审判前对其进行再教育以保证认罪认罚自愿性显得尤为重要。在诉讼各阶段对于未成年人进行羁押必要性审查后，确实需要关押的，对未成年人与成年人分别关押、分别管理、分别教育，也是为了防止“交叉感染”。要及时引入司法社工和心理咨询师，在生活、情绪、法律程序等上给予未成年人及时帮助，在不同的诉讼阶段要保障未成年人会见的合法权利。在看守所对未成年人进行管理时要对其表现进行考核评估，作为再教育的重点内容，将其在看守所的服从纪律情况、是否主动接受监督改造、是否积极配合民警各项工作作为对其量刑时的重要参考条件。同时要对于羁押未成年犯罪嫌疑人、被告人创设性地提供参考条件，对每个未成年犯罪嫌疑人进行建档，对其日常作息、生活纪律、谈话情况、个人内务等进行综合日考评，每周或每月评选优秀表现人员，纳入个人档案，以此鼓励未成年人在看守所内积极表现，积极改造。这些可体现未成年犯罪嫌疑人、被告人认罪认错态度，可作为对其人身危险性及再犯可能性的预判因素。

1. 社会调查报告支撑

社会调查也可以称为“人格调查”，是刑事诉讼“家庭模式”的直接体现。通过对认罪认罚未成年犯罪嫌疑人、被告人进行人格调查，可以对其作出最适合的刑罚。社会调查报告是刑事诉讼案件中的一项重要制度。刑事诉讼法中明确规定“可以”开展社会调查，对于“可以”开展社会调查的，本着挽救认罪认罚未成年犯罪嫌疑人、被告人的方针应理解为“一般应当”开展。社会调查报告能真实反映未成年犯罪嫌疑人、被告人的成长经历、生活环境以及个人的性格、品德，为司法机关挽救未成年犯罪嫌疑人、被告人提供重要参考依据，也为逮捕决定、量刑建议、从轻或减轻及更改判决、针对性矫治提供参考。①

社会调查是对未成年犯罪嫌疑人、被告人适用非监禁措施及刑罚预判的重要补充内容，在依托社会调查报告对未成年犯罪嫌疑人、被告人适用非监禁措施及刑罚进行预判时，要重点关注剖析引起未成年人犯罪的原因，考虑每位未成年犯罪嫌疑人、被告人的特殊性，针对性分析其个人基本情况、成长经历、品行性格、人身危害性、家庭状况、监护条件、与被害人关系及是否具备社区矫正条件等内容，再作出最合理的评估。②

2. 被害人、被害人法定代理人及委托代理人意见参考

被害人处于整个案件中的弱势地位，犯罪者给被害人带来了身体和精神上的伤害，被害人受到伤害后如处理不当，可能会出现厌学、厌世甚至违法犯罪报复社会等消极情况。刑事案件中被害人享有报案和控告、申请回避、委托诉讼代理人、知情权、申请抗诉权等司法保障权利，在量刑阶段被害人可以向检察机关发表自身的意见，在对认罪认罚未成年犯罪嫌疑人、被告人作出非监禁措施及刑罚时，听取被害人的意见既能体现程序正义，又能充分尊重被害人的合法权益。被害人若是未成年人，在听取被害

① 参见王贞会:《未成年人刑事司法社会支持机制研究》，中国人民公安大学出版社 2017 年版，第 185—186 页。

② 参见史立梅:《未成年人刑事司法的社会支持机制研究》，中国政法大学出版社 2021 年版，第 238—239 页。

人自身意见的同时也要尊重法定代理人及委托诉讼代理人的意见。通过听取被害人一方的意见及双方的刑事和解情况，妥善处理，保障非监禁措施及刑罚的顺利实施。

3. 不公开听证会

《人民检察院审查案件听证工作规定》第 9 条规定，人民检察院可以根据办理案件需要，决定召开听证会。在对认罪认罚未成年犯罪嫌疑人、被告人作出非监禁措施及刑罚预判时，可以举行不公开听证会，广泛综合各方意见，从不同的角度对认罪认罚未成年犯罪嫌疑人、被告人的犯罪行为作出分析及惩罚意见。召开不公开听证会是为了判断认罪认罚未成年犯罪嫌疑人、被告人人身危险性和再犯可能性，作为是否作出非监禁措施及刑罚的预判参考。

（二）优先适用缓刑

如前文所述，非监禁刑罚主要包括管制、罚金、没收财产、剥夺政治权利和驱逐出境。因未成年人年龄的特殊性，大多数政治权利基本无资格与无行使权利，因此被剥夺政治权利对于未成年人来讲基本无实现意义。[①] 而没收财产对于无收入、收入较低的未成年人来讲也基本无实现意义。驱逐出境是对待犯罪的外国人的方法。因此在整个诉讼阶段中，主要依靠缓刑来保障未成年人实现非监禁刑。被判处缓刑的罪犯能不被监禁，其生活、工作能够正常进行，不至于出现出狱后很难适应社会的状况。

第一，立足于未成年人犯罪适用认罪认罚从宽制度的独特价值，提高缓刑的适用范围。目前世界各国的刑罚制度主要以监禁刑为主，随着社会的发展，非监禁刑越来越得到广泛适用，特别是针对认罪认罚犯罪未成年人的非监禁刑已经成为主要发展方向，未成年人的身体特点使得非监禁刑能够为挽救和保护犯罪未成年人提供最有利的措施。12—16 周岁正处于初、高中教育阶段，未成年人正处在思想价值观形成的关键时期，可塑性强，对未成年人使用监禁刑，会给其身心带来巨大的压力，影响今后的生活学习，因此应当积极提高认罪认罚犯罪未成年人非监禁刑的适用范围，

① 参见吴平：《资格刑研究》，中国政法大学出版社 2000 年版，第 223—226 页。

规定如果犯罪未成年人认罪认罚，则其宣告刑在有期徒刑 5 年以下的都可以适用缓刑，以体现未成年人犯罪适用认罪认罚从宽制度的独特价值。

第二，立足于“家庭模式”，积极落实社会帮教工作。要注意充分发挥帮扶指导、心理疏导、亲职教育、司法救助等司法职能，综合运用多种手段，实现未成年人的全方位司法保护。要把特殊权益的维护和法律政策的落实紧密结合起来，实现符合未成年人身心特点的个性化司法处置，最大限度维护未成年人合法权益。还要围绕司法职能，以司法手段督促推动教育、民政等部门履职尽责，调动家庭、学校、社会和政府等各方力量，推动构建社会化综合保护体系，凝聚全社会力量呵护关爱未成年人。挽救失足未成年人，拯救其家庭，促进社会和谐发展。实践中在对犯罪未成年人使用缓刑的同时对其进行社区矫正和强制教育，节约司法资源、节省帮教成本，充分发挥“家庭模式”的优势，帮助未成年人回归社会，也更符合人道主义精神。

二、监禁措施及刑罚适用的合理化

合理适用监禁措施及刑罚主要考虑取保候审、监视居住、缓刑与拘留、逮捕、实刑之间的关系，即使短期监禁，也会使认罪认罚后的未成年犯罪嫌疑人、被告人降低其自尊心，容易再犯，因此合理采取监禁措施及刑罚很有必要。

（一）完善审前拘留、逮捕强制措施

第一，提高对认罪认罚未成年犯罪嫌疑人、被告人审前拘留、逮捕标准。可以详细规定对到案未成年犯罪嫌疑人、被告人认罪认罚的，一般不采取拘留措施，确需采取的优先进行强制观护教育，[①] 以此倒逼我国观护教育基地建设，同时体现了认罪认罚从宽制度的独特价值。可以对逮捕条件中“可能判处徒刑以上刑罚”的标准进行变更，规定未成年犯罪嫌疑人、被告人认罪认罚的，适用“可能判处三年以上刑罚”的逮捕标准，真

---

① 参见史立梅等:《未成年人刑事司法的社会支持机制研究》，中国政法大学出版社 2021 年版，第 297—298 页。

正体现对未成年犯罪嫌疑人、被告人认罪认罚“从宽”的决心。

第二，限缩认罪认罚未成年犯罪嫌疑人、被告人的羁押期限。对被拘留的认罪认罚未成年犯罪嫌疑人、被告人，公安机关在拘留后3日内提请检察机关审查批准逮捕的期限不变更，同时规定不得延长，如需延长则需要将认罪认罚未成年犯罪嫌疑人、被告人转移至观护教育中心。同时规定对认罪认罚未成年犯罪嫌疑人、被告人逮捕后的2个月羁押期限也不得延长，如需按照刑事诉讼法规定进行延长，也需要将其转移至观护教育中心。有效降低“案–件比”的同时，加大对未成年犯罪嫌疑人、被告人认罪认罚后的“从宽”保护力度。

第三，办案机关要树立正确的政绩观，避免过度“内卷”。要真正尊重未成年犯罪嫌疑人、被告人及其法定代理人的内心选择，做到不以审前拘留、逮捕为手段强迫未成年犯罪嫌疑人、被告人认罪认罚。同时要顺应认罪认罚从宽制度运行的科学规律，废除不合理的考评指标，减少人为不当干预，保障未成年犯罪嫌疑人、被告人的自由选择权。

（二）降低监禁刑的适用比例

第一，抛弃保守的重刑观念。在我国司法实践中，人们受重刑观念影响较大，认为犯罪就应该入狱接受惩罚，因此在面对非监禁刑适用时，思想较为保守。这种传统思想观念影响着未成年人犯罪适用非监禁刑罚，更有甚者会觉得对未成年人实施非监禁刑是一种枉法裁判，即使未成年犯罪嫌疑人、被告人认罪认罚，这种情况也没有改观。同时法官对于“情节轻微”“不致再危害社会”等主观判断不一，因此使得降低监禁刑的适用比例缺乏广泛的思想基础。在我国的司法实践中也没有明确区分未成年人犯罪与成年人犯罪的本质区别，这也是未成年人适用缓刑等非监禁刑适用率低的重要原因。要降低监禁刑的适用比例，就要抛弃保守的重刑观念，采用科学的手段对认罪认罚未成年犯罪嫌疑人、被告人进行积极有效的观护和帮教，建立一体化的评判和帮教体系，确保在作出非监禁刑决定时，充分考虑家庭和同伴等保护性因素，[①] 帮助未成年犯罪嫌疑人、被告人积极认罪悔过，接受改造教育。在各个阶段提供精、准、快的法律援助，确保未成年犯罪嫌疑人、被告人能够积极认罪认罚，通过以上措施积极带动被羁押未成年人从轻、减轻处罚。

第二，探索设立第三方专业调解机构。正如有学者认为的那样，一方面需要办案机关通过与认罪认罚后的未成年犯罪嫌疑人、被告人面对面实际接触作出判断，另一方面可根据其积极退赔赃物、赔偿被害人损失等方面考量。[②] 但是赔偿的路径方面我国法律并没有详细说明，可以借鉴意大利经验，对于认罪认罚的未成年犯罪嫌疑人、被告人可以由办案机关委托专业的社会调解机构进行调解。可以对该专业机构进行试点，试点期间可以限定适用主体范围为认罪认罚的未成年犯罪嫌疑人、被告人。对于因赔偿数额不一而调解不成的，可以由第三方专业机构进行专业评估，确定数额，由认罪认罚未成年犯罪嫌疑人、被告人方将评估后的赔偿暂存至第三方专业机构，视为完成了赔偿，办案机关再依此对符合条件认罪认罚的未成年犯罪嫌疑人、被告人判处非监禁刑罚。这样可以有效解决信任危机，化解社会矛盾，避免公权机关判处非监禁刑罚后加害方却不予赔偿的困境。

第三，要坚持罪责刑相适应原则，合理确定没有选用认罪认罚从宽制度的未成年犯罪嫌疑人、被告人的刑罚。不能为了落实认罪认罚从宽制度而违背罪责刑相适应原则，特别是要区分共同犯罪中的未成年犯罪嫌疑人、被告人未选用认罪认罚从宽制度的动机，坚持主客观一致原则，对于主观上认为不构成犯罪但客观行为较轻的未成年犯罪嫌疑人、被告人也可以大胆适用非监禁刑，减少司法信访压力。

第四，限定认罪认罚未成年犯罪嫌疑人、被告人的刑罚处理结果不计入捕后轻刑率、捕后缓刑率的考评指标。规定只有未成年犯罪嫌疑人、被

---

① “保护性因素”指存在于个人、家庭、学校、社会中可以抵消不良影响的各种因素。Farrington, D. P. 2000. Explaining and preventing crime: The globalization of knowledge the American society of criminology 1999 presidential address. *Criminal*, 38（1）, p. 126.

② 参见朱孝清:《认罪认罚从宽制度的几个问题》，载《法治研究》2016 年第 5 期。

告人认罪认罚的案件才能不计入该项考评，这样体现了未成年人犯罪适用认罪认罚从宽制度的特殊性所在，可以提高办案人员对逮捕后的认罪认罚未成年犯罪嫌疑人、被告人适用非监禁刑的积极性，切实维护认罪认罚未成年犯罪嫌疑人、被告人的合法权益。

第五，创新设立专门针对未成年人的“公民资格实习”新刑罚。针对认罪认罚的未成年犯罪嫌疑人、被告人可以按照刑事诉讼的“家庭模式”，参照法国规定设立“公民资格实习”新刑罚，规定“公民资格实习”为期不超过1个月，每天不得超过6小时，弥补社区矫正和强制教育不能作为刑罚方式单独适用的缺陷，在丰富我国资格刑种类的同时改变我国专门针对未成年人刑罚空白的现状。

第四节　认罪认罚后的支持帮助机制完善

持续完善认罪认罚未成年人的支持帮助机制是“双重从宽”的另外一种表现，是国家与个人基于一致性互动过程中的合作共赢，有助于认罪认罚未成年犯罪嫌疑人、被告人更好地改正错误，回归社会。在完善过程中需要把握认罪认罚从宽制度适用与后续支持帮助机制的衔接程序，针对上文分析中的具体问题一一进行剖析，需求对策。

一、充分发挥政法委的领导职能

当前，我国规定了政法委作为党管政法工作的专门机构，对政法工作进行专门指导。现实中政法委确实发挥了重要的沟通协调职能，但是因为没有具体工作抓手，公、检、法、司的配合力度并不大，各地政法委也迫切需要改变这种窘境，都在积极拓展具体工作事项，各具特色，但是还没有形成共识。对认罪认罚后未成年人的支持帮助工作正是能够发挥政法委专门职能的一项重要工作，与政法委的工作定位具有天然的契合性。因为无论是领导公检法司，统筹政府机关中妇联、共青团等部门，还是督促基层村委会、居委会履行职责等，政法委作为党委部门，具有政治上的正确性，所以确定政法委为认罪认罚后未成年人支持帮助工作的领导部门是合理而必要的。

在公安机关开始侦查未成年人犯罪案件之时，政法委就可以开始介入。一旦未成年犯罪嫌疑人、被告人认罪认罚，即可以启动支持帮助机制，委托专门的社会工作机构开展支持帮助工作，在此过程中也可以对公安机关的侦查行为进行有效的监督，可以有效保证侦查机关手段的合法性。在检察环节、审判环节、刑罚执行环节，可以由政法委确定是否由原社会工作机构或者社会工作人员对认罪认罚未成年犯罪嫌疑人、被告人进行支持帮助，如果没有特殊情况（如认罪认罚未成年犯罪嫌疑人、被告人不同意继续适用侦查阶段的社会工作机构或者工作人员），原则上依然保持继续使用侦查阶段的社会工作机构和社会工作人员，以保证支持帮助队伍的稳定性。如果认罪认罚未成年犯罪嫌疑人、被告人被予以社区矫正，可以由同一社会工作机构或者工作人员进行帮扶教育，以增强社区矫正的实际成效。

政法委还可以协调政府机关中妇联、共青团等部门以及基层村委会、居委会加大对认罪认罚未成年犯罪嫌疑人、被告人的关注力度，将认罪认罚未成年犯罪嫌疑人、被告人的帮扶教育工作作为法治政府建设、平安创建工作的一项重要内容，纳入绩效考评，提高相关单位和部门的重视程度，督促其按照政法委的要求承担相应的责任。同时，针对这些单位和部门提出的经费、人员等问题，政法委可以作为党的协调部门予以妥善解决。

因此可以将《未成年人司法社会工作服务规范》中的“帮教服务”部分内容改为：“社会工作者接受政法委的委托，配合公安机关、人民检察院、人民法院、司法行政等部门，围绕违法犯罪未成年人开展法律教育、认知调整、行为矫治、生命教育、职业规划等专业服务，旨在协助违法犯罪未成年人提升法律意识、自控力与社会适应能力，获得必要的社会支持，避免重新犯罪。”将“帮教服务”的委托方由公、检、法、司各自为战统一为政法委有利于充分提高帮教的适用率，且更便捷，因为按照目前《未成年人司法社会工作服务规范》的规定，经费办法是谁委托谁负担，这样很多能够进行帮教的但是办案机关因为经费问题而不委托进行帮教，委托方统一到政法委则可以有效解决问题。

二、持续完善具体适用标准

《未成年人司法社会工作服务规范》已经发布，但是围绕该规范继续增加“认罪认罚”相关因素是完善认罪认罚后支持帮助机制的一项重要内容。

《未成年人司法社会工作服务规范》中的包括侦查阶段、审查起诉阶段、审判阶段的“社会调查内容”部分可以增加：“社会工作者应充分引导未成年人认识到错误所在，促进认罪认罚，积极配合办案机关的工作。”这样对一些不认罪认罚的未成年人就可以充分发挥社会工作人员的力量，以减轻未成年人对司法机关的抵触情绪，更加积极主动反思自身，有利于提高未成年人适用认罪认罚从宽制度的适用率，帮助其改正错误，减轻处罚，避免再犯。

在《未成年人司法社会工作服务规范》中的帮教服务的具体流程中“召开结案总结会”部分可以增加：“总结违法犯罪未成年人在帮教期间的表现，重点总结其帮教期间的思想转变，结合认罪认罚情况对违法犯罪未成年人提出期待和建议。”这样可以从了解违法犯罪未成年人的外在表现到重点关注违法犯罪未成年人的内心世界，从认罪认罚从宽制度的适用角度了解帮教服务的适用效果。同样针对《未成年人司法社会工作服务规范》中的训诫教育服务中“召开结案总结会”部分可以增加：“总结严重不良行为未成年人在训诫教育期间的表现，重点总结其在训诫期间的思想转变，是否对训诫有异议，并对其提出期待和建议。”虽然严重不良行为未成年人没有涉嫌犯罪，但是了解其内心真实的认错认罚想法与帮教期间的认罪认罚有异曲同工之妙。

在《未成年人司法社会工作服务规范》中的“观护基地教育的维护与发展部分”可以增加：“观护基地工作人员在帮教涉罪未成年人时可以对认罪认罚未成年人和不认罪认罚的未成年人进行区分，要对不认罪认罚的未成年人进行认知教育，促进其思想转变，接受帮教。”因为不认罪认罚的未成年人很多时候没有认识到自身的错误，就更不会接受帮教措施，所以认知教育是需要增加的帮教程序。

三、加大支持帮教保障力度

完善认罪认罚未成年人的支持帮助机制还需要从经费、场所、人力等方面入手，为帮教工作提供全方位的保障。

在经费保障方面，要建立政府划拨为主、社会捐助为辅的资金来源渠道。鉴于当前我国法院、检察院已经实现了人财物省级以下统管制度，公安、司法局人财物依然由当地政府管理，应在省级层面建立统一的未成年人支持帮助财政，统一支出于省级政法委逐级分配，按照支持帮教对象的比例进行划拨。另外，还要鼓励采取运用多种宣传方式，努力使社会认同支持帮教机制，向社会多方筹集帮教资金，并通过推行帮教资金透明机制，让社会监督资金流向。同时也可以将支持帮教工作进行产业化运作，调动一切力量，建立综合性服务平台，采用政府购买服务措施等将支持帮教工作推向市场化运作，由非政府组织运行帮教中心，有效解决帮教工作中出现的经费不足等问题，以最低的成本获得最大的效用。[①]

在场所保障方面，要持续不断完善看守所、观护教育基地、专门学校的建设。看守所的建设方面要从监管场所、物质保障等方面进行改进，特别是执法理念的转变、专门机构的组建、人员培训以及制度完善等。可以在一定的区域范围内，在有稳定的未成年人羁押量的基础上，建立专门的未成年人看守所，实行统一羁押和管理。这种模式更符合对未成年犯罪嫌疑人、被告人宽严相济、区别对待的执法理念，进一步完善了未成年人权益保护的法律体系和保护机制，使未成年在押人员的权利真正落到实处。[②] 在观护教育方面，应加强与一些职业学校的合作，重点建立学校型观护教育基地，实现县级观护教育基地全覆盖。[③] 也要注重观护教育与社区矫正的衔接，规定对于在观护教育基地入驻的未成年人被判处非监禁刑的，可以申请继续留在观护教育基地接受教育，将社区矫正工作一并纳入

① 参见未成年人检察专业委员会秘书处:《未成年人检察专业化——〈北京规则〉的中国实践》，中国检察出版社 2018 年版，第 321—322 页。

② 参见未成年人检察专业委员会秘书处:《未成年人检察专业化——〈北京规则〉的中国实践》，中国检察出版社 2018 年版，第 117—118 页。

③ 参见史立梅等:《未成年人刑事司法的社会支持机制研究》，中国政法大学出版社 2021 年版，第 297—298 页。

观护教育基地。[①] 鉴于目前我国工读学校（专门学校）数量偏少，可以增设专门学校，实现地市级工读学校（专门学校）全覆盖。在教学内容上要加强法治教育、生命教育、价值观教育，关注学生心理健康，根据学生意愿选择文化课学习或者专业技能学习，促使其早日回归社会、适应社会。[②]

在人力保障方面，要明确社会力量的参与途径与重点，加强工作队伍的专业化建设。采用"政府出资，团体运作，购买专业服务，实行资源共享"的模式，促进非政府组织参与支持帮助工作。与高等院校合作，畅通大学生志愿者实习渠道，减少费用支出的同时提高帮扶教育质量。建立考核机制，对激励和竞争事项作出规定，运用定性和定量的方法，以未成年犯罪嫌疑人、被告人的满意度、支持帮助效果、支持帮助措施的执行程度等为标准，对社会工作者及志愿者的工作进行全面的客观评析，对于表现优秀者予以相应的奖励，充分调动起他们的工作积极性，从而保障支持帮助工作得以稳定有效开展。在具体操作中可以由专业社会工作者带领大学生志愿者有效开展各项帮扶工作，通过对家庭、学校和未成年人自身情况的调查，帮助和引导家长走出教育的误区，协助家庭、学校和社区等，为支持帮助工作创设平等、接纳、融合的环境，以信息、精神、教化、心理、人际等各方面的支持，帮助未成年犯罪嫌疑人、被告人走出身心困境，顺利复归社会。[③]

---

① 参见史立梅等:《未成年人刑事司法的社会支持机制研究》，中国政法大学出版社 2021 年版，第 318 页。

② 参见于辉:《我国工读学校的发展困境与未来出路》，载《少年儿童研究》2020 年第 4 期。

③ 参见未成年人检察专业委员会秘书处:《未成年人检察专业化——〈北京规则〉的中国实践》，中国检察出版社 2018 年版，第 322—323 页。

结 语

未成年人作为认罪认罚从宽制度下的一类群体，确实有其特殊性。其研究领域是未成年人法的范畴，也是认罪认罚从宽制度的范畴，属于两个领域的交叉，容易被忽略。立足于实践，揭露出其中的问题，寻求可行对策，无论是对于认罪认罚从宽制度的完善还是未成年人司法都具有重要意义。无论是从认罪认罚从宽制度的角度研究未成年人，还是从未成年人司法的角度研究认罪认罚从宽制度，所呈现出的都是同一类问题，没有太大的差异性。另外，未成年人犯罪适用认罪认罚从宽制度本身具有天然的模糊性，即个性问题和共性问题共存。对个性问题的研究固然能够符合未成年人犯罪适用认罪认罚从宽制度的基本内涵，但是却不能完全涵盖其外延；对共性问题的研究固然能够补足个性问题的局限，但是有些问题依然不可避免看似“离题千里”，即便如此也不得不进行一定的研究，以求研究范围的周延。

其实未成年人犯罪适用认罪认罚从宽制度既是对国外未成年人犯罪“协商性司法”的学习借鉴，也是对国内未成年人犯罪“教育为主、惩罚为辅”方针以及“宽严相济”刑事政策的发展创新。审视国外的做法，可以发现社会方方面面关注更多的是对未成年人犯罪的具体处理问题，对未成年犯罪嫌疑人、被告人主观上认罪认罚与否的关注度不高，这在日本、法国、德国等大陆法系国家表现得较为明显。英美法系对未成年犯罪嫌疑人、被告人主观上的认罪与否的关注度显然高于大陆法系，主要原因在于英美法系国家认为在犯罪领域公权力有同私权利“和解”的可能，大陆法系国家在犯罪领域只允许犯罪嫌疑人、被告人与被害人间的“和解”，必要时公权力可以予以协助，但是禁止公权力同私权利间的直接“和解”。

未成年人犯罪适用认罪认罚从宽制度是刑事诉讼法确立的重要制度，是在立法和司法领域推进国家治理体系和治理能力现代化的重大举措，是一项创新举措，目的是通过对认罪认罚未成年犯罪嫌疑人、被告人程序上从简从快处理，实体上从轻从宽处理，实现有效教育未成年人、强化人权保障、提高诉讼效率、化解社会矛盾、减少社会对抗、促进社会和谐，其优越性被诉讼参与人各方认可赞同。我国未成年人保护工作是以尊重未成年人的人格尊严、坚持教育与保护相结合为指导原则，以儿童的利益最大化为出发点，坚持“教育为主、惩罚为辅”的方针，尽可能地减少诉讼对未成年人的身心影响以及社会影响，帮助其回归社会。在此过程中惩罚是必要手段而不是根本目的，所以未成年人犯罪适用认罪认罚从宽制度本身就是对未成年人的一种保护措施，是对未成年人人权的司法保障。

长久以来，未成年人司法实践中还存在着诸多问题，比如对于其犯罪行为的严重性如何予以明确的界定、对于未成年人的审判专业性如何保证、对于未成年被害人的保护机制如何建立等，在司法实践中仍以传统的刑事司法理念来处理未成年人犯罪案件显然不能解决上述问题。认罪认罚从宽制度建立后，我国引入了一些新的办案理念，这些理念对未成年人司法也产生了重要的影响，为上述问题的解决也提供了另外一种思路。同时也出现了一些新的问题，比如如何保障未成年犯罪嫌疑人、被告人选择认罪认罚从宽制度的自愿性，始终是一个难以解决的棘手问题。

未成年人司法制度的构建是一个庞大的体系性工程，是中国特色社会主义法治建设的一项重要内容，其重要性不言而喻。同时，未成年人司法制度在构建中可以坚持与成年人刑事司法制度分离－分立的路径选择，专门处理未成年人罪错行为，其目的在于帮助未成年犯罪嫌疑人、被告人健康成长，维持社会的长治久安。但是目前我国并未形成独立的未成年人司法制度，在立法领域还不能做到法典的统一制定。在这种情况下，出台统一的《未成年人司法法》势在必行。

《未成年人司法法》是在未成年人司法领域贯彻落实刑事诉讼“家庭模式”的理性选择，可以将公正价值、发展价值、秩序价值、效率价值贯彻其中。首先，应当分层规定法律适用主体，明确不同年龄段未成年人可以承担的相关民事、刑事、行政责任。其次，公、检、法、司等机关应在各个诉讼阶段建立属于未成年人独立的侦查、审查、审判等机制，专门解决未成年人刑事、民事、行政等纠纷。特别是要将未成年人犯罪适用认罪认罚从宽制度纳入《未成年人司法法》中，以凸显未成年人自身的特殊性，体现出认罪认罚从宽制度在未成年人领域独特的发展价值。最后，还应当将《预防未成年人犯罪法》的内容全部纳入《未成年人司法法》中，以实现对未成年人的全面保护。事实上，《未成年人司法法》已经纳入立法计划，各种意见稿也在有条不紊地论证中，当然这一过程任重而道远，但是相信有一天肯定会实现。

参考文献

一、中文参考文献

（一）书籍（出版时间顺序）

[1] 周礼 [M].

[2] 说文 [M].

[3] 礼记·尽心上 [M].

[4] 王运生，严军兴. 英国刑事司法与替刑制度 [M]. 北京：中国法制出版社，1991.

[5] 康树华. 青少年犯罪与治理 [M]. 北京：中国人民公安大学出版社，2000.

[6] 吴平. 资格刑研究 [M]. 北京：中国政法大学出版社，2000.

[7] [美] 约翰·莫纳什，何美欢、樊志斌译. 法律中的社会科学 [M]. 北京：法律出版社，2000.

[8] 孙长永. 沉默权制度研究 [M]. 北京：法律出版社，2001.

[9] 龙宗智. 刑事庭审制度研究 [M]. 北京：中国政法大学出版社，2001.

[10] 樊崇义. 刑事诉讼法实施问题与对策研究 [M]. 北京：中国人民公安大学出版社，2001.

[11] 翟中东. 刑法中的人格问题研究 [M]. 北京：中国法制出版社，2002.

[12] 温小洁. 我国未成年人刑事案件诉讼程序研究 [M]. 北京：中国人民公安大学出版社，2003.

[13] 李双元. 儿童权利的国际法律保护 [M]. 北京：人民法院出版社，2004.

[14] 王平. 恢复性司法论坛 [M]. 北京：群众出版社，2005.

［15］刘强．美国犯罪未成年人的矫正制度概要［M］．北京：中国人民公安大学出版社，2005．

［16］张利兆．未成年人犯罪刑事政策研究［M］．北京：中国检察出版社，2006．

［17］吴宗宪．西方犯罪学［M］．北京：法律出版社，2006．

［18］曾文星，徐静．心理治疗：理论与分析［M］．北京：北京大学医学出版社，2008．

［19］［英］玛格丽特·K. 罗森海姆，高维俭译．少年司法的一个世纪［M］．北京：商务印书馆，2008．

［20］雷小政．法律生长与实证研究［M］．北京：北京大学出版社，2009．

［21］姚建龙．超越刑事司法——美国少年司法史纲［M］．北京：法律出版社，2009．

［22］张智辉．“辩诉交易”制度比较研究［M］．北京：中国方正出版社，2009．

［23］［英］詹姆斯·迪南，刘仁文，林俊辉译．解读被害人与恢复性司法［M］．北京：中国人民公安大学出版社，2009．

［24］宋英辉．刑事和解实证研究［M］．北京：北京大学出版社，2010．

［25］张智辉．简易程序改革研究——“辩诉交易”制度研究结题报告［M］．北京：中国检察出版社，2010．

［26］赵国玲．未成年人司法制度改革研究［M］．北京：北京大学出版社，2011．

［27］宋英辉，孙长永，朴宗根，等．外国刑事诉讼法［M］．北京：北京大学出版社，2011．

［28］宋英辉，甄贞．未成年人犯罪诉讼程序研究［M］．北京：北京师范大学出版社，2011．

［29］［美］乔治·费希尔，郭志媛译．“辩诉交易”的胜利——美国“辩诉交易”史［M］．北京：中国政法大学出版社，2012．

［30］牛凯．预防青少年犯罪研究［M］．北京：法律出版社，2013．

[31] 何挺. 外国刑事司法实证研究 [M]. 北京：北京大学出版社，2014.

[32] 郭开元. 我国未成年人司法制度的实践及探索 [M]. 北京：中国人民公安大学出版社，2014.

[33] 许嘉璐，李行健. 现代汉语规范词典 [M]. 北京：外语教学与研究出版社，2014.

[34] 苗生明，叶文胜. 附条件不起诉的理论与实践 [M]. 北京：法律出版社，2015.

[35] 邓中文. 社区矫正理论与实务研究 [M]. 北京：中国政法大学出版社，2015.

[36] 李玫瑾，靳高风. 未成年人犯罪与少年司法制度创新 [M]. 北京：中国人民公安大学出版社，2015.

[37] 姚建龙. 矫正学导论 [M]. 北京：北京大学出版社，2016.

[38] 宋英辉. 未成年人法律规范一本通 [M]. 北京：北京大学出版社，2016.

[39] 季晓军. 角色视阈下的被害人研究 [M]. 北京：中国政法大学出版社，2017.

[40] 王贞会. 未成年人刑事司法社会支持机制研究 [M]. 北京：中国人民公安大学出版社，2017.

[41] 胡云腾. 认罪认罚从宽制度的理解与适用 [M]. 北京：人民法院出版社，2018.

[42] 未成年人检察专业委员会秘书处. 未成年人检察专业化 [M]. 北京：中国检察出版社，2018.

[43] 王广聪. 变迁时代的福利司法 [M]. 北京：法律出版社，2019.

[44] 邓中文. 社区矫正理论与实务研究（第2卷）[M]. 北京：中国政法大学出版社，2019.

[45] 雷小政. 未成年人刑事司法风险评估：场域、样本与方法 [M]. 北京：对外经济贸易大学出版社，2019.

[46] [加] 保罗·布鲁姆，徐卓译. 摆脱共情 [M]. 浙江：浙江人民出版社，2019.

[47] [英] 詹姆斯・迪南；刘仁文，林俊辉译. 解读被害人与恢复性司法 [M] . 北京：中国人民公安大学出版社，2009.

[48] 未成年人检察专业委员会秘书处. 检察视角下的未成年人司法保护 [M] . 北京：中国检察出版社，2020.

[49] 杨迎泽，郭云忠. 刑事检察实务培训讲义 [M]. 北京：法律出版社，2020.

[50] 张鸿巍. 美国未成年人司法 [M] . 北京：法律出版社，2020.

[51] 左卫民. 简易刑事程序研究 [M] . 北京：法律出版社，2020.

[52] 史立梅. 未成年人刑事司法的社会支持机制研究 [M] . 北京：中国政法大学出版社，2021.

（二）期刊报刊论文（按照发表时间顺序）

[1] 田宏杰 . 中国内地与港、澳、台地区未成年人犯罪概念之比较研究 [J] . 中央政法管理干部学院学报，2001（3）：21-25.

[2] 徐肖闻 . 未成年人刑事案件适用简易程序中存在的问题 [J] . 青少年犯罪问题，2003（5）：43-42.

[3] 姚建龙 . 刑事法视野中的少年：概念之辨 [J] . 青少年犯罪问题，2005（3）：20-24.

[4] 李亚学 . 美国的《少年司法与犯罪预防法》及身份罪少年的非监禁化 [J] . 青少年犯罪问题，2005（3）：53-56.

[5] 管晓静 . "未成年人犯罪" 概念之我见 [J] . 山西高等学校社会科学学报，2006（1）：70-72.

[6] 衣家奇，姚华 . 恢复性司法：刑事司法理念的重构性转折 [J] . 云南大学学报（法学版），2006（2）：9-12.

[7] 谢冬慧 . 秦朝以身高确认刑事责任的原因探析 [J] . 政治与法律，2006（3）：136-141.

[8] 张中秋，陈煜 . 2006 年法律史学科新进展 [J] . 政法论坛，2007（2）：183-191.

[9] 黄烨 . 国内外未成年人犯罪概念的比较研究 [J] . 韶关学院学报，2008（2）：118-121.

[10] 施鹏鹏. 法国庭前认罪答辩程序评析 [J]. 现代法学，2008（5）：174–186.

[11] 唐丹. 简论中国古代“恤幼”思想及其对我国未成年人犯罪刑事政策的影响 [J]. 西安石油大学学报（社会科学版），2009（2）：61–67.

[12] 夏天. 我国古代“恤幼”思想对未成年人犯罪刑事政策的启示 [J]. 理论导刊，2010（8）：86–88.

[13] 孙维萍. 意大利式“辩诉交易”与美国“辩诉交易”之比较 [J]. 北京航空航天大学学报（社会科学版），2011，24（1）：57–63.

[14] 曾赟. 逐级年龄生平境遇犯罪理论的提出与证立——以重新犯罪风险测量为视角 [J]. 中国法学，2011（3）：137–147.

[15] 张丽霞. 未成年人刑事案件庭审方式改革探析 [J]. 河南科技学院学报，2011（3）：37–39.

[16] 王敏远. 论未成年人刑事诉讼程序 [J]. 中国法学，2011（6）：61–68.

[17] 卞建林，李婵媛. 未成年人犯罪案件诉讼程序的立法完善 [J]. 青少年犯罪问题，2012（1）：4–10.

[18] 施鹏鹏. 法国未成年人刑事程序法述评：制度与演进 [J]. 青少年犯罪问题，2012（2）：102–110.

[19] 王永兴. 论未成年人犯罪案件诉讼程序中的社会参与——基于《刑事诉讼法修正案（草案）》的考虑 [J]. 预防青少年犯罪研究，2012（2）：37–42.

[20] 王永杰，吴晓丽. 论我国未成年人刑事案件诉讼程序的不足与完善——兼评《刑事诉讼法修正案》的相关规定 [J]. 时代法学，2012，10（3）：72–79.

[21] 安文霞. 德国未成年人犯罪 VOM 制度研究 [J]. 青少年犯罪问题，2012（4）：96–104.

[22] 付少红. 从尊重《儿童权利公约》说起 [J]. 师道：人文，2012（5）：2–6.

[23] 程晓璐. 适用附条件不起诉需要明确和细化的五个问题 [J]. 预防青少年犯罪研究，2012（6）：58–62+49.

［24］张鸿巍．未成年人审前拘留刍议［J］．比较法研究，2012（6）：68–81.

［25］黄太云．刑事诉讼法修改释义［J］．人民检察，2012（8）：10–73.

［26］李义凤．理想与现实：评“未成年人刑事案件诉讼程序”［J］．河南社会科学，2012，20（9）：17–18.

［27］李晓辉．论未成年人刑事案件附条件不起诉制度［J］．预防青少年犯罪研究，2012（11）：58–62.

［28］王娜．法国未成年人司法制度的变迁——兼论对中国未成年人司法制度完善的启示［J］．青少年犯罪问题，2013（3）：94–101.

［29］王菲，张伯晋．未成年人刑事案件社会调查制度选择性适用研究［J］．中国刑事法杂志，2013（12）：80–85.

［30］陈珠，叶凌．刑事案件审前社会调查制度实证研究——以长乐法院审前社会调查运行情况为样本［J］．福建警察学院学报，2014，28（1）：14–19.

［31］怯帅卫．论侦查阶段对未成年犯罪嫌疑人的权利保护［J］．山东警察学院学报，2014，26（1）：62–67.

［32］黄鸣鹤．人命重于泰山——最高人民法院《关于建立健全防范刑事冤假错案工作机制的意见》解析［J］．民主与法制，2014（2）：2–7.

［33］杨旭．意大利少年刑事调解制度及其启示［J］．云南大学学报（法学版），2015，28（3）：104–113.

［34］龚光辉．宽容与惩罚：“治病救人”理念下未成年人刑事政策的反思［J］．公民与法（法学版），2016（1）：47–51.

［35］陈卫东．认罪认罚从宽制度研究［J］．中国法学，2016（2）：48–64.

［36］宋志军．未成年人刑事司法的社会参与问题研究［J］. 北方法学，2016，10（2）：97–109.

［37］陈光中，马康．认罪认罚从宽制度若干重要问题探讨［J］. 法学，2016（8）：3–11.

［38］谭世贵．实体法与程序法双重视角下的认罪认罚从宽制度研究

[J].法学杂志，2016，37（8）：15-25.

[39]熊秋红.认罪认罚从宽的理论审视与制度完善[J].法学，2016（10）：97-110.

[40]杨先德.英国“辩诉交易”最高减让三分之一量刑[N].检察日报，2016-11-01（003）.

[41]魏晓娜.完善认罪认罚从宽制度：中国语境下的关键词展开[J].中国检察官，2016（23）：79.

[42]顾永忠.关于“完善认罪认罚从宽制度”的几个理论问题[J].当代法学，2016，30（6）：129-137.

[43]田然，杨兴培.我国少年司法改革的理念重塑与制度构建——以美国少年司法制度的借鉴为视角[J].青少年犯罪问题，2017（1）：45-53.

[44]张勇，李晓婷.未成年犯认罪认罚从宽问题思考[J].青少年犯罪问题，2017（1）：54-59.

[45]顾永忠，肖沛权.“完善认罪认罚从宽制度”的亲历观察与思考、建议——基于福清市等地刑事速裁程序中认罪认罚从宽制度的调研[J].法治研究，2017（1）：56-70.

[46]裴章艺，徐晓雯.比较与镜鉴：两岸少年司法语境下的认罪认罚从宽制度探微[J].金陵法律评论，2017（1）：55-65.

[47]最高人民法院关于实施修订后的《关于常见犯罪的量刑指导意见》的通知[J].中华人民共和国公安部公报，2017（2）：20-29.

[48]刘方权.认罪认罚从宽制度的建设路径——基于刑事速裁程序试点经验的研究[J].中国刑事法杂志，2017（3）：88-109.

[49]秦宗文.认罪认罚从宽制度实施疑难问题研究[J].中国刑事法杂志，2017（3）：110-125.

[50]樊崇义，徐歌旋.认罪认罚从宽制度与“辩诉交易”制度的异同及其启示[J].中州学刊，2017（3）：44-51.

[51]俞亮，郭雪颖.关于认罪认罚从宽制度基本问题的思考[J].铁道警察学院学报，2017，27（5）：71-75.

[52]姚莉.认罪认罚程序中值班律师的角色与功能[J].法商研究，

2017，34（6）：42–49.

［53］余丽．对未成年犯适用认罪认罚从宽制度的必要性和可行性论证［J］．预防青少年犯罪研究，2017（6）：53–57.

［54］孔令勇．教义分析与案例解说：读解刑事诉讼中的“认罪”、“认罚”与“从宽”［J］．法制与社会发展，2018，24（1）：188–204.

［55］刘妍．“认”的自愿性层次探析——以认罪认罚中“认罪”为视角［J］．河南科技学院学报，2018，38（1）：91–95.

［56］于阳．量刑规范化之适应性调整研究［J］．政法论丛，2018（4）：24–35.

［57］向燕．我国认罪认罚从宽制度的两难困境及其破解［J］．法制与社会发展，2018，24（4）：76–99.

［58］张婧，周勇．关于重新犯罪影响因素的理论观点［J］．犯罪与改造研究，2018（11）：33–39.

［59］李莉．日本降低“成人年龄”［J］．百科知识，2018（15）：52.

［60］周新．认罪认罚从宽制度立法化的重点问题研究［J］．中国法学，2018（6）：172–193.

［61］黄博儒．被告人认罪认罚反悔现象探究——以 100 份二审刑事裁判文书为分析样本［J］．江西警察学院学报，2019（1）：7–12.

［62］王亚红．认罪认罚从宽制度的价值逻辑及其优化进路［J］．湖南科技学院学报，2019，40（1）：100–103.

［63］闫召华．认罪认罚不起诉：检察环节从宽路径的反思与再造［J］．国家检察官学院学报，2021，29（1）：128–146.

［64］葛治华，许腾飞．认罪认罚从宽制度的内涵及自愿性保障研究［J］．浙江工业大学学报（社会科学版），2019，18（2）：222–228.

［65］周莹莹，金彦宇．未成年认罪认罚“从宽”问题研究［J］．三明学院学报，2019，36（3）：41–47.

［66］许阁阁，刘双振，秦杏鸽．认罪认罚从宽制度的理论争议及其制度完善［J］．辽宁警察学院学报，2019，21（3）：114–119.

［67］赵恒．“认罪认罚从宽”内涵再辨析［J］．法学评论，2019，37（4）：174–183.

［68］宋志军．未成年人刑事法律援助有效性实证分析［J］．国家检察官学院学报，2019，27（4）：41–55.

［69］宋志军．儿童最佳利益：少年司法社会支持体系之伦理议题［J］．浙江工商大学学报，2019（5）：60–70.

［70］龙长海．强奸罪和解的理论可能与制度路径［J］．政法论丛，2019（5）：92–105.

［71］王瑞君，陈禹衡．未成年人适用认罪认罚从宽制度争议问题辨析［J］．青少年犯罪问题，2019（5）：32–37.

［72］何挺．附条件不起诉制度实施状况研究［J］．法学研究，2019，41（6）：150–171.

［73］苗生明，周颖．认罪认罚从宽制度适用的基本问题——《关于适用认罪认罚从宽制度的指导意见》的理解和适用［J］．中国刑事法杂志，2019（6）：3–29.

［74］刘志刚，凌婧文．宽严相济一词的由来与发展［J］．中国纪检监察，2019（17）：49–50.

［75］张寒玉，盛常红．未成年人刑事案件如何适用认罪认罚从宽制度［J］．人民检察，2019（24）：32–35.

［76］金昌伟．认罪认罚从宽制度的功利分析与完善路径［J］．人民司法，2019（31）：73–77.

［77］陈卫东．论检察机关的犯罪指控体系——以侦查指引制度为视角的分析［J］．政治与法律，2020（1）：2–14.

［78］李艳霞，孙延杰．未成年认罪认罚案件量刑协商中的三个法律问题［J］．鲁东大学学报（哲学社会科学版），2020，37（1）：79–85.

［79］最高人民法院 最高人民检察院 公安部 国家安全部 司法部印发《关于适用认罪认罚从宽制度的指导意见》的通知［J］．中华人民共和国最高人民检察院公报，2020（1）：5–15.

［80］王秀梅，司伟攀．“扫黑打伞”刑法适用问题研究［J］．上海对外经贸大学学报，2020，27（1）：74–89.

［81］李大槐，师索．认罪认罚从宽与不起诉的逻辑关联［J］．西南政法大学学报，2020，22（1）：109–123.

［82］姜伟．非法集资案件如何适用认罪认罚从宽［N］．检察日报，2020-04-27（003）．

［83］杨遇豪．简评美国少年司法中的未成年人移送制度［J］．中国青年研究，2020（3）：106-112.

［84］宋志军，毛泽．未成年人综合保护信息共享平台构建原理研究［J］．青少年犯罪问题，2020（3）：67-77.

［85］闫召华．虚假的忏悔：技术性认罪认罚的隐忧及其应对［J］．法制与社会发展，2020，26（3）：93-109.

［86］肖姗姗．"罪错未成年人"概念选择与适用的理性证成［J］．预防青少年犯罪研究，2020（4）：60-71.

［87］李海斌．我国未成年人刑事审判简易化可行性研究［J］．晋中学院学报，2020，37（4）：57-62.

［88］曹月，谭趁尤．回归抑或退却：检察机关捕诉合一模式的反思与探索［J］．广西政法管理干部学院学报，2020，35（4）：11-17.

［89］吴沈括，胡然．意大利：检察机关量刑建议独具本国特色［N］．检察日报，2020-09-15（003）．

［90］陶强．天津：200 名律师见证 4 万人签署具结书［N］．检察日报，2020-10-13（005）．

［91］郑新俭，侯若英．经济犯罪适用认罪认罚从宽制度的理论与实践［J］．人民检察，2020（20）：7-12.

［92］宋英辉，刘铃悦．《未成年人保护法》修订的基本思路和重点内容［J］．中国青年社会科学，2020，39（6）：109-119.

［93］李缓，许晓冰．辩护人意见能否影响犯罪嫌疑人认罪认罚［N］．检察日报，2020-12-02（003）．

［94］张建宇．未成年人刑事和解的实践风险与制度保障［J］．广西政法管理干部学院学报，2021，36（1）：91-95.

［95］焦俊峰．认罪认罚从宽制度下被害人权益保障问题研究［J］．法商研究，2021，38（1）：109-121.

［96］牛犇．古代如何处置未成年人犯罪［N］．人民法院报，2021-02-26（007）．

［97］张善根，曹立群．论我国青少年犯罪的治理观及其转型——基于概念史的分析［J］．青少年犯罪问题，2021（2）：89–96.

［98］高维俭．《未成年人保护法（2020修正案）》评述［J］．内蒙古社会科学，2021，42（2）：88–96.

［99］肖沛权．认罪认罚案件上诉问题探讨［J］．政法论坛，2021，39（2）：138–145.

［100］王林．认罪认罚从宽制度对侦查工作的影响及应对［J］．广西警察学院学报，2021，34（2）：73–79.

［101］陈伟，郑自飞．未成年人附条件不起诉制度的问题检视与完善——以《未成年人检察工作白皮书（2014—2019）》统计数据为分析样本［J］．中国青年社会科学，2021，40（2）：118–125.

［102］郭晶．外逃人员认罪认罚量刑减让规则研究［J］．政治与法律，2022（2）：142–156.

［103］苑宁宁．论未成年人犯罪三级预防模式的法律建构——以《预防未成年人犯罪法》的修订为视角［J］．预防青少年犯罪研究，2021（2）：42–50.

［104］徐文文．量刑中的悔罪制度新探讨［J］．中国应用法学，2021（2）：166–191.

［105］刘灿华．"认罚"的理论构建［J］．法制与社会发展，2021，27（2）：111–130.

［106］王钰涵．比较法视阈下我国未成年人刑事法律发展研究［J］．北京青年研究，2021，30（3）：87–93.

［107］史立梅．认罪认罚从宽制度中的修复性逻辑之证成［J］．法学杂志，2021，42（3）：14–23.

［108］刘泊宁．认罪认罚案件中值班律师有效法律帮助制度探究［J］．法商研究，2021，38（3）：188–200.

［109］张驰，夏素峰．认罪认罚"形式化"的逻辑、甄别与防范［J］．广西警察学院学报，2021，34（4）：34–39.

［110］庄乾龙．未成年人附条件不起诉制度功能论［J］．预防青少年犯罪研究，2021（4）：39–48.

［111］姜娇，夏龙欢，吴煜．未成年人涉网犯罪研究［J］．河北公安警察职业学院学报，2021，21（4）：34-38.

［112］苗生明，曹红虹．最高人民检察院第二十二批指导性案例解读［J］．人民检察，2021（4）：13-18.

［113］姚学宁．域外未成年人司法之风险需求评估量表探究［J］．当代青年研究，2021（4）：124-128.

［114］钟赫，冯俊．青少年犯罪嫌疑人讯问方法初探［J］．贵州警察学院学报，2021，33（4）：89-94.

［115］周新．重罪案件适用认罪认罚从宽制度研究［J］．比较法研究，2021（4）：38-52.

［116］荣晓红．论刑事审判监督检察政策［J］．公安学刊（浙江警察学院学报），2021（4）：7-18.

［117］杨代勇．理念与规范：未成年人社区矫正的优化路径探析［J］．上海公安学院学报，2021，31（5）：36-44+65.

［118］李志强，崔美娜．检察视角下未成年人社区矫正问题研究［J］．上海公安学院学报，2021，31（5）：58-65.

［119］安琪．我国未成年人分级处遇机制的评述及完善审思［J］．青年探索，2021（5）：68-78.

［120］王译．论未成年人出庭作证的实然困境及其合理解脱［J］．青少年犯罪问题，2021（5）：12-22.

［121］陈柄臣．未成年人言词证据在刑事诉讼中的应用研究［J］．青少年犯罪问题，2021（5）：23-31.

［122］向燕．未成年被害人保护制度的中国特色及改革方向［J］．青少年犯罪问题，2021（5）：97-110.

［123］史立梅，邢进生．论未成年犯罪嫌疑人、被告人与被害人心理治疗的法律规制［J］．中国人民公安大学学报（社会科学版），2021，37（5）：74-81.

［124］刘泽鑫．轻罪刑事政策下罪错未成年人处遇的反思与完善［J］．河南大学学报（社会科学版），2021，61（5）：36-40.

［125］徐剑锋，崔倩如．未成年人保护处分的基层实践研究［J］．法

治研究，2021（5）：141-150.

［126］程捷．未成年人刑事辩护的教育化倾向与回归路径［J］．中国青年社会科学，2021，40（6）：120-127.

［127］苗生明，周颖．关于最高检落实全国人大常委会审议适用认罪认罚从宽制度专项报告意见的解读［J］．人民检察，2021（6）：45-52.

［128］孙谦．中国未成年人司法制度的建构路径［J］．政治与法律，2021（6）：2-14.

［129］张祥伟．未成年人“准犯罪行为”解决路径研究——以降低刑事责任年龄起点论争为视角［J］．鲁东大学学报（哲学社会科学版），2021，38（6）：59-66.

［130］张鸿巍．未成年人刑事案件不公开审理的反思与转进［J］．中国青年社会科学，2021，40（6）：110-119.

［131］陈晓燕．网络环境下未成年人犯罪对学校德育工作的警示［J］．吉林省教育学院学报，2021，37（11）：28-32.

［132］王慧琳，于鸿．我国未成年人犯罪低龄化研究［J］．黑龙江人力资源和社会保障，2021（14）：11-13.

［133 齐钦，邢进生，李新增．未成年犯罪嫌疑人、被告人心理矫治探析［J］．中国检察官，2021（17）：59-61.

［134］魏鸿昌．少年犯罪题材影视剧叙事中的人物对抗分析——以电影《少年的你》为例［J］．新闻研究导刊，2021，12（17）：224-226.

［135］苗红环，张寒玉，王英．未成年人社会调查报告的制作与完善［J］．中国检察官，2021（19）：66-71.

［136］李海龙．未成年人司法社会工作之犯罪预防服务［J］．中国社会工作，2021（19）：12.

［137］刘明丽．浅议《刑法修正案（十一）》中未成年人刑事责任年龄的相关问题［J］．西部学刊，2021（22）：71-74.

［138］李本森，戴紫君．反思与重塑：刑事速裁程序适用范围研究［J］．学术界，2021（12）：133-143.

［139］国家统计局．《中国儿童发展纲要（2011—2020年）》终期统计监测报告［N］．中国信息报，2021-12-23（002）.

［140］陆青，石佳．高考路上不能有一个孩子掉队［N］．检察日报，2022-01-3（004）．

［141］赵冠男，赫思广．目标、困境与突围：未成年人认罪认罚“自愿性”之实现［J］．太原理工大学学报（社会科学版），2022（1）：1-7．

［142］单锋，姚杏．认罪认罚从宽的刑事实体内涵辨析［J］．学海，2022（1）：178-185．

［143］郭祥倩．儿童健康状况持续改善 受教育水平不断提高［N］．中国家庭报，2022-01-06（008）．

［144］张英哲．认罪认罚从宽制度的语境选择——协商语境抑或政策语境［J］．河南警察学院学报，2022，31（1）：104-113．

［145］吴光升．核准追诉低龄未成年人刑事责任的程序定位及其重要展开［J］．政治与法律，2022（1）：149-161．

［146］冀祥德．从控辩关系看我国刑事诉讼制度的演进发展［J］．中国刑事法杂志，2022（1）：139-157．

［147］谢小剑．认罪认罚从宽制度中被追诉人反悔权研究［J］．江西社会科学，2022，42（1）：84-93+207．

［148］杨代勇．未成年人网络安全风险的治理路径［J］．山东青年政治学院学报，2022，38（1）：73-79．

［149］宋英辉，李娜．儿童利益最大化原则在刑事诉讼中的贯彻［J］．中国青年社会科学，2022，41（1）：117-129．

［150］董坤．认罪认罚从宽制度在监察与司法中的衔接［J］．内蒙古社会科学，2022，43（1）：113-120

［151］史兆琨．顾大局尽精微，打好普通刑事检察“组合拳”［N］．检察日报，2022-02-11（002）．

［152］廖斌，何显兵．论恢复性司法理念在量刑协商中的运用［J］．西南民族大学学报（人文社会科学版），2022，43（3）：65-72．

［153］张峰铭．论认罪认罚从宽的报应刑根据——化解从宽与罪责刑相适应原则的张力［J］．法制与社会发展，2022，28（1）：194-211．

（三）学位论文（按照发表时间顺序）

［1］张进德，2010．协商性司法在西方的兴起［D］．华东政法大学博士论文．

［2］孟芳兵，2013．青少年犯罪预警管理研究［D］．武汉理工大学博士论文．

［3］王广聪，2013．少年刑事司法社会调查程序研究［D］．湘潭大学博士论文．

［4］杨利红，2013．论我国少年法庭制度［D］．四川师范大学硕士论文．

［5］阮雪芹，2015．我国未成年人检察制度研究［D］．武汉大学博士论文．

［6］李国莉，2015．未成年人刑事案件社会调查制度研究［D］．吉林大学博士论文．

［7］黄延峰，2016．未成年偏差行为者社会化矫正研究［D］．西南政法大学博士论文．

［8］姜明，2016．死刑复核程序研究［D］．吉林大学博士论文．

［9］董冰，2017．未成年人犯罪的道德调控研究［D］．东北林业大学博士论文．

［10］孔海燕，2017．青少年犯罪预防关怀本体论［D］．鲁东大学博士论文．

［11］刘若谷，2017．低龄触法未成年人教育矫正研究［D］．鲁东大学博士论文．

［12］李冉毅，2017．刑事庭审实质化研究［D］．西南政法大学博士论文．

［13］肖姗姗，2018．中国特色未成年人司法体系的构建［D］．中南财经政法大学博士论文．

［14］滕洪昌，2018．未成年犯罪嫌疑人、被告人心理测评研究［D］．鲁东大学博士论文．

［15］胡婧，2018．刑事审判程序分流研究［D］．中国政法大学博士论文．

［16］任凤，2018．认罪认罚从宽制度框架下辩护律师作用探究［D］．华东政法大学硕士论文．

［17］尹亚子，2018．认罪认罚从宽制度下被害人权利保障［D］．中国人民公安大学硕士论文．

［18］胡婧，2018．刑事审判程序分流研究［D］．中国政法大学博士论文．

［19］张锋学，2020．人格刑法理论视域下的未成年人犯罪预防研究［D］．华南理工大学博士论文．

［20］王飞，2020．认罪认罚从宽制度实务问题研究［D］．武汉大学博士论文．

［21］杨迪，2020．我国轻罪制度建构研究［D］．吉林大学博士论文．

［22］黎坚，2020．附条件不起诉制度适用的困境与对策［D］．暨南大学硕士论文．

［23］初函洋，2020．认罪认罚从宽案件中被告人上诉权问题研究［D］．辽宁师范大学硕士论文．

［24］屈杨，2020．未成年人适用认罪认罚从宽制度研究［D］．辽宁大学硕士论文．

［25］全荃，2021．我国犯罪记录制度体系化研究［D］．黑龙江大学博士论文．

［26］张丽霞，2021．未成年人刑事司法风险评估研究［D］．北京师范大学博士论文．

［27］王楷，2021．被追诉人如实陈述研究［D］．中国政法大学博士论文．

［28］倪莉，2021．以审判为中心理念在认罪认罚从宽案件中的适用［D］．南京师范大学硕士论文．

［29］周维炯，2021．未成年人适用认罪认罚从宽制度研究［D］．安徽大学硕士论文．

［30］程晨，2021．论侦查阶段认罪认罚从宽制度的适用［D］．中央民族大学硕士论文．

［31］裘世豪，2021．未成年被追诉人适用认罪认罚从宽制度研究

[D]．河北大学硕士论文．

［32］王雯欢，2021．未成年人认罪认罚从宽制度研究［D］．吉林大学硕士论文．

［33］廖苗苗，2021．未成年人犯罪适用认罪认罚从宽制度研究［D］．中南财经政法大学硕士论文．

（四）其他论文（按照发表时间顺序）

［1］陈龙震，陈敏．未成年人附条件不起诉数字化监督考察模式新探索——利用非羁押人员数字化监管系统进行监督考察［J/OL］．预防青少年犯罪研究，2021（S4）：38-44［2022-01-06］．http：//kns.cnki.net/kcms/detail/10.1048.D.20211116.1117.010.html.

［2］王琛皓，李一帆．未成年人恶性犯罪追责——恶意补足年龄规则适用研究［J/OL］．预防青少年犯罪研究，2021（S4）：31-37［2022-01-06］．http：//kns.cnki.net/kcms/detail/10.1048.D.20211116.1117.008.html.

（五）网络文献（按照发表时间顺序）

［1］中国互联网络信息中心（CNNIC）．第23次中国互联网络发展状况统计报告［R/OL］．2008-10-22. http：//www.cnnic.net.cn/uploadfiles/pdf/2009/1/13/92458.pdf［2009-2-10］．

［2］最高人民检察院：《最高人民检察院关于人民检察院适用认罪认罚从宽制度情况的报告》［N/OL］．2020-10-17. https：//www.spp.gov.cn/zdgz/202010/t20201017_482200.shtml［2021-10-15］．

二、外文参考文献

（一）书籍（按照出版时间顺序）

［1］Wolfgang, *Delinquency in a Brith Cohort*, Chicago: University of Chicago Press, 1972.

［2］Elder, Glen, H, Jr(ed.), *Perspectives on the life course*, New York: Cornell University Press, 1985.

［3］A. L. Cole, J. G. Knowles, *Lives in Context: The Art of Life History Research*, New York: AltaMira Press, 2001.

[4] Richard Klein, *Due Process Denied: Judicial Coercion in the Plea Bargaining Process*, Digital Commons @ Touro Law Center, 2004.

[5] Michael H. Tonry, *Youth Crime and Youth Justice: Comparative and Cross-national Perspectives*, Chicago: The University of Chicago Press, 2004.

[6] Thomas Grisso, *Evaluating Juveniles' Adjudicative Competence*, Florida: Professional Resource Press, 2005.

[7] Doris Layton Mackenzie, *What works in Corrections: Reducing the Criminal Activities of Offenders and Delinquents*, Cambridge: Cambridge University Press, 2006.

[8] Leo, RA. *Police Interrogation and American Justice*, Cambridge: Harvard University Press, 2008.

[9] Darrell Fox Elaine Arnull. *Social Work in the Youth Justice System A Multidisciplinary Perspective*, London: Open University Press, 2013.

[10] Redlich, Allison & Zottoli, Tina & Daftary-Kapur, Tarika. *Juvenile Justice and Plea Bargaining*, Oxford: Oxford University Press, 2019.

（二）期刊论文（按照发表时间顺序）

[1] J Dougherty. "Negotiating Justice in the Juvenile System: A Comparison of Adult Plea Bargaining and Juvenile Intake." *Federal Probation Volume: 52 Issue: 2*,1988(6):72-80.

[2] Michael Gottfredson. Travis Hirschi. "Control Theory and the Life-Course Perspective." *Crime and Crime Prevention*, 1995(4): 131-142.

[3] Robert J. Sampson and John H. Laub. "Understanding Variability in Lives through Time: Contributions of Life-Course Criminology." *Crime and Crime Prevention*, 1995, 4(2): 143-158.

[4] Haller LH. "Forensic aspects of juvenile violence." *Child Adolesc Psychiatr Clin N Am*, 2000 (10);9(4):19-81.

[5] Mirjan, D.. "Negotiated Justice in International Criminal Courts." *Journal of International Criminal Justice*, 2004(4): 1018-1039.

[6] Pradel Jean. "Le plaider coupable, confrontation des droits

américain, italien et français." *Revue internationale de droit comparé*, 2005, 57(2): 473-491.

[7] Chen, T.. "The Sixth Amendment Right to a Jury Trial: Why Is It a Fundamental Right for Adults and Not Juveniles." *Journal of Juvenile Law*, 2007(28): 5-14.

[8] Rogers R, Steadham JA, Fiduccia CE, Drogin EY, Robinson EV. "Mired in Miranda misconceptions: a study of legally involved juveniles at different levels of psychosocial maturity." *Behav Sci Law*. 2014,32(1):10-20.

[9] Redlich AD, Bonventre CL. "Content and comprehensibility of juvenile and adult tender-of-plea forms: implications for knowing, intelligent, and voluntary guilty pleas." *Law Hum Behav*. 2015 (4),39(2):62-76

[10] Landess J. "Civil and Constitutional Rights of Adjudicated Youth." *Child Adolesc Psychiatr Clin N Am*, 2016(1);25(1):19-26.

[11] Jennifer L Woolard, Kristin Henning, Erika Fountain. "Power, Process, and Protection: Juveniles as Defendants in the Justice System." *Adv Child Dev Behav*. 2016,51:171-201.

[12] Suja A. Thomas. "Plea Bargaining with Juveniles." *The Journal of Things We Like (Lots)*, 2019(4):15-21.

[13] Allison D Redlich,Tina M. Zottoli,Tarika Daftary-Kapur. "Juvenile Justice and Plea Bargaining." *A System of Pleas*, 2019(5):107-131.

[14] Sichmund M. "The Balanced Approach (Revisited)." *Juvenile and Family Court Journal*,2019,5,70(1).

[15] Lillian B. Brooks. "Plea Bargaining in the Juvenile Justice System." *Boffin Access Limited*,2019(12).

[16] Máximo Langer. "Plea Bargaining, Conviction Without Trial, and the Global Administratization of Criminal Convictions." *Annual Review of Criminology*, 2020, 4(1):1-35.

[17] Congcong Zhang. "Reflections on the Violent Crime of Minors." *International Journal of Education and Technology*, 2021,2(1):14-31.

[18] Gomes Hugo S,Andrade Joana,Ferreira Marcos,Peixoto Maria

Manuela,Farrington David P,Maia Angela. “Measuring Self-Serving Cognitive Distortions with Special Reference to Juvenile Delinquency: A Validation of the ‘How I Think’ Questionnaire in a Sample of Portuguese Adolescents.” *International journal of offender therapy and comparative criminology*, 2021:17-28.

[19] Jingxian Pan. “Legal Introspection of School Violence.” *Journal of Educational Research and Policies*, 2021,3(5):34-43.

[20] Helm, R. K.. “Guilty pleas in children: legitimacy, vulnerability, and the need for increased protection.” *Journal of Law and Society*, 2021, 48(2): 179-201.

[21] Leach Chelsea L.,Harden Scott,Heath Ashley,Hayes Jordana, Newcombe Carla, Johnston Michelle, Hasan Tasneem. “Adolescent Threats and Violence: An Intriguing Difference.” *Criminal Justice and Behavior*, 2021,48(7):55-63.

[22] Barbot Baptiste,Hein Sascha. “Identity Distress, Parental Response, and Problem Behaviors in Juvenile Justice-Involved Boys.” *Criminal Justice and Behavior*, 2021,48(7):16-26.

[23] George Molly,Twyford Jennifer M. “Providing a safer passage: Perceptions about a neighborhood intervention program for disadvantaged youth.” *Journal of community psychology*,2021,49(7):154-167.

[24] Chang Shumin,Hou Qingqing,Wang Chengyi,Wang Meifang,Wang Lingxiao,Zhang Wenxin. “Childhood maltreatment and violent delinquency in Chinese juvenile offenders: Callous-unemotional traits as a mediator.” *Child Abuse & Neglect*,2021,11(7):33-42.

（三）学位论文（按照发表时间顺序）

[1] Shelly Suzanne Whalen Schaefer. *Blurring the lines: mixed sentencing and juvenile justice systems*. (Doctoral dissertation. Twin Cities: University of Minnesota, 2011)

[2] Clair White. *Youth Receiving Treatment Service in the Juvenile Justice System: An Examination of Funding Sources and Recidivism*. (Doctoral

dissertation. Phoenix: Arizona State University, 2015)

[3] Sonya Marie Goshe. *Lost Causes and Social Injustice: Going Beyond the Dominant Paradigms of Juvenile Justice Policy*. (Doctoral dissertation. Irvine: University of California, 2015)

[4] Marc-Étienne O' Brien. *L'adéquation des discours relatifs à la négociation de plaidoyer avec leur mise en œuvre Une analyse comparée, historique et sociologique*. (Maître en droit. Toulouse: Université de Toulouse I Capitole, 2017)

[5] Erika Nicole Fountain. *Adolescent Plea Bargains: Developmental and Contextual Influences of Plea Bargain Decision Making* . (Doctoral dissertation. Washington: University of Georgetown, 2017)

[6] Vanessa A. Edkins and Allison D. Redlich. *A System of Pleas: Social Sciences Contributions to the Real Legal System*. (Doctoral dissertation. Oxford Scholarship Online, 2019)

[7] Hodges, Helen R. *Towards a Bayesian Approach in Criminology: A Case Study of risk Assessments of Youth Justice*. (Doctoral dissertation. Swansea: Swansea University, 2019)

（四）网络文献（按照发表时间顺序）

[1] W L F FELSTINER. "*Plea Contracts in West Germany(1979)*." 1979-01-01. https://nij.ojp.gov/library/publications/plea-contracts-west-germany [2021-10-11].

[2] IJA-ABA. "*Juvenile Justice Standard.*" 1996-09-01. https://www.americanbar.org/groups/criminal_justice/standards/JuvenileJusticeStandards/ [2021-10-11].

[3] IJA-ABA. "*Juvenile Justice Standard: Pretrial Court Proceedings.*" 1996-09-01. https://www.americanbar.org/content/dam/aba/publications/criminal_justice_standards/JJ/JJ_Standards_Pretrial_Court_Proceedings.pdf [2021-10-11].

[4] Elder G H, Shanahan M J. "*The Life Course and Human Development.*"

2007-06-01. https://onlinelibrary.wiley.com/doi/10.1002/9780470147658.chpsy0112 [2021-10-10] .

[5] Lindsey Devers, Ph.D. "*Research Summary: Plea and Charge Bargaining.*" 2011-01-24.https://bja.ojp.gov/sites/g/files/xyckuh186/files/media/document/PleaBargainingResearchSummary.pdf. [2021-10-12] .

[6] Samanthadroit. "*Plaider-coupable et le plea barguining.*" 2013-05-09. https://www.ladissertation.com/Divers/Divers/Plaider-coupable-et-le-plea-barguining-90711.html [2021-10-12] .

[7] U.S. District Judge John L. Kane. "*Plea Bargaining and the Innocent.*" 2014-12-26 https://www.themarshallproject.org/2014/12/26/plea-bargaining-and-the-innocent [2021-10-13] .

[8] Julian. "*How Germany Treats Juveniles Inside the German prison system.*" 2015-06-19.https://www.themarshallproject.org/2015/06/19/how-germany-treats-juveniles [2021-10-12] .

[9] Editor in Chief. "*15 Serious Advantages and Disadvantages of Plea Bargaining.*" 2018-07-12.https://connectusfund.org/15-serious-advantages-and-disadvantages-of-plea-bargaining [2021-10-13] .

[10] "*Is Plea Bargaining Really a Bargain for Defendants?*" 2018-10-19. https://www.nealdavislaw.com/blog/criminal-defense/plea-bargaining-dangers [2021-10-14] .

[11] Suja A. Thomas. "*Plea Bargaining with Juveniles.*" JOTWELL, 2019-04-9. https://courtslaw.jotwell.com/plea-bargaining-with-juveniles/ [2021-11-1] .

[12] Andrew Hammel. "*The Difficult Birth of the Criminal Plea Bargain in Germany.*" 2019-05-22.https://hammeltranslations.com/2019/05/22/the-difficult-birth-of-the-criminal-plea-bargain-in-germany/ [2021-11-11] .

[13] Centre for Justice Innovation. "*Young People's Voices on Youth Court (2020) 3.*" 2020-03-01. https://justiceinnovation.org/publications/young-peoples-voices-youth-court [2021-11-12] .

[14] 佚名 . "*未成年が逮捕されたら！その後の流れや措置・示談*

や家族に出来ること." 2021-06-19. https://keiji-pro.com/columns/105/ [2021-11-13].

[15] DM Cantor. "*Juvenile Plea Agreements in Arizona.*" 2021-03-01. https://dmcantor.com/case-stages/juvenile-case-stages/plea-agreements [2021-12-11].

[16] Bundesamt für Justiz. "*Jugendgerichtsgesetz.*" 2021-05-15. https://www.gesetze-im-internet.de/jgg/ [2021-12-12].

[17] Wikipédia. "*Plaidoyer-Plea bargain.*" 2021-10-02. https://fr.abcdef.wiki/wiki/Plea_bargain [2021-12-12].

[18] "*How Courts Work.*" 2021-11-28. https: //www.abanet.org/public/courts/plea bargaining.html [2021-12-12].

[19] Andrea Cipriano. "*Duke Law Researchers Pry Open the 'Black Box' of Plea Bargaining.*" 2021-12-9.https://thecrimereport.org/2021/12/09/how-duke-law-researchers-pried-open-the-black-box-of-plea-bargaining/ [2021-12-22].

[20] Andrea Cipriano. "*Bring Plea Bargaining 'Out of the Shadows': Paper.*" 2021-12-29.https://thecrimereport.org/2021/12/29/bring-plea-bargaining-out-of-the-shadows-paper/ [2021-12-31].

[21] Chris Keyser. "*To Plea Bargain or Not to Plea Bargain on Your MN Drug Charge.*" 2022-01-05.https://www.keyserdefense.com/to-plea-bargain-or-not-to-plea-bargain-on-your-mn-drug-charge/ [2022-01-07].

附　录

未成年人犯罪适用认罪认罚从宽制度访谈提纲

为了顺利完成最高人民检察院“未成年人犯罪适用认罪认罚从宽制度”科研项目，了解未成年人犯罪适用认罪认罚从宽制度的具体现状，结合实际发现问题，并提出相关研究对策，为下一步认罪认罚从宽制度的完善和未成年人保护工作贡献实务力量，特真诚邀请您进行访谈。

一、司法工作人员访谈提纲

1. 您对未成年人犯罪适用认罪认罚从宽制度的总体感觉是什么？与以前相比处理是否从轻？从轻幅度有多少？没有认罪认罚的未成年人是否被从重处理？

2. 在具体办案过程中，您认为影响未成年人犯罪适用认罪认罚从宽制度的影响因素有哪些？

3. 您对未成年人认罪认罚的“自愿性”是怎么认识的？您是怎么把握他的“自愿性”的？

4. 您认为未成年人的父母对其选择认罪认罚从宽制度的影响大吗？通常是谁决定的？

5. 您认为办案人员对未成年人犯罪适用认罪认罚从宽制度的选择影响大吗？实践中您是如何做的？

6. 您认为辩护人对未成年人犯罪适用认罪认罚从宽制度的选择影响大吗？您所了解的这方面的情况是怎样的？

7. 您对未成年人的“反悔”怎么看？

8. 您认为未成年人犯罪适用认罪认罚从宽制度后对不起诉制度有哪些影响？

9. 如果未成年人犯罪适用认罪认罚从宽制度同时可以作出酌定不诉和

附条件不起诉决定时，您会如何选择？为什么？

10. 您认为在未成年人犯罪适用认罪认罚从宽制度中从快处理好吗？简易程序能否起到帮教未成年人的作用？不适用速裁程序是否具有合理性？

11. 您认为和解与未成年人犯罪适用认罪认罚从宽制度有什么关系？未成年人适用认罪认罚从宽制度是否必须达成某种谅解？

12. 您认为未成年犯罪嫌疑人、被告人认罪认罚后是否应具有双重从宽的效果？实践中您是怎么做的？

13. 您认为一审未成年人犯罪适用认罪认罚从宽制度后上诉是否应当有限制？其上诉决定权是否应当与成年人有所区别？

14. 您认为未成年人犯罪适用认罪认罚从宽制度后的刑罚执行方式上是否应当有所改变？实践中是如何做的？

15. 您在实践中对适用认罪认罚从宽制度的未成年人是如何进行帮教的？

二、律师访谈提纲

1. 您对未成年人犯罪适用认罪认罚从宽制度有什么看法？

2. 您是否会劝告未成年犯罪嫌疑人、被告人的法定代理人或者监护人选择适用认罪认罚从宽制度？为什么？

3. 您认为是否应当针对未成年人犯罪适用认罪认罚从宽制度建立强制辩护制度？

4. 您认为在哪种情况下会对未成年人犯罪适用认罪认罚从宽制度存在异议？您会提出吗？为什么？

5. 当您和未成年人的法定代理人关于是否认罪认罚时存在不同意见，您会怎么做？为什么？

6. 为未成年人辩护的途径主要通过何种方式？在值班律师、指定辩护、委托辩护中您的辩护力度是否相同？为什么？

7. 您在未成年犯罪嫌疑人、被告人认罪认罚后会作无罪辩护吗？是否遇见过这种情形？

8. 您认为律师在未成年人认罪认罚从宽后的帮教过程中能起什么样的作用？

后　记

这些年，我一直将“世界上唯有两样东西能让我们的内心受到深深的震撼，一是我们头顶上灿烂的星空，一是我们内心崇高的道德法则”作为自己的座右铭，敏于修心，知行合一。在办理一些涉及未成年被害人的犯罪案件的时候，我往往不能克制自己的情绪，许多年幼的孩子就像还未绽放的花朵，提前夭折，而自己许多时候爱莫能助，很多伤痛需要他们独自承担，学会坚强。同时，面对一些未成年犯罪人，特别是一些霸凌者的时候，始终有一个声音在心中回响：我们是否应该原谅他们？又应该以何种方式原谅？或许原谅他们是应该的，因为他们毕竟年幼，还有可以改变的空间和时间，但是以何种方式原谅确是令我们头疼的问题，保护大于惩罚还是惩罚大于保护，一直是未成年法学领域争论不休的问题，由此引发出关于刑事责任年龄是否应该降低、如何降低的争论。邯郸“三名未成年人杀害同学案”引发舆情，再次将该问题摆到了社会大众的面前，而我们始终围绕这个问题左右摇摆，探寻其何去何从，是我们的责任和使命。

未成年人法学是一个可以带着感情色彩去投入的领域，在付诸实践的同时，可以加强理论上的研究。这些年，我充分发挥自己专业所长，6次到南阳市五中、南阳市第二职业中等专业学校、汉冢中学、南阳市第三十一小等学校进行法治宣传教育，7次参加“宝贝回家”爱心志愿者活动、平安回家“宇泽慈心”志愿者活动，用心呵护未成年人成长。在长达6年的时间里担任南阳市第二职业中等专业学校兼职法治副校长，其间多次与该校“问题少年”进行座谈，协助校领导帮扶涉罪未成年人，帮助他们正常融入社会。在理论研究方面，我先后在《中国人民公安大学学报（社会科学版）》发表《论未成年犯罪人与被害人心理治疗的法律规制》，在《人民检察》上发表《对监护人被剥夺人身自由的未成年人应加强保护》，在《中国检察官》上发表《强奸妇女、奸淫幼女“情节恶劣”的认定》《涉罪未成年人心理矫治探析》，在《长江丛刊》上发表《“合适成年人讯问时在场”理论与实践研究》；撰写的《论监护人被剥夺人身自由儿童的妥善安置权——兼论对〈未成年人保护法〉的部分修改》入选中国检察学研究会未成年人检察专业委员会2019年年会论文集；参编的《未成年人刑事司法的社会支持机制研究》一书在中国政法大学出版社出版……上述也只是我为我国未成年人保护事业做的点滴工作，我将一如既往，在余生尽自己所能，为我国未成年人保护事业做出更大的贡献。未成年人保护事业只有更好、没有最好，值得我们投入终生去实现，也需要无数关心未成年人保护事业的人共同努力。

南阳市人民检察院给我提供了一个平台，让我可以理论联系实际。感谢市检察院所有的领导和同人们，他们用专业的知识扩展了我的视野，为我提供了不可多得的思考阵地。最高人民法院中国应用法学研究所未成年人保护研究中心为我提供了将理论转化为实践的基地，使我找到了研究未成年人法学的自信。在这条道路上，我遇到了许多同道中人，收获了满满的友谊，希望以后能够继续顺利地走下去。郑州外国语中学的肖肖、西峡县人民检察院的王国强、南召县人民检察院的朱海滨、镇平县人民检察院的何通、淅川县人民检察院的邓聪、卧龙区人民检察院的王英爽、宛城区人民检察院的李喆、新野县人民检察院的杨春雨、内乡县人民检察院的周新文、方城县人民检察院的申宇新、桐柏县人民检察院的马东晓、唐河县人民检察院的张月、社旗县人民检察院的王新淑、邓州市人民检察院的王涵、韩青梅、李新增在本书的写作过程中积极提供材料，做了不少有益的工作。另外，本书在成书过程中得到了很多其他单位和个人的支持，不再一一列举，在此统一表示感谢。

当本书敲定最后一个字的时候，我想是我的学术生涯新的开始，而不是结束，遗憾固然存在，但那已是昨天，牢记自己的遗憾，努力工作、终身学习，对自己负责，不负所托、不负人生。最后愿天下所有未成年人都可以在认清世界和生活的真相后，依然热爱生活，快乐成长，顺利成年。

邢进生

2024年5月23日